Dieter Otten

Die 50+ Studie

**Wie die jungen Alten
die Gesellschaft revolutionieren**

Rowohlt Taschenbuch Verlag

Originalausgabe

Veröffentlicht im Rowohlt Taschenbuch Verlag,
Reinbek bei Hamburg, Oktober 2008
Copyright © 2008 by Rowohlt Verlag GmbH,
Reinbek bei Hamburg
Lektorat Bernd Gottwald
Umschlaggestaltung ZERO Werbeagentur, München
Grafiken UOS
Satz Dante PostScript, InDesign, bei
Pinkuin Satz und Datentechnik, Berlin
Druck und Bindung CPI – Clausen & Bosse, Leck
Printed in Germany
ISBN 978 3 499 62354 7

«And the Beat Goes On, the Beat Goes On ...»

(Die «Beatles», 10. April 1970)[1]

Inhaltsverzeichnis

Vorwort 11

TEIL I • WIE DIE STUDIE GEMACHT WIRD 15
Warum eine 50+ Studie? 17
Das Design der 50+ Studie 24

TEIL II • ALTER ALS SOZIALE DIMENSION 41
Alter als gesellschaftliches «Konstrukt» 43
Die «alternde» oder «älter werdende» Gesellschaft 66

TEIL III • DIE ERGEBNISSE 75
  1. Die 50+ Bevölkerung 77
  Quantitative Verteilung 77
  Regionale Verteilung 80
  Urbanität und Mobilität 83
  2. Die wirtschaftliche Lage 86
  Haushaltseinkommen 86
  Vermögen 89
  Soziale Dichotomie 91
  3. Erwerbsarbeit, Ruhestand und Ehrenamt 95
  Späte Erwerbstätigkeit 96
  Ruhestand 99
  Freie Arbeit und Betätigung 101
  4. Die gewonnene Zeit 107
  Megatrend Partnerschaft 108
  Megatrend Partys, Kino, Reisen 112
  5. Ehe und Familie 119
  Das P&B-Syndrom 121
  Die innere Qualität der Beziehung 123
  6. Liebe und Sexualität 129
  «Sex 50+»? 131
  Am Ende wird die Liebe vegetarisch 134

7. **Ende sechzig, aber nicht «alt»** 139
8. **Thema: Fitness** 144
Physische Fitness 144
Mentale Fitness 147
Soziale Fitness 148
9. **Glaube, Religion und Ethik** 155
Konfession und Glaubensvorstellungen 156
Ethik und Moral 160
10. **Wahlen, Politik und alternative Lebensformen** 166
Wie wählt die Generation 50+? 166
Protesterfahren und demokratisch 169
Politikfeld: Wohnen 172
11. **Gesundheit, Krankheit und Tod** 178
Krankheit und Pflegebedürftigkeit 178
Wie lange kann man beschwerdefrei leben? 181
Über das Sterben, das Lebensende und den Tod 184
12. **Gibt es einen Lifestyle 50+?** 187
Die «säkularen Veränderungen» 188
Pluralisierte Lebensstile zwischen 50 und 70 **191**

TEIL IV · GESELLSCHAFTLICHE KONSEQUENZEN 207
1. **Verschiebung des «Alters-Limes»** 209
Altersgrenzen 210
Abschied von falschen Debatten 213
Konzentration auf die Potenziale 216
2. **Politische Gewichtsverlagerung** 219
Die Republik der Älteren 219
Eine neue bürgerliche Mittelschicht? 221
Generationengerechtigkeit 224
Neue politische Strukturen 227
3. **Lebenslang arbeiten?** 230
Weiter arbeiten 231
Freiwillige «Ehrenarbeit» 235
Eigenarbeit 236
Zumutbarkeit und Grenzen 239

4. Wohnverwandtschaften 242
Neuere Tendenzen im Städtebau 243
Neue Trends im Wohnbedarf? 244
Alternative Wohnformen und Eigenarbeit 247

Schlusswort 251
Anhang 255
Anmerkungen 255
Verwendete Literatur 269

Vorwort

Die 50+ Studie ist eine soziologische Momentaufnahme, wie sie aktueller nicht sein kann. Sie wurde im März/April 2008 durchgeführt, bis Mai 2008 ausgewertet und im Oktober 2008 publiziert. Wir verdanken diese Aktualität der modernen Kommunikationstechnologie, schnellen Computern und dem Internet, was die Aussagekraft dieser Studie in besonderer Weise beeinflusst. Wir verdanken sie ferner dem Einsatz einer Reihe junger Studenten der Sozialwissenschaft, die sich mit großem Elan für diese Studie und ihre neuen Techniken eingesetzt und sie zum Erfolg gebracht haben. Die 50+ Studie ist zudem der Auftakt einer ganzen Serie, denn sie soll und wird im Zwei- bis Dreijahresrhythmus wiederholt werden und so ein Gegengewicht zur bisher nur in der Jugendforschung vorhandenen Datendichte darstellen. Dieses Buch, das über die Studie in der Gestalt eines Sachbuchs berichtet und nicht der eigentliche Forschungsreport ist (der ist im Internet erhältlich), stellt sozusagen den Pilottext der kommenden Forschungsserie dar.

Ein besonderer Dank geht an Nina Melsheimer und Wassja Weiß, welche die Studie im Wesentlichen durchgeführt und mit besonderem Elan vorangetrieben haben. Beide haben wesentlich am Forschungsdesign mitgewirkt; Nina Melsheimer zeichnet verantwortlich für Fragebogenentwicklung und Programmierung der Internetbefragung und die Analyse; Wassja Weiß für die qualitativen Vorstudien, die Feldphase und die Auswertung. Beide haben die Hauptlast der Forschung getragen. Ein besonderer Dank geht aber auch an die «LyfeStyle Combo» genannte Gruppe von Sozialwissenschaftlern, die in mehrjährigem «reversivem Engineering» ein selbständiges Testverfahren entwickelt haben, mit dem sich die einzelne Testperson einem der Lifestyles zuordnen kann, die in der Lifestyle-Forschung von Sinus Sociovision als Lifestyle-Gruppen identifiziert werden. Einsetzen kann man dieses Verfahren aber auch zur Lifestyle-Forschung, wie wir es im Falle des Fragebogens getan haben, der bei dieser Untersuchung zum Einsatz gekommen ist.

Die Studie hat sich einer Webplattform bedient, die wir für die Studien entwickelt haben und die ein wesentlicher Grund für die erfolgreiche Durchführung der Studie war. Diese Plattform wurde von der Osnabrücker Softwareschmiede «Softevolution» entwickelt und erfolgreich programmiert. Die Mitarbeiter von Softevolution haben sich die Aufgabe zum persönlichen Anliegen gemacht und das Projekt mit Hingabe vorangetrieben. Dafür gilt ihnen unser spezieller Dank.

Ohne das Zusammenwirken mit KarstadtQuelle jedoch wäre die Studie gar nicht zustande gekommen. Das Unternehmen hat in vorbildlicher Weise unsere Forschung unterstützt, und unser Dank geht an Christoph Naucke und Andrea Tschaban von KQV für ihre Begeisterung und Inspiration. Als Autor dieses Sachbuchs möchte ich hervorheben, dass die Forschung in dieser Konstellation außergewöhnlich erfolgreich war, sowohl was die empirische Forschungsarbeit betrifft als auch die phantastische Resonanz, die unsere Arbeit bei den «Probanden» gefunden hat (ich bitte die Befragten um Entschuldigung für dieses Wort, aber das ist nun mal der Terminus technicus; im Englischen wäre alles noch viel schlimmer: Da hießen die Probanden «guinea pigs», d.h. Meerschweinchen). Besonders beeindruckend waren für mich der Ernst, mit dem sie die Forschung mitgemacht haben, die vielfältige Korrespondenz, die die Befragung unter den Probanden und dem Team in Gang gesetzt hat, und die Begeisterung, welche die Zusammenarbeit bei allen Beteiligten ausgelöst hat. Hier ist ein Forschungsfeld entstanden, das für die Zukunft von Bedeutung sein dürfte und dass vom Fachbereich Sozialwissenschaften der Universität Osnabrück über den Rahmen dieser Studie hinaus weiter vorangetrieben werden wird und soll.

Bei alledem: Buch und Studie sind kein Beitrag zur «Altenforschung» – und, wie sich im Laufe des Buches noch zeigen wird, es ist auch kein Beitrag zum Thema «Alter». Beobachtet haben wir vielmehr eine «Alterskohorte», in diesem Falle die Altersgruppe 50+, die wir als zwischen 50 und 70 Jahren definiert haben. Dass wir es nicht mit dem Thema «Alter» im engeren Sinne zu tun haben würden, war zu Beginn der Studie nicht vollständig klar, da es im Sprachgebrauch wie in einer Reihe von Regelungen viele Anhaltspunkte gibt, «Alter» irgendwie um die 60 herum festzumachen. Natürlich steht dafür an erster Stelle die «Entberuflichung», also das Ausscheiden aus der Erwerbsarbeit aus Altersgründen, formell mit 65 oder faktisch durchschnittlich mit 62 Jahren; aber auch viele andere Regeln wie die, dass man/frau mit 60 Jahren von der Deutschen Bahn 50% Seniorenrabatt erhält. Ohne das Ergebnis vorwegnehmen zu wollen, sprechen unsere Forschungsdaten demgegenüber eine ganz andere Sprache. Auf den Nenner gebracht: Das politisch-normative Koordinatensystem für Alt und Jung und die tatsächlichen gesellschaftlichen Gegebenheiten des Alterns bewegen sich in der Moderne von Anfang an auseinander, und dieser Prozess ist nun schlicht offensichtlich geworden.

Wir verstehen unseren Beitrag daher als Aufforderung, einen ganzen Schock von unnützen politischen Debatten zu beenden, allen voran die über die Veränderungen oder gar die «Revolutionierung» des Alters, so als könnte man das Altern mit politischen Mitteln verändern. Das Altern zu verändern, es eventuell gar gänzlich abzuschaffen, halten wiederum wir nicht für völlig ausgeschlossen, sondern für nur eine völlig andere Baustelle.

Zum Schluss noch ein Wort zur Probanden-Community: Es war faszinierend zu beobachten, wie sich binnen weniger Stunden über das Web scheinbar aus dem Nichts heraus eine Gemeinschaft gebildet hat, die nicht nur stumpf eine Befragung mitgemacht hat, bei Nachfragen, von denen wir einige hatten, innerhalb von Stunden geantwortet und so die unglaublichen Möglichkeiten eines Internetpanels unter Beweis gestellt hat. Darüber hinaus hat es regen und direkten Anteil an der Forschung genommen. Etliche Verbesserungsvorschläge haben wir erhalten, die wir direkt umsetzen konnten; etliche Beiträge haben sich direkt um die Interpretation und die Bewertung der Daten gedreht und das Verständnis dessen, was wir untersucht haben, maßgeblich mit beeinflusst. Ich kann an dieser Stelle für das Team sagen, dass wir nach der Vorlage der Studie intensiv an der Internet-Community weiterarbeiten werden und hoffen, dass die in einmaliger Weise mit dieser Studie entstandene Gemeinschaft stabil bleiben* möge.

Deshalb gilt am Schluss mein herzlichster Dank den Probanden selbst; ich hoffe, sie alle werden zu Mitgliedern der Community und verstehen das nicht nur als Möglichkeit der Kontaktaufnahme, sondern auch als Mittel, sich ganz im Sinne der Ergebnisse der Studien (auch) politisch bemerkbar zu machen.

Osnabrück, im August 2008

Dieter Otten

---

* Zu finden unter der Webadresse: www.die50+studie.de

TEIL I

WIE DIE STUDIE GEMACHT WIRD

Warum eine 50+ Studie?

Keine Altersgruppe wird derzeit stärker unter die Lupe genommen als die Generation «50+». Die Hinwendung zu dieser Zielgruppe hat – spätestens seit sie Titelthema von Nachrichtenmagazinen geworden ist – schon fast Züge von Medienrummel angenommen. Im April 2008 widmete sich die ARD der Sache gar mit einer ganzen Themenwoche. In den Lektoraten der Verlage, in den Werbeetagen und Redaktionsbüros war noch vor Jahr und Tag die Vorstellung weit verbreitet, Deutschland drohe ein überaltertes Pflegeheim zu werden. Doch dann hat 2004 eine vom Bundesministerium für Familie, Senioren, Frauen und Jugend in Auftrag gegebene Studie des DIW (Deutsches Institut für Wirtschaftsforschung) den Beleg erbracht, dass die zahlenstarken Altersgruppen zwischen 50 und 70 alles andere als verelendet seien, sondern eine überaus lohnende Zielgruppe, die im Schnitt deutlich wohlhabender sein dürfte als der Rest der Gesellschaft. Doch anders als es Tradition unter Deutschlands Senioren ist, seien diese Älteren nicht länger willens, ihren Wohlstand für die Enkel zu horten und sich selbst nur das wenigste zu gönnen.

Gegen die Kommerzialisierung einer Zielgruppe

Die Werbeindustrie spricht ihre Kommerzialisierungsabsichten ganz offen und erfrischend ehrlich aus:

«Die Zielgruppe 50+ ist mit 30 Millionen Menschen in Deutschland ein lukrativer Wachstumsmarkt. BestAger sind finanzstark, konsumfreudig und qualitätsbewusst. Experten schätzen ihre Kaufkraft auf weit über 120 Mrd. Euro jährlich – und das nur in Deutschland.»[2]

«Die Zielgruppe 50+ ist die einzige wachsende Zielgruppe. Bereits heute sind mehr als 29 Millionen Menschen über 50 – im Jahr 2020

werden es bereits 37 Millionen Menschen sein. Die Zielgruppe 50+ hat Erfahrung und Geld. Produkte und Dienstleistungen müssen für sie einen echten Mehrwert haben. Die Zahlen belegen eindeutig, dass diese Zielgruppe bereit ist, zu konsumieren. Doch: reife Kunden erwarten ein reifes Angebot und eine klare Ansprache! Viele Unternehmen tun sich damit noch schwer. Erst ab 75 lassen sich Menschen gern als Senioren bezeichnen.»[3]

Im letzten Satz dieses Zitats steckt eine wichtige soziologische Erkenntnis, die das Selbstgefühl der Menschen jenseits von 50 betrifft – wie wir am Ende noch sehen werden. Aber die sieht die Werbeindustrie (noch) nicht. Stattdessen denken sie über andere Bezeichnungen nach. Manche Werbestrategen würden die Menschen über 50 am liebsten «PEGGIs» nennen (Persönlichkeit, Erfahrung, Geschmack, Geld, Interesse) – der «klaren Ansprache» wegen. Wir würden auf der Basis unserer Daten aber eher von einer solchen Namensgebung abraten, denn die überwiegende Mehrzahl unserer Probanden hat bei diesem Namen blankes Entsetzen erfasst. Doch so dilettantisch «PEGGI» auch klingen mag, tatsächlich wird da ganz professionell ein großes Netz ausgelegt. Eine Initiative des CDU-geführten niedersächsischen Ministeriums für Soziales betreibt ein politisches Netzwerk für generationengerechten Alltag (LINGA)[4]. Aktiv sind hier vor allem Banken und Unternehmen. Die wiederum unterhalten das bereits genannte, an der LINGA beteiligte «Reifenetzwerk»; und einer der Hauptakteure dort ist der Süßgebäckhersteller Bahlsen. Das Bundesfamilienministerium, das auch für Senioren zuständig ist, vor allem aber die Ministerin sind ebenfalls in den verschiedenen niedersächsischen 50+ Netzwerken aktiv. Außerdem gibt das Ministerium kostenaufwendige, wirtschaftsdienliche Grundlagenuntersuchungen in Auftrag – wie die bereits erwähnte Studie des DIW. Dass die Ministerin Ursula von der Leyen heißt und die Tochter des ehemaligen niedersächsischen CDU-Ministerpräsidenten und früheren Bahlsen-Managers Ernst Albrecht ist, wird in diesem Zusammenhang sicher ohne jede Bedeutung sein.

Es ist gegen die Entdeckung der Menschen über 50 als kaufkräftige Zielgruppe nichts einzuwenden. Ältere Menschen ganz oder teilweise aus dem Markt auszuschließen, weil erwartet wird, dass sie ohnehin nichts konsumieren, oder ihnen Kredite zu verweigern mit dem Hinweis auf ihr baldiges Ende ist schwer diskriminierend. Man kann die Entdeckung der Zielgruppe 50+ also mit Fug und Recht als Versuch der Integration (vielleicht sogar der Emanzipation), der Anerkennung und Identifikation verstehen. Insbesondere dann, wenn die Bedingungen auf dem Markt ihren Bedürfnissen wirklich gerecht werden. Shopping kann Lust und Spaß sein. Man kann das aber auch ganz anders sehen.

Leider, oder sagen wir besser, bekanntlich werden «Bedürfnisse» in der Wirtschaft als Kaufwünsche verstanden. Nicht, dass etwas dagegen zu sagen wäre. Aber die radikale Reduktion aller Lebensregungen auf den Kommerz erzeugt ein abstoßendes Gefühl bei den Betroffenen. Es ist der unverhohlene Duktus der Raffgier, der einem bei dieser blanken Spekulation auf das Geld gegen den Strich geht. Wer fühlt sich schon gerne als goldene Gans, die einfach nur ausgenommen werden soll. Hier geht es also nicht um Stilfragen und nicht nur um Werbekommunikation. Hier geht es durchaus um etwas Politisches. Die ständige Kommerzialisierung, die mit dem modernen Kapitalismus nun einmal einhergeht, darf den Blick nicht dafür verstellen, dass die Bedürfnisse der Menschen sich nicht in Konsum und Shopping erschöpfen. Und es zeigt sich, dass gerade die Generation 50+, die hier so offen umworben wird, ein feines Gespür dafür hat, sich nicht vollends kommerzialisieren zu lassen. Darüber wird diese Studie Zeugnis ablegen. Wir haben auch als Konsumenten ein Recht darauf, vielleicht das einzige, das uns im Markt verbleibt, die Musik selbst zu bestellen, die wir bezahlen müssen. Es geht also in Wahrheit darum, selbst zu bestimmen und zu sagen, was wir wollen. Auch oder gerade dann, wenn es um Konsum gehen sollte. Denn niemand will abgezockt werden. Es wäre die Aufgabe der Politik, diesen Freiraum zu sichern. Darum ist es auch mehr als bedenklich, wenn sich – wie im zitierten Beispiel – Politik und Wirtschaft derart in einem Boot der Kommerzialisierung finden. Politik sollte nicht unverhohlen Public Relations für die Wirtschaft machen, in dem sie zum Beispiel neue Produkte für den «Silbermarkt» fordert, wie es Frau von der Leyen mit strahlendem Lächeln tut.[5]

Das Anliegen der 50+ Studie ist es, diesem Wunsch, selbst zu bestimmen und zu sagen, was die Menschen wollen, eine Plattform zu geben. Die junge Generation wird seit Jahrzehnten erforscht (z.B. die «Shell-Jugendstudie»[6]); die richtigen «alten» Alten ebenfalls intensiv (5 Altenberichte[7], die Berliner Altenstudie BASE des Max-Planck-Instituts für Bildungsforschung[8]). Die Bundesregierung unterhält das «Deutsche Zentrum für Altersfragen» (DZA), ein Forschungs- und Dokumentationsinstitut, das den «Altensurvey» herausbringt.[9] Schließlich betreibt die Max-Planck-Gesellschaft das «Max Planck International Research Network on Aging (MaxNetAging)»[10], das monatlich Aspekte des Alterns thematisiert und erforscht.

Befragung

Wie diese Aufzählung schon andeutet, ist hier ein eingefahrenes Muster am Werk: Jugend und Alter werden intensiv erforscht, weil sie für Staat und Verwaltung ein Problem darstellen, das aus bestimmten sozialpolitischen Gründen, mögen die nun existieren oder nicht, beobachtet wird. Die Forschung folgt so dem vorherrschenden Denkmuster («Paradigma»), obwohl die Grenzen zwischen Alt und Jung schon seit langem zu fließen begonnen haben. Bereits 1957 hatte der Soziologe Helmut Schelsky (1912–1984) in seinem berühmt gewordenen Buch zur Jugendsoziologie «Die skeptische Generation» auf die «Generationennivellierung des sozialen Verhaltens»[11] als Folge der Modernisierungsprozesse hingewiesen!

Dass da eine erhebliche Unschärfe besteht, ist offenbar zuerst der Werbeindustrie aufgefallen. Die Menschen 50+ nach

ihren Befindlichkeiten zu befragen ist bislang nur der Werbeforschung eingefallen:
- Emnid hat im Auftrag von KarstadtQuelle Versicherungen AG 2000 und dann nochmal 2006 die Zielgruppe untersucht und eine Studie zum Lebensgefühl der Generation herausgebracht («Die Freie Generation»[12]).
- Sinus Sociovision hat das indirekt auch getan, weil genügend Menschen in Deutschland in allen Altersgruppen nach Lebensstilen befragt werden (über 100 000 Personen), sodass sich spezielle Auswertungsmöglichkeiten für Alterszielgruppen ergeben.

Aber diese Studien betrachten nur Ausschnitte und haben keine große Publizität – sie sollen sie vermutlich auch gar nicht haben. So hat sich die Publizistik des Themas bedient und ihm jenen gewissen politischen Drall gegeben, der in den Thesen einiger Publikationen aus der sogenannten Trendliteratur in der Beschwörung einer «Altersrevolution» gipfelt. Zunächst war es die politische Zuspitzung, die uns bewogen hat, die Betroffenen auf repräsentativer Basis zu befragen, nicht zuletzt, um diese spannenden Thesen zu überprüfen. Aber im Verlauf der Befragung, die wir über das Internet gemacht haben und daher auch einen regen E-Mail-Austausch mit den Probanden hatten, ist uns klargeworden, dass es noch wichtiger zu sein scheint, den Befragten mit der Studie 50+ eine Plattform zu geben, auf der ihre tatsächliche Befindlichkeit zum Ausdruck kommt. Der große Erfolg, den unser Aufruf zur Teilnahme gehabt hat, ist wohl auch darauf zurückzuführen, dass die Betroffenen endlich mal gehört wurden.

Kann man von einer Generation ausgehen?

Die Altersgruppe 50+ steht nach unserer Meinung noch aus einem anderen Grund im Mittelpunkt der Debatte, und es gibt neben den bereits genannten Argumenten noch eine andere Strömung der öffentlichen Debatte, der wir mit dieser Studie nachgehen wollen: die 2008er-Erinnerung an 1968 schärft den Blick auf die «68er». Die fallen nämlich mit der 50+ Zielgruppe zusammen, wenn man sie nach oben (bei 70 Jahren) begrenzt. Das, was uns an der Erinnerung besonders interessiert, ist der Teil der Beschäftigung mit 1968, der sozusagen verkleidet als Gegenwartsanalyse daherkommt: Die Altersgruppe wird in einer ganzen Reihe von Publikationen, ob nun ausgesprochen oder unausgesprochen, als «Generation» begriffen. Dieses Argument folgt nicht der derzeitigen Trendpublizistik («Generation Praktikum», «Generation Doof» und was es sonst noch gibt[13]), sondern sehr wohl einem theoretischen Konzept von Generation, bei dem die 68er als eine besonders herausgehobene Gruppe mit gemeinsamen «Generationserlebnissen» verstanden werden, was für sich genommen auch noch nichts Aufregendes wäre. Ihnen wird jedoch in der Gegenwart – das, und nur das, macht das Besondere aus – die Rolle als Akteure einer «Altersrevolution»[14] zugeschrieben, man traut ihnen eine Revolution des Phänomens «Alter» oder gar dessen Abschaffung zu.

50+ als Prognosemodell

Es ist schließlich noch ein letzter Punkt als Begründung für diese Studie anzuführen: Die jetzt 50- bis 70-Jährigen kann man als Laborgruppe für die «Zukunft des Alters» betrachten. Um einen einigermaßen inhaltlich gefüllten Begriff dafür zu bekommen, wie sich der vielbeschworene demographische Wandel in Zukunft vollziehen könnte, wenn er statistisch gesehen nach 2020 zum Tragen kommen wird – ob wir tatsächlich zu einer «alternden Gesellschaft»[15] werden, wie in Publizistik und wissenschaftlicher Literatur immer wieder zu lesen ist –, ist es von großem Interesse, die jetzt 50- bis 70-Jährigen genauer zu betrachten, denn die werden dann alle im Rentenalter sein und damit den Fokus des Problems bilden. Wir erforschen mit der Analyse von 50+ aber nur dann ein Stück Zukunft, wenn die Beobachtung nicht nur sporadisch erfolgt, sondern kontinuierlich anhand einer Längsschnittuntersuchung mit (annähernd) denselben Personen, was man in der Sozialforschung ein «Panel» nennt.

Das Sachbuch zur Studie

Das vorliegende Buch versteht sich als «Sachbuch zur Studie». Es ist nicht der Forschungsbericht, der an anderer Stelle erscheint, erreichbar über unsere Homepage www.die50+studie.de. Das Buch ist demgegenüber eher wie eine Reportage konzipiert. Es wendet sich nicht an ein wissenschaftliches, sondern an ein breites politisch und sachinteressiertes Publikum. Außerdem konzentriert sich das Sachbuch auf allgemeingültige Fragestellungen und lässt bestimmte Aspekte außen vor. Es ist von daher eher «journalistisch» angelegt. Es berichtet über die Studie der Universität Osnabrück (UOS-Studie) wie auch über andere Studien und stellt die Ergebnisse in theoretische und politische Kontexte, die in der Studie thematisiert werden. Wer dennoch die wissenschaftliche Argumentation suchen und hinter die Kulissen des Sachbuches blicken möchte, kann jederzeit zur Studie als wissenschaftlicher Publikation im Internet greifen, wo sie für jeden zur Verfügung steht. Und ganz zum Schluss hat ein Sachbuch immer auch die Aufgabe, auf eine besondere Weise zu unterhalten. Ein wissenschaftliches Sachbuch sollte daher auch ein wenig spannend sein. Das kann es aber nur, wenn die Themen, um die es geht, fesselnd, spannend, unterhaltend, aufklärend und politisierend sind.

Das Design der 50+ Studie

Das Thema

Das Thema 50+ begründet sich nicht aus sich selbst heraus. Ein bestimmtes Lebensalter stellt für sich genommen noch keine soziale Gemeinsamkeit dar, die man untersuchen könnte. Erst wenn man unterstellt, dass die Menschen über 50 ein bestimmtes gemeinsames Schicksal haben, z. B. dadurch, dass man sie ab diesem Zeitpunkt für alt halten oder von ihnen nach Sitte und Brauchtum erwarten würde, eine Altersrolle anzunehmen, z. B. nur noch dunkle Kleidung zu tragen, macht die Erforschung Sinn. Das gilt auch für die Umkehrung des Arguments, nämlich dass die Alten sich plötzlich nicht mehr an die Regeln halten, «Junge Alte» oder «Neue Alte» zu sein, vor allem wenn man nach den Ursachen fragt, warum sie das tun. Dann aber unterstellt man gewollt oder ungewollt, dass diese Neuen Alten gemeinsame Merkmale als Generation oder Jahrgangsgruppe aufweisen.

Seit mehr als einem Jahrzehnt wird in amerikanischen Studien und Analysen genau diese These unterbreitet. Sie lautet, die «Babyboomer», oder breiter gefasst, die «Nachkriegsgenerationen» würden, wenn sie die Altersgrenze von 65 erreicht hätten, ihren in den 60er und 70er Jahren des letzten Jahrhunderts vorgelebten Kurs der Lebensumwälzung beibehalten und auch die letzte Phase ihres Lebens komplett verändern. Die Boom-Generation des 20. Jahrhunderts, die Kinder des «Golden Age of Marriage», jener einmaligen Heiratswelle der 40er und 50er Jahre, ist eine demographische, politische, kulturelle und soziale Projektionsfläche erster Ordnung. Sie habe, heißt es, den «Rock and Roll» kreiert und damit unsere Welt verändert. Sie habe die großen Emanzipationsbewegungen des 20. Jahrhunderts, die Frauenemanzipation, die Friedensbewegung und die Ökobewegung als zivile Alltagsrevolutionen vorangetrieben und popularisiert. Sie habe Abschied genommen vom engen Gehäuse der Familie und der Tabuisierung von Sexualität und Drogen – mit allen positiven und negativen Aspekten. Nun werden die Babyboomer das Alter sogar abschaffen – sagen jedenfalls eine Reihe von Autoren aus dem Trendforschungsbereich.

In den Büchern «Die Altersrevolution» und in «Länger Leben, Länger Lieben[16]» haben die Autoren diese These 2006/2007 für die Bundesrepublik Deutschland formuliert und an die Stelle der amerikanischen Chiffre «Babyboomer» die deutsche Metapher «Die 68er» gesetzt. Das sei zwar nicht ganz unumstritten, schrieb das Magazin Focus dazu, denn «68er» im Sinne von Rudi Dutschke, dem einflussreichsten Kopf der 68er-Studentenbewegung, sei damals sicher nur eine schwindende Minderheit der Jugend der 60er Jahre gewesen und für die marxistisch gefärbten politischen Thesen der Studentenbewegung habe sich in Wirklichkeit niemand groß interessiert.[17] Aber nach Meinung der Autoren haben sich inzwischen auch die politischen Gegner von damals die Lebenspositionen der Linken von einst zu eigen gemacht und der Zeitgeistveränderung von ein paar Studenten und Hippies zum Sieg verholfen.

Die Langzeitwirkung geht also nicht von den politischen Vorstellungen von damals aus – die sind lange schon auf dem Müllhaufen gelandet –, sondern von der kollektiven Verschiebung der politischen und sozialen Koordinatensysteme in allen Lebensbereichen. Wenn man sich die Grundeinstellungen einer Bevölkerung zum Alltagsleben auf einem Regler vorstellt, der stufenlos von «konservativ» (linke Seite) nach «progressiv» (rechte Seite) reicht[18], dann hätten die «68er» den Hebel weit nach links verschoben und die Initialzündung für den gesellschaftlichen Wandel seit den 70er Jahren ausgelöst, den Soziologen wie Ulrich Beck und Anthony Giddens mit «Individualisierung und Pluralisierung der Lebenswelten» beschrieben haben.

Wir haben es hier mit einer **klassischen Generationentheorie** zu tun, und es reicht zunächst festzuhalten, dass eine solche

These unterstellt, dass es in der Geschichte immer wieder eine Gruppe von Jahrgängen gibt, die sich durch ein gemeinsames Schicksal und gemeinsame Erfahrungen, eine gleichartige Grundintention und gemeinsame Werte und Normen auszeichnet, die sich wie eine Art Kulturbiographie verstehen lassen. Seit den 60er Jahren hat sich in der Tat das gesellschaftliche Klima in Deutschland sehr weitgehend verändert, und es ist hochplausibel, die verschiedenen Jugendbewegungen der späten 50er und der 60er Jahre dafür (mit)verantwortlich zu machen. Als Erlebnishintergrund für das Entstehen eines gemeinsamen Generationsgefühls und -stils der Jugend von damals sind diese Ereignisse allemal zu verstehen. So gesehen macht es tatsächlich Sinn, hier von den 68ern als Metapher dieser Generation zu reden.

Diese Kulturbiographie, so lautet die These, macht die 68er-Generation jetzt nicht zu einer «depressiven» oder «skeptischen» Generation (so Schelsky über die Jugend der 50er Jahre), sondern führe zu einer Art Verweigerung der Altersrolle oder zu einem Aufbegehren gegen das Alter. Anders als früher werden die «Kritiker der Elche» – einem Spruch des 68er-Karikaturisten F. W. Bernstein zum Trotze – offenbar jetzt nicht «selber welche».[19] Man traut ihnen sogar zu, die gesellschaftliche Definitionsmacht zu haben, in Jahrhunderten gewachsene Altersrollenmuster mit dem Zeitgeist zu ändern und durch das Muster eines «zeitlosen Lebensalters» zu ersetzen. Selbst das Alter als biosoziologisches Phänomen könnten sie damit in neue Dimensionen voranschieben.

Hypothesen

Diese Thesen sind inzwischen weit verbreitet und Gegenstand von Publizistik und wissenschaftlichen Veröffentlichungen; die Medien debattieren darüber, und sie sind Gegenstand politischer Auseinandersetzungen geworden. Thema und Thesen sind relevant. Ob sie allerdings stimmen oder brauchbar sind oder nicht, weiß man erst, wenn ihre Annahmen durch statistische Daten überprüft worden sind. In der Forschung nennt man Aussagen, die theoretisch überprüft werden sollen, «Hypothesen», und sie werden stets so formuliert, dass man sie widerlegen kann, denn Aussagen über statistische Zusammenhänge in der natürlichen Welt können streng genommen nicht bewiesen, sondern nur widerlegt werden. Wer die Behauptung, alle Schwäne seien weiß, beweisen wollte, hätte viel zu tun: Er müsste wirklich alle Schwäne finden und dann auch noch beweisen, dass die gefundenen wirklich alle existierenden Schwäne sind. Einfacher ist die Widerlegung: Hat man nur einen Schwan gefunden, der nicht weiß ist, dann ist die Behauptung widerlegt. Findet man in zahllosen Versuchen immer wieder nur weiße Tiere, ist die These zwar nicht bewiesen, aber sie bleibt vorerst als brauchbare Annahme gültig.

Die Thesen

Wir wollen im Folgenden die wichtigsten Themen der 50+ Studie zusammenfassen. Dabei nehmen wir der besseren Verdeutlichung wegen die Formulierung der Thesen, wenn immer möglich, direkt oder dem Wortlaut nach aus der zitierten Literatur, der die Thesen entstammen, welche die Forscher untersuchen wollten:

- **Das Altersbild ändert sich**:

«Das tradierte Bild vom alten Menschen – und wie er sein Leben im Ruhestand zu gestalten hat» passt nicht mehr auf den «vitalen Rentner des 21. Jahrhunderts».[20]

- **Es gibt eine Bürgerrechtsbewegung der Alten**:

Die neuen Alten werden in Europa eine klassische Emanzipationsbewegung des 21. Jahrhunderts. «Jetzt, da sie begonnen haben wahrzunehmen, dass sie selbst schon zu den Alten zählen, wird ihnen schlagartig die Altersdiskriminierung in der Gesellschaft klar. Für viele 68er wird dies wie ein Schockerlebnis sein und diese Betroffenheit binnen kurzer Zeit zum Kult werden

(‹kultiviert werden›). Jede Form der Diskriminierung alter Menschen wird sodann aufs heftigste angeprangert (...).»[21]
- **Die Neuen Alten verfügen über großes Protestkapital**:

«In ihrer Jugend haben die 68er das Alter bekämpft, nun, im Alter, werden sie den Jugendwahn bekämpfen. (...) Die Mittel dazu besitzen sie, und zwar mehr als die Generationen vor ihnen:»[22] (a) Gruppen- und Protesterfahrungen aus Studentenbewegung und Berufsleben sowie Konflikterfahrungen aus Parteien, Bürgerbewegungen etc. (b) Netzwerke von Alt-68er-Weggefährten und Kampfgenossen, Selbsterfahrungsgruppen, Verbands- oder Parteizugehörigkeit usw. Mit Hilfe dieser Ressourcen werden die 68er sich daranmachen, die Kategorien «Jugend» und «Alter» aufzulösen.

- **Die Befreiung der Sexualität geht weiter**:

In den 60er Jahren ging es gegen die herrschende Lustfeindlichkeit und um neue Formen des Zusammenlebens, exzessiven Genuss und um die Bekämpfung der prüden Sexualmoral. Heute geht es gegen eine «prüde(n) und überkommene(n) Sexualvorstellung, dass Sexualität im Alter ein nachrangiges Kapitel sei». Daher ist anzunehmen, die 68er werden heute für eine Enttabuisierung der Sexualität im Alter eintreten – so, wie sie in ihrer Jugend für eine sexuelle Befreiung eingetreten sind.[23]

- **Ein Scheidungsboom droht**:

Das klassische Familienbild zerfällt in Abschnitte abgelegter Beziehungen. Diese Beziehungserfahrungen lassen sich im Alter nutzen. Die Altersehe und die nichteheliche Alterslebensgemeinschaft bekommen deshalb Konjunktur wie noch nie. Wo Menschen früher an Beziehungen festgehalten haben, können Rentner heute ihr Leben revolutionieren (...).»[24]

- **Aufkommende Wahlverwandtschaften**:

Die vermehrten Scheidungen und Wiederverheiratungen führen zu verwandtschaftlichen Beziehungen, die komplizierter sind als ehedem. Je mehr Scheidungen, desto unüberschaubarer wird das Beziehungsgeflecht. Dabei sind es nicht mehr traditionell Abstammung und Heirat, durch die Verwandtschaften konstituiert werden. Bestimmend ist vielmehr die Frage, ob die daraus entstandenen sozialen Beziehungen auch beispielsweise nach einer Scheidung fortgesetzt werden. Somit wird das Aufrechterhalten verwandtschaftlicher Beziehungen von einer Selbstverständlichkeit zur freiwilligen Entscheidung. Familienverhältnisse werden dadurch zu einer Art Wahlverwandtschaft, die beständiger Pflege bedarf.[25]

- **Esoterik kommt als Religionsersatz**:

Alte Menschen werden nicht mehr, wie bisher, regelmäßig die Gottesdienste in den Kirchen besuchen, dafür immer mehr Wochenendkurse, Reisen etc. buchen, «die mit dem Versprechen locken, Körper, Geist und Seele in Einklang zu bringen und über die Endlichkeit zu retten. Der Esoterikbegriff wird nicht mehr als Aberglaube abgetan, sondern noch stärker zum allgemeinen Mainstream.»[26]

- **Der Suizid und ein anderes Verhältnis zum Tod**:

Es ist anzunehmen, dass die neuen Alten künftig vermehrt auch in Erwägung ziehen, ihrer Existenz selbst ein Ende zu bereiten, denn sie werden sich das Recht auf Selbstbestimmung auch im Alter nicht nehmen lassen. (…) Mit einer breiten öffentlichen Diskussion um das selbstbestimmte, humane Sterben werden die 68er ein letztes Mal ein Tabu brechen.[27]

Indikatoren

Diese Thesen werden an folgenden Indikatoren überprüft:
- **Selbst(wert)gefühl**: Wie ist die physische, psychische und mentale Selbsteinschätzung, wie die allgemeine Lebenseinstellung, wie Gesundheit und Krankheit, Zukunftserwartung, Einstellung zur Familie, Bewertung der eigenen Rolle?
- **Aussehen, Fitness, Sport, Prävention**: sportliche Betätigung, Gesundheitsbewusstsein, Gesundheitsprävention, Hygiene; welche Rolle spielen Aussehen, Schlanksein, Schönheits-

bewusstsein, wie steht es um Ernährungsbewusstsein und die Ernährungsgewohnheiten?
- **Liebe, Partnerschaft, Sexualität**: Wie sind die Werte bei Partnerbeziehungen, Qualität der Ehe, sexueller Aktivität, Partneraktivität, Erfahrungen mit wechselnder Partnerschaft und Liebe, Verarbeitung von Enttäuschungen, Einsamkeit?
- **Netzwerke, Netzeinbindung**: Wie sind die Probanden sozial vernetzt, wie sehen die Kontakte zur Altersgruppe aus, wie die Kontakte zu Jüngeren?
- **Einkommen, Rente, Vermögen**: Angaben zum genauen Haushaltseinkommen, realistisch für den Konsum verfügbares Einkommen, Grundeigentum, andere Vermögenswerte; aber auch finanzielle Engpässe und Armut;
- **Kaufkraft, Konsum, Freizeit**: Wie ist das Konsumverhalten? Freizeitwünsche, Zeitbudget, Rolle von Hausarbeit und Garten?
- **Mobilität**: «Joyriding», Reisen, Reisegewohnheiten, Reisepläne, Reisebudget, Reisefreizeitverhalten, Mobilität in Stadt und Land;
- **Wohnen heute und morgen**: Wie ist die Wohnsituation, wie die Vorstellungen über die Zukunft, alternative Wohnformen, Wohngemeinschaften, Mehrgenerationenwohnen, Reformprojekte, Bereitschaft für Engagement und Erfahrungen in alternativen Projekten?
- **Beruf, Arbeit und Ehrenamt**: Welche Rolle spielte der Beruf im bisherigen Leben, wie ist die Einstellung zur Berufstätigkeit nach 65?
- **Kultur und Kreativität**: Wie ist das Medienverhalten (Zeitung, Zeitschriften, Fernsehen, Radio, Musikkonserven, Kino, Theater), wie sieht es mit aktiver kultureller Betätigung aus?
- **Politik**: Sonntagsfrage, Wahlverhalten, Parteienpräferenzen, Bereitschaft zur aktiven Mitarbeit, Protestpotenzial, Interesse an neuen politischen Bewegungen;
- **Schicht und Lifestyle**: Wie sieht die soziologische Einordnung der Probanden nach Einstellungen (insbesondere auch

religiösen), Lebensgewohnheiten und Schichtkriterien (Bildung, Einkommen, Berufsstatus) aus?

Die Stichprobe

Die 50+ Studie untersucht entsprechend ihrem Forschungsdesign nicht ältere Menschen im Allgemeinen (wie andere Altenstudien!), sondern **eine bestimmte Altersgruppe**, und zwar diejenige, die sich 2008 in dem Lebensaltersfenster von 50 bis 70 Jahren befindet und die mit der Bezeichnung der «68er Generation» gleichgesetzt wird. Deshalb ergibt sich hier logischerweise auch ein Abgrenzungsproblem nach den Jahrgängen der zu erforschenden Altersgruppen – und zwar nach oben wie nach unten:

Der Jahrgang 1938 als obere Grenze: Die Forscher haben sich bei der Abgrenzung der Jahrgänge sowohl im oberen als auch im unteren Bereich am Phänomen des sogenannten «Pillenknicks» orientiert. Man versteht darunter den 1964 einsetzenden Geburtenrückgang (Tabelle 1, S. 32), der die Geburtenrate in Deutschland binnen 13 Jahren auf etwa 58 % des letzten geburtenstarken Jahrgangs zurückzuschrauben beginnt. Mit dem Jahrgang 1963 wiederum geht zugleich der beispiellose, 1945 einsetzende Babyboom zu Ende, der zuvor zu mehr als einer Verdoppelung der Geburtenrate geführt hatte.

Zwar deutet der Begriff Pillenknick auf die «Antibabypille» als technische Ursache für diesen Effekt, aber man darf vermuten, dass dem Gebrauch der Pille eine mentale Veränderung in den Wertvorstellungen der Menschen vorangegangen ist, die Entscheidung darüber, die Schwangerschaft selbst in die Hand zu nehmen. **Der Pille geht dieser «Knick» sozusagen voraus!** In der 50+ Studie wird dieser Wandel in der zweiten Hälfte des 20. Jahrhunderts für – wie bei vielen anderen auch – trendentscheidend gehalten. 1962/1963 kamen für diese Wende insbeson-

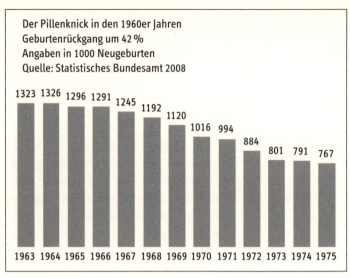

Tabelle 1: Babyboom und Pillenknick

re die zwischen 1938 und 1943 geborenen Frauen und Männer, Freunde und Lebenspartner in Frage, die 1964 hätten beginnen müssen, Eltern zu werden, wenn sie sich von den Werten des «Golden Age of Marriage» der 50er Jahre hätten leiten lassen («so früh wie möglich heiraten» und «mit 20 das erste Kind bekommen»). Aber sie entschieden sich anders. Vor allem: Sie entschieden sich, andere Lebensformen auszuprobieren; und dazu gehörte es auch, die Pille zu nehmen. Der Jahrgang 1938 ist also eine plausible Grenze. Er dürfte der erste Wertewandeljahrgang der Nachkriegsepoche gewesen sein, der diesen Weg auch gegangen ist und damit ein unübersehbares Zeichen der Veränderung setzte! Götz George, als Tatortkommissar «Schimanski» geradezu ein «Archetyp» (Urbild) dieser Generation, ist Jahrgang 1938. John Lennon war Jahrgang 1940.

Der Jahrgang 1958 als untere Grenze: Es wäre bei diesem Ansatz durchaus plausibel, die Altersgruppe nach oben mit dem Ende des Babybooms, also mit dem Jahrgang 1962, zu begrenzen, was im Übrigen dem Forschungsschwerpunkt der Partneruntersuchung aus dem Hause KarstadtQuelle Versicherungen mit dem Titel die «Freie Generation» geschehen ist, welche ab 45 untersucht hat. Die Forscher haben das aber nicht getan. Der Grund: Das 50. Lebensjahr ist bislang eine entscheidende Wahrnehmungsschwelle für die individuelle wie die öffentliche Beobachtung des Phänomens «Alter». Das 50. Lebensjahr ist bisher eine relevante Zäsur, ein gefühlter **Alters-Limes**, der in der Vergangenheit von den Menschen so wahrgenommen wurde. Um zu prüfen, ob dieses Muster noch gilt, war die Eingrenzung auf 50 bis 70 und die Bezeichnung «50+» zunächst unvermeidlich – doch ohne zu viel zu verraten, kann man an dieser Stelle schon sagen, dass es in Zukunft begründeten Sinn machen wird, die Babyboom-Altersgruppe als Ganzes zu untersuchen – nicht zuletzt weil sie in vier Jahren über 50 sein wird.

Projektion auf das Jahr 2015/2020: Es gibt noch den bereits erwähnten statistisch-prognostischen Grund für diese Einteilung. Die Forscher haben bei der Beschreibung der 50+ Gruppe auch Daten der Heidelberger Sozialforscher von «Sinus Sociovision» verwendet[28], um die eigenen Daten zu kontrollieren. «Sinus Sociovision» wiederum hat die Entwicklung seiner Milieus auf das Jahr 2015 projiziert, wovon weiter hinten noch berichtet wird, und sich dabei ebenfalls explizit auf die Jahrgänge 1938 bis 1958 bezogen. Insoweit war die Begrenzung auch aus diesem Grunde angeraten.

Fragebogen

Der Fragebogen einer empirischen Studie dient nicht in erster Linie der Erfassung von Daten wie bei einer Volkszählung durch das Statistische Bundesamt. Mit dem Fragebogen werden Fragestellungen entwickelt oder aus anderen Studien eingebaut, um die Behauptungen der Hypothese messbar machen zu können. Die Messungen selbst werden durchgängig in der Form von sogenannten «Likert-Skalen» (nach dem Sozialforscher

Rensis Likert) vorgenommen. Darunter versteht man, dass den Testpersonen Behauptungen («Items») vorgelegt werden, denen man zustimmen kann oder die man ablehnen mag. In der Regel hat man fünf Möglichkeiten, eine Bewertung der Behauptungen vorzunehmen (lehne völlig ab, lehne ab, bin neutral, stimme zu, stimme ausdrücklich zu). Gemessen wird die beobachtbare Bewertung eines oder mehrerer Statements, also die tatsächliche Reaktion der Testperson auf einen vorgelegten Reiz oder Impuls in Gestalt des «Items».

Diese Items/Statements sind in den vorangegangenen Tests so entwickelt und ausgewählt worden, dass sie die richtige Übersetzung der Hypothesen in einen Fragebogen garantieren, tatsächlich und verlässlich das zu messen, was sie messen sollen. Oft stammen sie auch aus bereits getesteten Fragebögen anderer Studien, was die Verlässlichkeit erhöht. Fachleute nennen dies «Validität» (zu deutsch: Gültigkeit) der Befragung bzw. Messung. Der Fragebogen insgesamt ist das Forschungsinstrument, mit dem wir unser Testvorhaben durchgeführt haben. Wer im Übrigen Interesse am Fragebogen hat, der kann auf der Website der Forschungsgruppe jederzeit einen Probelauf durchführen und den Fragebogen studieren bzw. testen.

Längsschnitt-Untersuchung

Die 50+ Studie ist als Auftakt einer Längsschnittuntersuchung gedacht. Die Forscher streben etwas Vergleichbares zu dem an, was in der Vergangenheit in der Jugendforschung getan wurde: Sie wollen beginnend mit dieser Studie die Zielgruppe in Zukunft regelmäßig immer wieder befragen und so eine Plattform für die wissenschaftliche Erfassung des Wandels in der individuellen und gesellschaftlichen Bedürfnislage und Befindlichkeit schaffen. Aber sie wollen einen Schritt weiter gehen bzw. sind bereits einen Schritt weiter gegangen, als das in der Jugendforschung mit der Shell-Studie bislang der Fall war. Sie wollen nicht immer wieder zufällige Stichproben befragen und in zwei oder drei Jahren eine ganz andere Personengruppe messen als heute – nur um Scheinstrukturen damit zu erfassen. Denn was da passiert, kann man gut in folgendem Bild zusammenfassen: Man fragt heute eine Gruppe von Menschen: «Nehmen Sie Aspirin?» Und zwei Jahre später fragt man eine ganz andere Gruppe von Menschen: «Wie hat es gewirkt?» Also wollen wir die Längsschnitt-Erforschung des möglichen Wandels jetzt und in Zukunft nicht vortäuschen, sondern mit einem echten «Panel» durchführen, das sich jetzt aus 50- bis 70-Jährigen zusammensetzt und zumindest ein Jahrzehnt von uns kontinuierlich beobachtet werden wird. Dieses Panel bauen wir jetzt mit dieser Studie auf.

Unter einem Panel versteht man eine besondere Art der Längsschnittuntersuchung, bei der jede Erhebung mit denselben Menschen und demselben Erhebungsinstrument wiederholt wird. Da es (natürlich) auch Schwachpunkte im Betrieb eines Panels gibt, betreiben wir ein «modifiziertes Panel». Wir verstehen darunter ein Panel, das man nicht nur alle paar Jahre befragt, sondern regelmäßig einsetzt, befragt und damit auch justieren kann.

50+ Echtzeit-Panel

Die Forscher betreiben mit dem 50+ Netzwerk ein Panel in «Echtzeit». Das heißt, das Panel antwortet sofort, wenn es befragt wird (Internet). Deshalb benutzen sie das Internet als Befragungsform, was seinerseits bestimmte Konsequenzen nach sich zieht. Eine davon betrifft die Frage nach der Repräsentativität. Nicht alle Menschen aus der Zielgruppe sind im Internet. Manche vermuten ja gar, dass das Internet nur eine Spielwiese für die Kids sei. Aber das ist sicherlich falsch. Die Generation zwischen 50 und 70 ist in Computerdingen nicht irgendeine Generation, sie hat das Kommunizieren mit Computern geradezu erfunden. Notabene: Es sind die Computerkids von einst, die heute um die 60 sind. Bill Gates (52) geht in Ruhestand,

Steve Jobs, der Apple-Gründer und visionäre Chef des Konzerns, wird 53 Jahre alt. Darum wächst keine Nutzergruppe im Internet derzeit so schnell wie die 50+ Gruppe. Erst oberhalb von 70 nimmt die Beteiligung deutlich ab. Aber kein Problem für uns: Unsere Stichprobe geht von 50 bis 70 – bewegt sich also genau auf methodisch sicheren Bahnen. Allerdings sind Arbeiter unter den Internetnutzern über 50 deutlich unterrepräsentiert. Um dennoch ein brauchbares Sample aufbauen zu können, muss auch ein Internetpanel repräsentativ sein.

Durch verschiedene Verfahren ist jedoch dafür gesorgt, dass die relevanten demographischen Zielgrößen auch im Internetpanel stimmen[29]. Man kann deshalb sagen, dass wir es bei der 50+ Untersuchung mit Daten aus der Befragung eines *repräsentativen Internetpanels* zu tun haben. Aber auch das wirft Fragen auf wie die, ob die Antworten über das Medium Internet mit anderen, konventionell erhobenen vergleichbar sind. Hier sind die Forscher sogar der Ansicht, es sei unbestreitbar, dass die Internetbefragung, da sie einer schriftlichen gleicht, aber gleichzeitig auch interaktiv ist, allen anderen Befragungsarten überlegen sein dürfte. Zwar ist diese Auffassung nicht gänzlich unbestritten, aber wir folgen ihr mal bis zum Beweis des Gegenteils. Da es ohnehin keine fehlerfreie Forschungsmethode gibt, kommt es eben darauf an, Fehlerquellen und Methodenschwächen deutlich zu benennen und zu Schlussfolgerungen zu kommen, deren Wert und Begrenztheit sich Forscher und Leser immer wieder klarmachen müssen.

Ein ganz besonderer Vorteil des Internets ist in diesem Zusammenhang seine Interaktivität und seine Geschwindigkeit. Ein ausgefüllter Fragebogen ist zeitgleich schon ein ausgewerteter Fragebogen. Wie das? Ganz einfach: eine durch «Anklicken» gegebene Testantwort wird vom Netzwerkcomputer, auf dem man sich bei der Befragung gerade befindet, sofort registriert; am Ende der Befragung ist der Fragebogen dann logischerweise ausgewertet, und die Forscher sehen auf ihrem Monitor in Echtzeit den jeweiligen Stand der Auswertung sekundengenau. So kann man wirklich schnell zu Ergebnissen kommen, aber auch Schwachstellen in der Befragung feststellen: Nirgendwo sonst kann man derart schnell und präzise Nachfragen stellen und mit dem Panel kommunizieren; das alles ist in der Tat einer mündlichen Befragung weit überlegen.

Die «Echtzeitdividende», wie ich diesen Vorteil nennen möchte, ermöglicht den Forschern, etwas Wichtiges gleich mit zu erledigen: Die Forschungsergebnisse werden und können immer hochaktuell sein. Die 50+ Studie wurde sieben Monate vor dem Erscheinungstermin dieses Buches durchgeführt. Kein Vergleich mit der Geschwindigkeit herkömmlicher Methoden, die schon hocheffektiv und schnell sind, wenn eine Studie nicht mehr als zwei Jahre zurückliegt! Auch deshalb haben wir uns für dieses moderne Instrument entschieden. Der Erfolg bei der Resonanz der Befragung gibt der Studie recht. Die Forscher haben in nur wenigen Tagen über 7000 Mitglieder des Panels rekrutieren können, die begeistert bei der Forschung mitgemacht haben und der Forschungsarbeit treu bleiben wollen.

Man sollte der Vollständigkeit halber noch erwähnen, dass die Expertise des Forschungsteams bei der Internetbefragung in Bezug auf Technik, Methodik und Abwicklung in den Jahren zuvor durch intensive Erfahrungen in einem langjährigen Forschungsprojekt zur Nutzung des Internets für Wahlen mit entstanden sind. Eine Internetwahl – einen virtuellen Stimmzettel ankreuzen – und eine Internetbefragung – einen virtuellen Fragebogen anklicken – haben nicht nur entfernt was miteinander zu tun, oder?

Feldphase

Der Ablauf der ersten Studie war sehr erfolgreich, viel erfolgreicher, als die Forscher erwartet hatten. Schon bei der Rekrutierung der auf Video aufgezeichneten Einzelinterviews mit über 40 Probanden stellten sie eine enorme Resonanz auf Anzeigen fest, mit denen sie in der Tagespresse für die Teilnahme geworben hatten. Die Probanden hatten geradezu ein persönliches Bedürfnis, sich interviewen zu lassen, und betonten dies im Verlauf der Gespräche auch immer wieder. Dennoch waren die Sozialforscher von der Resonanz auf die Studie überrascht. Anfang Februar 2008 wurden in Zusammenarbeit mit «Schober Informationssysteme» ca. 100 000 Probanden per E-Mail angeschrieben und zur Mitarbeit aufgerufen. Ungefähr 7800 ausgefüllte Fragebögen waren der Ertrag dieser Aktion. Der Rücklauf vollzog sich größtenteils in den ersten Stunden und war innerhalb weniger Tage nach der Aussendung erreicht. Diese Beteiligung entspricht einer Rücklaufquote von 7,8 %. Das gilt für das Medium Internet als enorm hoch und bestätigt das große Interesse, das die Befragten an den Tag legten. Die Forscher werten das aber auch als Indikator dafür, dass es den Probanden regelrecht wichtig war, gehört zu werden. Genau das nämlich hatten sie den Probanden als Anreiz für ihre Teilnahme übermittelt und sie aufgefordert, von der Möglichkeit Gebrauch zu machen, sich Gehör zu verschaffen.

Der große Rücklauf hat dazu geführt, dass die Statistiker einerseits ein hochsignifikantes Sample für die Internetnutzer zwischen 50 und 70 Jahren bilden konnten, andererseits durch entsprechende Bearbeitung des Samples eine für die Altersgruppe 50/70 hochrepräsentative Stichprobe aufbauen konnten (mehr dazu ebenfalls in der wissenschaftlichen Studie: www.die50+studie.de/Bericht). Die in den folgenden Teilen des Buches vorgetragenen Befragungsergebnisse entstammen, wenn sie aus anderen Quellen stammen, diesem Sample – mit erstaunlichen Ergebnissen.

Zusammenarbeit mit Partner

Um diese Ergebnisse der Internetforschung vor allem auf dem Gebiet der Untergliederung der Altersgruppe in soziale Milieus (an der auch die Osnabrücker Forscher mit einem eigenen Instrument und Team arbeiten) in sich abzusichern, haben wir ihre Ergebnisse mit den umfassend erstellten sozialen Milieus des Heidelberger Sinus Sociovision Instituts verglichen und eine Sonderauswertung der Daten für das Alterssegment 50 bis 70 in Auftrag gegeben. Die Heidelberger Forscher untersuchen seit 25 Jahren die Alltagswirklichkeit in Deutschland und Westeuropa und erfassen ihre Daten aufgrund der Anwendung ihrer Methoden in großen Repräsentativerhebungen der Medien- und Werbewirtschaft. Sie erreichen damit auf der Basis von ca. 100 000 Interviews im Jahr ein in dieser Präzision wohl einmaliges Bild von der Lebenswelt der Betroffenen.

Die Repräsentativität der Internetstichprobe haben wir an den Ergebnissen der Forschungsarbeiten von KarstadtQuelle Versicherungen («Die Freie Generation», 2004 und 2006) überprüft und kalibriert, d.h., wir haben unsere Internetdaten an den konventionell erhobenen Daten der KarstadtQuelle-Studien ausgerichtet, um unsere Daten justieren zu können. Voraussetzung dafür war, dass wir in unserem Panel auch komplett den Fragebogen von KQV haben durchlaufen lassen. Das schließlich lieferte erst die Daten, die man vergleichen und kalibrieren kann. Für die Forschungsgruppe 50+ ist die Zusammenarbeit – das sei zum Schluss noch erwähnt – von großer Bedeutung. Der Konzern soll bei der weiteren Erforschung der Zielgruppe in Zukunft eine ähnliche Rolle wie Shell bei der Jugendstudie spielen, wenn die Erforschung der Zielgruppe als Längsschnitt weitergeführt wird. Das könnte Probleme aufwerfen, wir glauben aber, dass die Zusammenarbeit sich mit KarstadtQuelle in erster Linie aus gleichgerichteten wissenschaftlichen und forschungstechnischen Interessen ergeben wird. Natürlich verfolgt der Konzern mit seinem Forschungssponsoring auch eigene Interessen, was wir für legitim halten. Diese Arbeitsteilung und Interessenverteilung, so hoffen wir, vermeidet Konflikte und erhöht durch technische Zusammenarbeit die Qualität auf beiden Seiten. Die kommenden Studien werden es zeigen.

TEIL II

ALTER ALS SOZIALE DIMENSION

Alter als gesellschaftliches «Konstrukt»

Alt zu werden ist ein durch und durch biologischer Vorgang. So scheint es zumindest. Kein irdisches Lebewesen ist bekannt, dass unsterblich wäre, auch wenn das Leben prinzipiell unbegrenzt sein müsste und das älteste bekannte Tier immerhin schon 10 000 Jahre auf dem Buckel hat. Es lebt immer noch und könnte folglich auch noch sehr viel älter werden[30]. Die biologischen Zellen, aus denen alles Leben besteht, haben die wunderbare Fähigkeit, sich immer wieder zu reproduzieren und so das Leben durch ihre fortwährende Selbstkopie zu erzeugen und zu erhalten – und zwar grundsätzlich unbegrenzt[31]. Diese Autopoiesis (Selbsterzeugung nach Selbsterhaltung) der Zellen basiert, wie wir wissen, auf der Weitergabe der genetischen Informationen von einer Zelle an die andere; dabei treten aber offenbar immer wieder kleine, scheinbar unvermeidliche Fehler auf, die zur Veränderung der Informationen führen. Man kann sich das so vorstellen wie bei der Fotokopie von einem guten Foto. Man kopiert die Kopie erneut, und von dieser Kopie macht man wieder eine Kopie, davon eine weitere Kopie und so weiter und so fort. Am Ende hält man die x-te Kopie der Kopie in den Händen und erkennt so gut wie nichts mehr; bestenfalls hat die Kopie noch eine gewisse Ähnlichkeit mit dem Original.

Anthropologische Grundlagen

So etwa kann man sich das mit dem Altern vorstellen. Die Zellen eines Lebewesens kopieren sich wieder und immer wieder. Kleine Fehler treten auf, die Qualität wird schlechter, man altert. Und irgendwann ist der Degenerationsprozess der Informationen zu Ende. Man stirbt. Was allerdings der Grund der Übertragungsfehler ist, kann bislang nur vermutet werden. Es können äußere Einflüsse sein, innere Ursachen, eine Mischung von beidem oder auch nichts von alledem. Was es jedoch genau ist, wie oder ob man es aufhalten könnte, wissen wir nicht. Die Lebenszeit aller Lebewesen scheint begrenzt zu sein, auch wenn das Leben theoretisch unbegrenzt sein könnte. Diese Paradoxie des Alters können wir nach wie vor nicht befriedigend auflösen.

Wenn sie nicht frühzeitig infolge eines Unfalls, eines Anschlags oder einer Krankheit sterben, erreichen Lebewesen offenbar so etwas wie ein beobachtbares Höchstalter. Wenn sie dies erreicht haben, scheinen sie – wie bei der x-ten Kopie der Kopie – nur noch ein Schatten ihrer selbst zu sein und alsbald an einem Komplex altersbedingter Ursachen zu sterben, die man in der Medizin auch das «Alterssyndrom» nennt. Aber wie hoch dieses Alter bei verschiedenen Lebewesen im Einzelfall ist, das kann zum Teil enorm variieren und hängt in jedem Fall wiederum mit einem ganz anderen Komplex von Ursachen zusammen. Bäume können ungeheuer alt werden. Weltberühmt sind die «Bristlecone Pines» oder Grannenkiefern in den White Mountains in Kalifornien. Die älteste unter ihnen, ein Baum namens «Methusalem», soll 4900 Jahre alt sein. Der älteste Baum in Europa könnte ein 2400 Jahre alter Olivenbaum in Lappa auf Kreta sein. Schwämme werden offenbar noch sehr viel älter. Das eingangs erwähnte 10 000 Jahre alte Tier ist ein antarktischer Riesenschwamm und vermutlich sogar das älteste Lebewesen der Welt[32].

Wirbeltiere werden offenbar nicht so alt; aber die älteste Schildkröte der Welt starb unlängst in einem Zoo in Kalkutta, nachweislich im Alter von 255 Jahren[33]. Der älteste bekannte Homo sapiens sapiens war eine Frau, die Französin Jeanne Louise Calment; sie wurde 122 Jahre alt. Der unbestritten älteste Mann bislang dürfte der Däne Christian Mortensen mit 115 Jahren gewesen sein (der oft zitierte Rekord des Japaners Shigechiyo Izumi mit 120 Jahren wird in der Literatur wegen der unklaren Geburtsurkunde stark angezweifelt). Auf der Liste der 100 ältesten Menschen dominieren zudem die Frauen: Von den hundert ältesten Menschen waren bzw. sind 90 weiblichen Geschlechts – nur ganze 10 waren Männer[34].

Diese zum Teil verblüffenden Zahlen dokumentieren **Lebensaltersrekorde**. Sie zeigen, wie alt Lebewesen überhaupt werden können und welches Zeitpotenzial im Leben generell steckt. Etwas ganz anderes ist die Lebenserwartung[35]. Die ergibt sich als statistischer Wert aus dem Mittel der tatsächlich erreichten Lebensalter aller lebenden Exemplare einer Gattung oder Gruppe. Berechnet wird also die durchschnittliche Lebenserwartung eines Neugeborenen. Dabei können durchaus irreführende Vorstellungen herauskommen: Denn wenn man sagt, dass im römischen Imperium die Lebenserwartung etwa bei 35 Jahren lag, dann bedeutet das tatsächlich und natürlich nicht, dass die Menschen mit 35 Jahren starben – ganz im Gegensatz zu dem, was viele Menschen annehmen; die meisten starben wahrscheinlich bei der Geburt oder mit 2 oder 3 Jahren; wer aber alt wurde, der konnte durchaus 70 oder 80 Jahre werden, wie es im Psalm Davids heißt, den man hier sehr wohl als Index für hohes Lebensalter in der Antike werten darf[36]. Da es also die Sterbefälle sind, die in Bezug auf die Neugeborenen berechnet werden, ist die Lebenserwartung immer dann zwangsläufig gering, wenn die Säuglings- oder Kindersterblichkeit erheblich ist; und sie ist hoch, wenn es – wie heute – kaum Kinder- oder Säuglingssterblichkeit gibt.

Wenn nun die Lebenserwartung steigt, heißt das also wiederum nicht, dass die Lebensaltersrekorde nach oben gehen müssen. Aber Letzteres scheint seit den Tagen des Psalmisten auch noch zuzutreffen. Nicht nur die Lebenserwartung geht nach oben, auch die Lebensaltersrekorde sind im Anstieg begriffen bzw. werden ständig überboten. Wenn der Psalmist heute dichten würde, dann könnte er nicht mehr von 70/80 Jahren ausgehen, sondern müsste sagen: «Unser Leben währet 100 Jahre, und wenn es hochkommt, so sind es sogar 120 Jahre.» In 50 Jahren könnte er vielleicht sogar sagen müssen, das Leben währe 150 Jahre, und wenn es hochkomme, seien es 200 Jahre gewesen. Und auch der zweite Teil – wenn es gut gewesen wäre, sei es Mühe und Arbeit gewesen – wird dann kaum noch stimmen – oder aber vielleicht das gerade doch, wer weiß?

Lebenserwartung als gesellschaftliches Projekt

Logischerweise ist die Lebenserwartung einer jeden Gattung oder Art wesentlich geringer als der Lebensaltersrekord. Auch bei Schildkröten liegt sie nicht bei 255 Jahren, auch wenn keine Daten bekannt sind, welche die durchschnittliche Lebenserwartung von Schildkröten belegen. Beim Homo sapiens sapiens gibt es solche Daten hingegen, weil wir durch die Geburts- und Sterbestatistik über verlässliches Datenmaterial verfügen. Das macht es aber nicht einfacher; tatsächlich liegt die Lebenserwartung des Menschen verwirrend kompliziert bei sehr unterschiedlichen Werten – je nachdem, welches Geschlecht man hat, zu welcher Sozialschicht man gerechnet werden muss, in welchem Land man lebt oder zu welcher Religionsgemeinschaft man gehört. In den OECD-Ländern liegt sie für 2006 bei über 80 Jahren, in Afrika bei vormodernen 34,1 Jahren. Männern in Westeuropa werden durchschnittlich 75 bis 80 Jahre vorausgesagt (in Russland nur 60 bis 62 Jahre), Frauen hingegen dürfen bis zu 90 Jahre erwarten (in Russland 70 Jahre und mehr). Und in Zukunft dürfte die Disparität der Lebenserwartung wohl noch eine Weile anhalten. Das Rostocker Zentrum für Demographischen Wandel (ZDWA) prognostiziert für die nächsten 30 Jahre einen weiteren Anstieg der Lebenserwartung in den westlichen Gesellschaften auf 90, ja sogar auf 100 Jahre[37].

Ob dieser Trend aber auch auf eine weitere Zunahme des Höchstalters hinweist, ist umstritten. Aber viele Forscher sehen auch die Altersrekorde in die Höhe gehen. Und das Enfant terrible der Altersforschung, der britische Bioinformatiker Aubrey de Grey, meint gar, dass schon die 2025 geborenen Menschen die Chance hätten, unbegrenzt alt zu werden![38]

Doch bevor wir darauf eingehen, sollten wir festhalten, dass sich schon die Kategorie Lebenserwartung, von der man meinen könnte, sie sei eine objektive Messgröße, als ein soziales Phänomen erweist: Erstens hängt ihre Erfassung von so etwas zutiefst Bürokratischem ab wie (schriftliche) Registrierung und Datenerfassung, Meldegesetzen und anderen Personenstandsregelungen; zweitens hängt es offenbar mit verschiedenen sozialen Variablen wie Produktivität der Volkswirtschaft, Niveau des nationalen Gesundheitswesens, Geschlechtsrollenverständnis (alles abhängig von der Produktivität), aber auch mit den Lebensregeln und -bedingungen einer Religionsgemeinschaft zusammen, wie hoch die Lebenserwartung als Messgröße einerseits und als Lebenschance andererseits tatsächlich ist.

Alter als soziale Konstruktion

In den 80er Jahren des 20. Jahrhunderts setzte sich in den Sozialwissenschaften die Überzeugung durch, Kindheit sei eine «Soziale Konstruktion»[39]. Ausgehend von der Kulturgeschichte der Kindheit des Franzosen Philippe Ariès konnte gezeigt werden, dass verschiedene historische Epochen ganz verschiedene Vorstellungen von Kindheit und kindlicher Entwicklung haben. Das Gleiche gilt mutatis mutandis auch für unterschiedliche Kulturen in ein und derselben Epoche, die ebenfalls ganz verschiedene Vorstellungen von Kindheit und kindlicher Entwicklung hervorbringen können. Daraus wird zu Recht geschlussfolgert, dass es keine allgemeingültigen Anhaltspunkte gibt, wann ein Kind ein «Kind» ist. In jeder Kultur und zu jedem Zeitpunkt kann «Kindheit» etwas anderes bedeuten und anders beobachtet werden. Es scheint weder feste biologische noch medizinische, mithin also keine «natürlichen» Merkmale für

Kindheit zu geben. Vielmehr entscheiden offenbar historisch-kulturelle Vorstellungen, wie Kindheit verstanden und beschrieben wird bzw. ob es Kindheit in einer bestimmten Gesellschaft im heutigen Sinne überhaupt gibt.

Auch wenn es bisher keine vergleichbare Studie über die Kulturgeschichte des Alters gibt, so liegt es doch nahe, dieses Konzept der Konstruktion eines Lebensalters als Theorem auf alle Altersstufen zu verallgemeinern. Es gibt in der Tat ebenso wie bei Kindern keine allgemeingültigen Anhaltspunkte dafür, wann ein Mensch ein «Jugendlicher» oder ein «Alter» ist. In jeder Kultur und zu jedem Zeitpunkt können auch «Jugend» oder «Alter» etwas anderes bedeuten und anders beobachtet werden. Feste biologische oder medizinische, mithin also «natürliche» Merkmale dafür entziehen sich uns in gleicher Weise wie bei der Kindheit[40]. Der Wittenberger Soziologe Heinz Sahner sagt das so[41]: «Bestimmte Verhaltensweisen, die man jüngeren konzediert, erlaubt man älteren nicht. Warum nicht? Die Frage findet keine natürliche oder biologische Erklärung. Ältere Menschen haben sich in einer bestimmten Weise zu kleiden, bestimmte Dinge zu tun oder nicht zu tun. Es sind sozial bedingte Erwartungen, die wie Vorschriften wirken. Dafür lassen sich viele Beispiele anführen. Man nehme nur das Beispiel Sexualität. Ältere sind da jenseits von gut und böse, ist die weit verbreitete Meinung. Bestimmte Vorstellungen wirken beim Durchschnittsbürger geradezu obszön. Ältere Menschen haben da keine Bedürfnisse zu haben. Dabei belegt eine Fülle von einschlägigen Forschungen das Gegenteil. (...)

Aber es gibt noch prosaischere Beispiele für das, was ich die soziale Definition von alt nenne. (...) In unserer Gesellschaft, in der das soziale Ansehen sehr stark über die Stellung im Beruf definiert wird, entfällt mit der Pensionierung ein wichtiges Statussymbol, wenn auch die ehemalige Tätigkeit meist noch etwas Ausstrahlungskraft behält. Mit dem Rentnerdasein verabschiedet man sich von der ernster genommenen Berufswelt. Die Zäsur ist meist abrupt. Nicht ohne Grund spricht man vom Rentenschock oder Pensionierungstod. Man zählt dann schnell zum alten Eisen. Aber wer setzt die Ruhestandsgrenze fest, mit der man zum alten Eisen zählt? Der liebe Gott? Die Biologie? Die Leistungstüchtigkeit? Dass sie nicht naturwüchsig ist, sondern von der Gesellschaft, von den hier relevanten Institutionen gesetzt wird, das erfahren wir in jüngster Zeit immer wieder. Jahrelang lag diese Grenze weitgehend fest bei 65 Jahren, dann wurde sie aus Gründen, die im Arbeitsmarkt lagen, zeitlich nach vorne flexibel gestaltet (Vorruhestand). Nun soll sie aus dem gleichen Grund höher gelegt werden: arbeiten bis 70. Die Bestimmung des Ruhestandes und damit der Beginn einer bestimmten Altersphase hat sicher auch etwas mit Biologie, aber wie wir sehen, auch mit sozialen Faktoren zu tun: Alter als soziale Konstruktion. Eine Fülle von Altersstudien zeigt eine hoch differenzierte Leistungsfähigkeit auch im fortgeschrittenen Alter. Die in der jüngeren Vergangenheit zu beobachtenden Sprünge in der Festsetzung der Altersgrenze sind empirisch aber nicht begründet. Zumindest haben sie wenig mit Leistungsfähigkeit zu tun.»

Entberuflichung

In der Tat kann man zeigen, dass sich die Altersvorstellungen im Laufe der Jahrhunderte gewaltig geändert haben, und im Moment sind wir Zeugen dessen, dass sich die Vorstellungen wieder gewaltig ändern. Wie so oft ist allein die Tatsache, dass wir einen Prozess als soziale Konstruktion beschreiben, schon Beleg genug dafür, dass sich der Gegenstand gerade gewaltig zu verändern scheint oder schon verändert hat und wir es gerade sozusagen gesamtgesellschaftlich bemerken.

Was da abläuft, kann man auf folgenden Begriff bringen: Unser Verständnis von Alter hängt diesbezüglich direkt und indirekt mit dem Problem des Berufs und der Berufsarbeit zusammen. Die Moderne definiert sich nicht unwesentlich durch den Beruf. Er ist sozusagen die technische Variante der Mitgliedschaft in einer erwerbswirtschaftlichen Organisation und damit eins der zentralen Motive der gesellschaftlichen Integration organisierter sozialer Systeme, die solche Kriterien als Mitgliedschaftsinklusion einführen. In unserer heutigen gesellschaftlichen Wirklichkeit ist Berufslosigkeit daher ein schweres Integrationshandicap, weswegen Arbeitslosigkeit oder «Nur»-Hausfrauendasein zum Beispiel als Integrationsdefizite erlebt werden.

Die Mitgliedschaft in einer Erwerbsorganisation führt dazu, dass die Organisationen den Zeitpunkt des Berufseintritts wie des Austritts definieren können, so wie sie es wollen. Das jedoch kann sozialpolitische Probleme beim Eintritt der Menschen in das biologische Alter mit sich bringen. In der Sozialpolitik des späten 19. Jahrhunderts ist als eine Art Kompromisslinie zwischen sozialer Absicherung im Alter (Rente) und Begrenzung der zumutbaren Belastung Älterer im Erwerbsleben der Eintritt in den Ruhestand kreiert worden, was seinerseits wieder vorindustrielle Vorbilder im Altenstand des Zunfthandwerks und der Landwirtschaft (Altenteil) hatte. Die Berufsarbeit hat somit eine Struktur erhalten, die einen altersmäßigen Rahmen der sozialen Integration darstellt: Wer einen Beruf hat (mit Abstrichen der sozialen Anerkennung auch Arbeit), ist im engeren Sinne erwachsen. Studenten beispielsweise, obwohl volljährig, bleiben somit nicht von ungefähr auf besondere Weise unerwachsen. Wer auf der anderen Seite des Problemvektors wegen Erreichens der Ruhestandsgrenze aus dem Beruf ausscheiden muss, ist definitionsgemäß «alt» im Sinne von senex (lat. greisenhaft).

Die Soziologen Prahl und Schroeter nennen das Phänomen auch «Entberuflichung».[42] Es bedeutet, dass damit ein Alters-Limes definiert wird, der mit den Problemen des individuellen Alters nur wenig zu tun hat, die Betroffenen also ohne Ansehung ihrer individuellen Gegebenheiten beruflich und damit gesellschaftlich unter Zwangsdesintegration stellt und damit einen Status von Alter durch Verfahren produziert, der typisch für die Industriemoderne ist. Es ist richtig, dass eine größere

Zahl von Menschen heute vor dem Erreichen des Limes (65) schon in Ruhestand geht. Sie mögen das unter anderem auch tun, weil die Belastung zu hoch ist und sie ein Ausscheiden aus dem Beruf wünschen. Aber es überwiegen ganz offensichtlich noch andere Motive: der Abbau von Belegschaften wegen rationalisierungsbedingter Unternachfrage an Arbeit oder wegen der Verlagerung der Produktionsstätten an andere, meist lohnbilligere Standorte ist längst ein zentrales Motiv für die Ausgliederung aus dem Beruf auch ohne Ansehung jeglicher individueller Notwendigkeit und Voraussetzung des Alterns. Aber eine wachsende Zahl von Menschen will das nicht. Sie will, wie wir noch sehen werden, vielmehr weiter arbeiten, weil die berufliche Integration mehr ist als ein Job. Diesen Widerspruch kann das Modell der Entberuflichung nicht lösen.

Die Konstruktion des erlebbaren Alter

Wenn man nun aber die Gerontologie in Bezug auf das erlebbare Alter ernst nimmt, dann bekommt der Begriff der sozialen Konstruktion des Alters noch eine ganz andere, vielleicht noch viel spannendere Dimension. Es zeigt sich, dass die gesellschaftliche Wirklichkeit, das soziale Konstrukt also, womöglich doch auf sehr eigenwillige Weise rückgekoppelt ist mit der biologischen Wirklichkeit des Alter(n)s und des biologischen Altwerdens. Unsere sozialen Konstrukte bestimmen nicht nur das Alter als soziale Stereotype, als Verhaltensnorm und Erwartungshorizont, als Legitimation für Macht und Entmachtung, als Vehikel für soziale Ungleichheit und Politik. Nein, sie bestimmen auch die physische Natur des Alterns selbst. Die vorgenannten Zahlen und Fakten bedeuten doch nichts anderes, als dass das erlebbare Alter eines Lebewesens von seinen gesellschaftlichen Lebensumständen bestimmt wird; der Homo sapiens sapiens wird wesentlich durch seine soziale Umgebung geprägt, erlebt und erfährt sein Alter als Ergebnis der sozialen

Bedingungen, unter denen er leben muss oder darf. Alt zu werden ist also keineswegs ein «durch und durch biologischer Vorgang», wie eingangs gesagt. Ganz im Gegenteil. Es ist das Resultat eines komplexen Zusammenspiels von biologischen, genetischen mit sozialen, individuellen und psychischen Prozessen.

Das ist bei genauem Hinsehen auch nicht weiter verwunderlich, denn Entstehung, Auftreten und vor allem Ausbreitung des Homo sapiens sapiens können wir überhaupt nur als Zusammenspiel von Leben, Psyche und Gesellschaft erklären[43]. Gesellschaft ihrerseits ist nicht vorstellbar ohne Sprache; diese wiederum nicht ohne Bewusstsein in einem psychischen System, entstanden und beheimatet in der Sphäre neuronaler Eigenleistungen des Gehirns, dessen Organ sich seinerseits so und nicht anders über Millionen von Jahren in der biologischen Evolution der Hominiden herausgebildet hat. Ein zirkulärer Zusammenhang also. Man kann das auch biologisch formulieren, etwa in der Terminologie des englischen Biologen Richard Dawkins: Soziale Systeme brauchen Psyche und Körper der Menschen als Reproduktionsmaschinen und gestalten beide so um, dass sie ihren Zielen besonders optimal dienen können[44]. Und das Gleiche gilt vice versa auch für psychische Systeme, die sich ebenso schnöde des Körpers und der sozialen Systeme bedienen und beide nach ihren Zielsetzungen so umgestalten, wie es Mode oder angesagt ist. Heraus kommt dabei ein Lebewesen, das gleichermaßen von seiner Biologie, seiner Psyche und seiner Gesellschaft bestimmt ist. Und das heißt, der Mensch ist auch biologisch nicht determiniert, sondern offen. Er bestimmt seine Natur ebenso, wie er durch seine Natur bestimmt wird. Oder auf unser Thema variiert: Er bestimmt als Akteur in gesellschaftlichen Systemen sein Alter ebenso, wie er durch sein Alter bestimmt wird.

Wie kleinteilig übrigens die soziale Konstruktion der Lebenserwartung sein kann, zeigt sich an einer der jüngsten Studien des ZDWA: Es scheinen schon kleine, aber signifikante Unterschiede in den Lebensstilen auszureichen, um einen wesentlichen Beitrag zur Entstehung der Sterblichkeitsdifferenz von Männern und Frauen zu leisten. So wurden anhand Gesundheitsverhalten und Alltags- und Berufsverhalten vier große «Lebensstilgruppen» identifiziert: Erstens ‹‹Interventionisten›, die auf ihre Gesundheit achten, weder rauchen noch Alkohol konsumieren, sich gesund ernähren, normalgewichtig sind und einem weitgehend stressfreien Beruf nachgehen (hohe Lebenserwartung); zweitens ‹Nihilisten›, die sich vor allem durch ein geringes Gesundheitsbewusstsein, Übergewichtigkeit und sportliche Inaktivität auszeichnen (geringe Lebenserwartung); drittens ‹Aktive Bon Vivants›, die zwar stärker auf Gesundheit achten als Nihilisten, dennoch zu einer genussfreudigen Lebensweise neigen, also rauchen, Alkohol konsumieren und eher übergewichtig sind; und schließlich ‹Frühere Workaholics›, eine sehr kleine Gruppe, die seit längerem nicht mehr in ihrem stressvollen Beruf tätig ist und keinen Alkohol (mehr) konsumiert».[45]

Die Studie zeigt, unser soziologisch bestimmter Alltag, zum Beispiel unser (Geschlechts-)Rollenverständnis, unsere Berufssozialisation, unser Karrierestreben, unser Freundeskreis, unser Rauchverhalten, unser Genussverhalten usw. usf. – all das bestimmt, ob und wie wir im biologisch-medizinischen Sinne faktisch alt werden. Männer können (könnten) hier viel von den Frauen lernen, sagen die ZDAW-Forscher: Verhielten sie sich «interventionistisch», eine Verhaltensweise, die Frauen nach dieser Studie bevorzugen, dann hätten sie gute Chancen, auch sehr alt zu werden. Aber aus Gründen, die hauptsächlich mit ihrem Verständnis der Rolle des Mannes zu tun haben – und in gewisser Weise wohl auch mit ihrer Intelligenz –, sind sie signifikant «nihilistischer» und sterben früher. Die sogenannte «Übersterblichkeit» der Männer hat offenbar viel mehr mit ihrem Rollensatz und weniger mit ihrem Chromosomensatz zu tun, als man denkt. Wie alt man/frau wird, ist ein Konstrukt der sozialen Verhältnisse. Das biologische Altern ist veränderbar. Das ist verblüffend, hätte man doch zumindest auf der biologisch-medizinischen Seite etwas anderes erwarten können:

Vor nicht allzu langer Zeit glaubten die Forscher immerhin noch an so etwas wie eine «biologische Uhr», die das Alter determiniere.

«Longevity» als gesellschaftliches Projekt

Aubrey de Greys These, nach 2025 geborene Menschen könnten 1000 Jahre und älter werden, geht über die bisherige Debatte weit hinaus. Sein Argument[46] lautet nämlich, dass die Menschen ihr Höchstalter mit geeigneten biologischen, medizinischen und politischen Maßnahmen extrem steigern könnten. Es müsse ihnen nur gelingen, medizinische Fortschritte und andererseits gesamtgesellschaftliche Zustände zu schaffen, in denen die Menschen möglichst keinen Gefahren der Art ausgesetzt sind, wie sie heute von unserer technischen Lebensweise ausgehen und große Teile der Weltbevölkerung bedrohen. Man muss da vielleicht zweimal hinhören, dann versteht man, dass de Grey von einem kulturellen Reformprojekt einer globalen, **kosmopolitischen Kultur** redet, nicht von Medizin allein, sondern von neuen soziokulturellen Werthaltungen, mit denen die Menschen durch verbesserte Lebensstile massiv dazu beitragen könnten, sich vor Alltagsgefährdungen für Leben und Gesundheit zu schützen. Deshalb spricht er beispielsweise von der Ächtung von Rauchen, Alkohol, Drogen etc. Könnten die Menschen alle diese Phänomene in den Griff bekommen – und warum sollte das utopisch sein –, könnten sie es schaffen, die Alterung als Haupttodesursache für den Menschen einzudämmen. Wenn sich dann noch die Medizin verschärft dem Alterungsprozess widmen würde, so de Grey, dann könnte die Forschung in einigen Jahrzehnten (was in der Wissenschaft eine kleine Ewigkeit sei) die fünf oder sechs zentralen molekularbiologischen Alterungsprobleme, die seiner Meinung nach ausschlaggebend sind, konzentriert angehen und das Altern als nuklearbiologischen Degenerationsprozess abschaffen.

Das ist ohne Frage die bislang radikalste, aber zugleich auch aufregendste These zur Verlängerung des menschlichen Lebens. Aber es ist doch nichts anderes als eine radikale Zuspitzung der weiter oben beschriebenen **Interventionismusthese**. Natürlich muss eine solche These umstritten sein, spricht sie doch diametral gegen alle anderen Denkmuster, die wir bislang kennen, und de Grey wird in der Sache wild attackiert. Aber hier geht es gar nicht um die Frage, ob er in der Sache recht hat oder nicht. Hier geht es darum, dass er zumindest den Nachweis liefert, dass nicht auszuschließen ist, dass wir durch soziale, politische und ökonomische Weichenstellungen und gesellschaftliche Anstrengungen zu einer fundamentalen Veränderung der biologischen Koordinaten des Lebens überhaupt kommen könnten. Natürlich sieht de Grey den Hauptpart in diesem Spiel bei Biologie und Medizin. Doch er spricht nicht von einer Wissenschaft im Elfenbeinturm, sondern von Forschung als Folge eines gesellschaftlichen Willens und als Politikum. Er sagt «Medizin», meint aber politische und soziale Bedingungen und belegt schlagend, dass nicht nur die Lebensführung, sondern auch der Körper und seine mikrobiologischen Prozesse regelrecht zu einem gesellschaftlichen Projekt gemacht werden können und gemacht werden.

Wem das Gedankengut von Aubrey de Grey zu exzentrisch ist, der sei darauf verwiesen, was demgegenüber als «seriös» geltende Forschungslabors an der Harvard-Universität in Boston zu dem Thema erforscht haben: nämlich dass es ganz offensichtlich Moleküle gibt, wie das im Rotwein vorkommende «Resveratrol», die, wie die «Harvard Gazette» schreibt, den Alterungsprozess in menschlichen Zellen verlangsamen können und im Labor die Lebensdauer der Versuchsorganismen um bis zu 70% erhöht haben.[47] Der führende Forscher auf dem Sektor, der Harvard-Professor David A. Sinclair, schreibt dazu in «Patient Care» 2005, es sei bekannt, dass Kalorienreduktion das Leben verlängere und vor Krankheit schütze, weil sie während Hungerperioden auftrete und die Zellantwort darauf eine bessere Energieausbeute, Stressabwehr und Schutz vor freien

Radikalen sei. Gelänge es, diesen Prozess mit entsprechenden Substanzen wie Resveratrol nachzuahmen, könnte man diesen körpereigenen Longevity-Pfad einschlagen, dann wäre für den Homo sapiens sapiens im Idealfall nicht nur langes Leben, sondern auch langes gesundes Leben zu erreichen, ohne die negativen Effekte von lebenslangem Hungern.[48] Quod erit demonstrandum!

Diese Debatte hat jetzt schon einen Nebeneffekt: So wie wir bisher denken, dass man «alt» schlicht deshalb wird, weil man alt wird, kommen wir nicht weiter. Das ist keine Erkenntnis. Die wiederum wäre vonnöten, um zu verstehen, was sich anbahnt. Nehmen wir einmal an, der englische Biologe Aubrey de Gey und der Harvard-Forscher Sinclair hätten recht und das Leben ließe sich auf ein paar hundert Jahre verlängern. Wie würde sich eine solche Lebensverlängerung wirtschaftlich, kulturell, gesellschaftlich und politisch auswirken? Wäre es tatsächlich denkbar, würde es gelingen, einen solchen Lebensstil für alle gleichermaßen durchzusetzen? Denn eins hat sich gezeigt, eine so hohe Lebenserwartung würde wohl unbestritten interventionistische Lebensstile voraussetzen. Geht so etwas ohne Ressourcenverbrauch? Wenn nein: Welche Ressourcen werden dafür benötigt? Wer bringt sie auf? Oder setzt sich etwas anderes durch, wird hohes gesundes Alter zum neuen, finalen Status reicher Oberschichten und Machteliten? Und welche Folgen hätte das? Nun, bevor wir darauf eine Antwort haben, werden noch viele Dinge erforscht und politisch debattiert werden müssen,

Bis dahin gilt: In der Evolution des Homo sapiens sapiens waren die sozialen Bedingungen immer ausschlaggebend dafür, wie alt er werden bzw. nicht werden konnte; das betrifft nicht nur die durchschnittliche Lebenserwartung, sondern auch das Höchstalter als solches und den Zeitpunkt, wann der Mensch aus altersbedingten Ursachen («Alterssyndrom») zu sterben genötigt ist. Unter Bedingungen extrem leistungsfähiger Funktionssysteme in Wirtschaft und Wissenschaft und wachsendem, durch Individualisierung und Pluralisierung der

Lebensformen beschleunigtem Verantwortungsbewusstsein ist es «nicht auszuschließen», dass soziale Systeme das Altern auch stoppen könnten. Welches Muster also eine Gesellschaft für das Alter kommuniziert, ist entscheidend dafür, welches soziale Konstrukt von Alter sie produziert. Altersrollen bzw. genauer die Werte und Normen dafür, was alt sein soll und was nicht, entscheiden damit nicht nur darüber, wie ältere Menschen als «Alte» behandelt werden, sondern auch darüber, wie alt sie werden. Je weniger eine Gesellschaft «Alter» als soziales Muster für ältere Menschen definiert, umso älter müssten sie werden – oder anders gesagt: Je mehr sie davon überzeugt ist, das Alter gestalten zu können, umso länger werden die Menschen leben.

Alter und Produktivität

Wir gehen mit einer solchen Argumentation allerdings wie selbstverständlich davon aus, dass die Gesellschaft auch einen faktischen Freiraum besitzt, über Altersrollen disponieren zu können. Und in der Tat, den hat sie auch. Dieser Freiraum heißt «Produktivität». Unter den Bedingungen geringer Produktivität ist der Spielraum sehr klein oder kaum mehr als null, und die negativen Auswirkungen geringer Produktivität bestimmen auch das Alter: Die durchschnittliche Lebenserwartung ist dann in der Regel sehr niedrig; doch das Höchstalter kann beachtlich hoch liegen, wofür unter anderem auch die Solidarität sozialer Systeme wie Familie oder Stamm entscheidend sein dürften. Aber dieses Ziel erreichen nur wenige. Geringe medizinische und meist gänzlich fehlende biologische Kenntnisse verhindern jede mögliche Verlängerung der Lebensaltersspitze.

Der Umkehrschluss, Produktivität führe sowohl zu höherer Lebenserwartung wie auch zu steigendem Höchstalter, gilt tatsächlich: Bei gestiegener Produktivität verteilen sich die Ressourcen zunächst extrem einseitig, und Armut, Gewalt,

Kriege und Sklaverei erweisen sich über Jahrtausende als schreckenerregende «Lebensverkürzer». Paradoxerweise führt der Reichtum in solchen Kulturen aber auch oft zu «Bonvivant-Lebensstilen» der Oberschichten und damit zu einer Lebensverkürzung aus Wohlstand und Produktivität.

Erst in dem Maße, wie sich Geld und Marktwirtschaft in der Evolution ökonomischer Systeme als erfolgreiche Medien durchgesetzt haben und einen Pfad von Produktivität beschreiten, auf dem alles, «was der Kapitalismus anfasst, zu Produktivität wird», wie es der Soziologe Karl Otto Hondrich formuliert hat, ändert sich der Effekt.[49] Wir nennen diesen Prozess auch Modernisierung. Produktivität erfasst die Gesellschaft, führt zu bahnbrechenden Erkenntnissen in der Wissenschaft, zum Beispiel in Biologie und Medizin, führt zu neuen Systemen in der Medizinversorgung (Krankenhäuser, niedergelassene Ärzte etc). Die Säuglingssterblichkeit sinkt dramatisch, und damit steigt die Lebenserwartung für die Massen. Politische Emanzipation greift Raum, Mutterschutz wird eingeführt, Kinderarbeit wird verboten, und die Lebenserwartung steigt weiter dramatisch an.

Die Höhe des Lebensalters aber bleibt noch lange unbeeinflusst. Bis in die Mitte des 20. Jahrhunderts dominieren die «biblischen» 70 bis 80 Jahre. Nur Frauen schneiden dabei traditionellerweise um etwa 10 Jahre besser ab als Männer. Kriege, Arbeits- und Lebensbedingungen, aber auch der von riskanten Verhaltensweisen (wie Rauchen, Alkohol, Promiskuität, Gewalt etc.) geprägte Lebensstil von Männern, den wir in der Terminologie der Altersforscher nicht «machistisch»[50], sondern «nihilistisch» nennen wollen, machen Männer deutlich «übersterblich». Wie wir aber mittlerweile alle wissen, hat sich seit den 60er Jahren des 20. Jahrhunderts die Dynamik gedreht. In den produktivsten Ländern der Moderne geht die Geburtenzahl ohne steigende Kindersterblichkeit zurück.[51] Da gleichzeitig die beschriebene Produktivität die Mortalität abbremst, nimmt die Zahl der Älteren ständig zu, und die Altersmaße, also das Zahlenverhältnis der Altersgruppen zueinander, verschieben sich zuungunsten der Jüngeren. Gleichzeitig wirken sich die gleichen Modernisierungseffekte, die zum Verschwinden der Kindersterblichkeit beigetragen haben, auch darauf aus, dass die Menschen immer älter werden. Mehr noch: Wie wir gesehen haben, führt die Produktivität kapitalistischer Systeme sogar dazu, dass das Höchstalter weiter ansteigen wird. Grenze nach oben offen! Das heißt, die Produktivität schafft sich eine neue, bis hierhin in der Geschichte der Menschen völlig unbekannte Bevölkerungsstruktur.

Das ist nicht nur ein demographisches Novum, das hat anthropologische Tragweite – man muss es so forsch formulieren. Denn unsere tradierten gesellschaftlichen Normen und Werte sowie die darauf aufbauende Sozialstruktur (also unsere Institutionen und Sozialsysteme), sprich Gesellschaft und Kultur(en), sind auf diesen Wandel kaum oder gar nicht vorbereitet. Global gesehen laufen die Prozesse tragischerweise auch noch konträr und diametral auseinander. Je geringer die Produktivität einer Volkswirtschaft, umso höher ihre Reproduktivität, also ihre Kinderzahl, und desto höher auch ihre Mortalität. In der Realität von Weltgesellschaft und Weltökonomie trifft das vor allem auf die Regionen und Kulturen zu, die von besonders traditionellen Werten, Religionen und Sozialstrukturen geprägt sind, in denen bislang nur schwache oder gar keine Innovationen zu finden sind. Also die Dritte und Vierte Welt. Wie werden diese mit dem Wandel umgehen können? Vermutungen darüber gibt es viele, und natürlich triumphieren in unserem Lande oft pessimistische Horrorvisionen, die uns schlimme Bedrohungen voraussagen und mit der Angst wahlweise vor dem schwarzen, gelben oder muselmanischen Manne spielen. Aber der Realitätsgehalt solcher Traktate geht über die Gattung der romantischen Horrorliteratur selten hinaus. Der eine liest, wenn er sich denn gruselnd zu entspannen vermag, «Dracula», der andere halt das «Methusalem-Komplott».[52]

Die Sozialwissenschaften, insbesondere der Münchener Soziologe Ulrich Beck, haben die Trendumkehr auf den Begriff der «reflexiven Moderne» gebracht.[53] Sie verstehen darunter, dass die seit Mitte des 19. Jahrhunderts dramatisch ansteigende Produktivität der kapitalistischen Länder des Westens zunächst zu einer Reihe von Lösungen der sozialen Probleme der frühen Moderne geführt hat. Massenverelendung konnte durch Massenbeschäftigung gelöst werden, Hungerkatastrophen durch eine moderne Landwirtschaft, die Wohnungsnot durch Wohnungsbau in anwachsenden Großstädten, die Versorgung der Massen durch Massenproduktion. Produktivität besiegt die Bedrohungen des Lebens, für die Massen auf bescheidenem Niveau zwar – aber immerhin. Beck hat das mit dem Bild des «Fahrstuhleffekts» beschrieben: Zwar bleibt der Unterschied zwischen oben und unten (hier zum Beispiel zwischen Arm und Reich) erhalten, er mag sogar noch zunehmen, aber insgesamt bewegen sich alle nach oben. Soziale Sicherungssysteme können aufgebaut werden, Bildungssystem und medizinische Versorgung expandieren, und die Versorgung der Haushalte mit Technologie, Massengütern und Dienstleistungen erreicht ein Niveau, das sie selbst so produktiv macht, d. h. so wenig Reproduktionsarbeit erfordert, um alle ihre Mitglieder, Eltern wie Kinder, für Arbeitsmarkt oder Ausbildung freizusetzen. Nach dem 2. Weltkrieg entsteht jenes für uns heute typische «ordoliberale»[54] Gebilde, das wir Sozialstaat, Wohlfahrtsstaat oder Soziale Demokratie nennen, das zu Recht als sozioökonomische Basis der politischen und sozialen Stabilität der Europäischen Union gilt.

Es gehört zu den Mythen des modernen Kapitalismus, dass bestimmte seiner Entwicklungsschritte als endgültige Lösung aller Probleme bezeichnet werden. Das war nach dem Zusammenbruch des Ost-West-Konflikts der Fall[55], das war aber vor allem nach den langen Jahren wirtschaftlichen Wachstums nach dem 2. Weltkrieg der Fall. Die Moderne schien die Lösung aller Probleme in Politik, Wirtschaft und Gesellschaft. Aber schon eine Dekade später zeigte sich, dass die Moderne unbeabsichtigte Nebenfolgen zeitigt, also neue Probleme schafft. Statt Bedrohungen durch die Natur schafft sie «Risiken», die aus der Modernisierung selbst und nur aus ihr heraus erklärbar sind –

und sie scheinen wiederum nur mit eben denselben Mitteln der Moderne lösbar, die sie heraufbeschworen haben, also Technologie, Wirtschaftswachstum und soziale Integration etc.

Es war wohl dieser besondere Charakter der Rückbezüglichkeit, weswegen Beck den Folgeeffekt der Moderne «reflexive Modernisierung» nannte. Die größten Folgeprobleme der Modernisierung nennt er selbst Klimaveränderung und Wachstum der Weltbevölkerung. Folgt man Hondrich, ist es gerade die Produktivität selbst, die einerseits für die demographische Veränderung (Sinken der Kindersterblichkeit/höheres Alter), andererseits aber auch für den Rückgang der Bevölkerung sorgt, in dem sie den Frauen durch Öffnung von Bildungschancen und attraktiven Berufspositionen Optionen eröffnet, ein anderes Leben zu führen denn als Hausfrau und Mutter. Man kann das an vielen Indikatoren belegen, aber am deutlichsten tritt der Zusammenhang vielleicht anhand der sogenannten «Kinderlosigkeit» von Akademikerinnen zutage: 36 % der Akademikerinnen der Jahrgänge 1951 bis 1962 (die heute also zwischen 58 und 47 Jahre alt sind) haben sich gegen Kinder entschieden[56] – bislang muss man angesichts der Tatsache sagen, dass das Alter, in dem eine Frau noch ein Kind zur Welt bringen kann, nunmehr auf 64 Jahre hochgeschraubt werden konnte.[57] Oder anders gesagt: Je höher der Bildungsabschluss, je höher also der Produktivitätsschlüssel bei einer Frau, desto geringer die Kinderzahl einer Gesellschaft und desto länger die Lebenserwartung. Die erste erkennbare anthropologische Tragweite der demographischen Veränderung wäre also die Schrumpfung der Weltbevölkerung bei anhaltender Produktivität – global gesehen.

Generationen

Wenn wir «Bevölkerung» analytisch betrachten, so beobachten wir nichts anderes als ein nationales Konstrukt des jeweiligen Amtes oder Büros für Statistik aufgrund des herausgegebenen

Materials von Geburtenstatistiken; die Wahrnehmungsregel sagt, dass wir alles nach Geburtsjahr und Geschlecht Erfasste dargestellt zu sehen bekommen: die Bevölkerungspyramide. Wir definieren Bevölkerung infolgedessen als nach Jahrgängen geschichtetes Phänomen von Männern und Frauen.

Zwischen Geburt und Elternschaft eines Jahrgangs liegt (bio)logischerweise eine bestimmte Anzahl von Jahren, die man Generationenabstand nennt, der den durchschnittlichen Altersabstand der Kinder von ihren Eltern misst (20 Jahre oder 30 Jahre). Wir stellen uns den Altersaufbau einer Bevölkerung mithin in Generationen vor, also in Jahrgangsgruppen, die auf der Zeitschiene durch die Bevölkerungspyramide – oder welche Form dies Gebilde auch immer haben mag – hindurchwandern. Der Begriff Generation unterstellt aber auch, dass diese Kohorte so etwas wie relative Altershomogenität hat. Das heißt, wir unterstellen auch im Alltag, dass die Menschen einer Generation aufgrund ihres Lebensalters auch eine bestimmte Gleichartigkeit der soziokulturellen Erfahrung und damit so etwas wie Alterssolidarität besitzen, zum Beispiel ein höheres Maß an gegenseitigem Verständnis oder gemeinsame Interessen oder stärkeres Füreinandereintreten.

So vertraut uns dieser Gedanke ist, logisch gesehen ist das eine starke Behauptung. Was sollten Menschen aufgrund ihres Alters für Gemeinsamkeiten haben? Schüler, könnte man denken, haben gemeinsame Interessen gegenüber den Lehrern, Rentner untereinander wegen der Rente, aber haben sie das wirklich?

Solche Theorien speisen sich aus den «Vorstellungen altershomogener Gesellschaften und haben den Stellenwert von Legenden und Mythen, weil sie die Wirklichkeit moderner pluraler Lebenswelten ausblenden. Sie gehen fälschlicherweise davon aus, dass Alterskohorten per se homogen und solidarisch seien und sich als gleichgesinnte Schicksalsgemeinschaft verstehen. Solidarität qua Alter gibt es in modernen Gesellschaften nicht – weder unter Jüngeren noch unter Älteren. Wer den Konflikt oder gar Krieg der Generationen prophezeit, reduziert das künftige Zusammenleben auf die Frage: Wer kriegt was? (...) In modernen westlichen Gesellschaften wird das Band der Solidarität nicht über Alter und Geld, sondern über gleiche bzw. ähnliche Werte und Normen gewoben. Solidarität konstituiert sich über die gemeinsame Lebenswelt», heißt es dazu bei Sinus.[58]

Dennoch macht es Sinn, von Generationen zu sprechen, wie wir im Kapitel Forschungsdesign behauptet haben. Wenn Sinus recht hat, dann reicht dazu bloße Altershomogenität nicht aus. Dann muss ein gemeinsames Band aus gleichen bzw. ähnlichen Werten und Normen oder besser noch «gemeinsamen Lebenswelten» nachgewiesen werden, um glaubhaft von einer Generation im soziologisch vertretbaren Sinne zu reden. Eine konkrete Verbundenheit muss also in jedem Fall hinzukommen, um aus einer bloßen Jahrgangsgruppierung tatsächlich von einem «Generationszusammenhang» reden zu können. Diese Gemeinsamkeit ist die «Partizipation an den gemeinsamen Schicksalen dieser historisch-sozialen Einheit».[59]

Wenn man die Geschichte der Moderne betrachtet, dann macht es durchaus Sinn, von solchen über das normale Verständnis hinausgehenden «Meta-Generationen» oder «M-Generationen» als einem sporadisch auftauchenden Phänomen in Abhängigkeit von schicksalhaften Kollektiverlebnissen zu reden. Sie sind sicher kein Allerweltsphänomen, wie es die heutige Publizistik gelegentlich suggeriert. Und es ist auszuschließen, dass jede Gruppe von Kindern, die sich zu ihren Eltern als Generation abgrenzen lässt, auch eine M-Generation sein kann.

Es ist andererseits nicht von der Hand zu weisen, dass M-Generationen, wenn sie auftreten, in erheblichem Maße auf den Lauf der historischen Ereignisse Einfluss nehmen. Aber auch das dürfte eher selten gewesen sein. Zumeist entstehen diese Generationen durch kollektive Schicksalsereignisse in der Jugend. So sieht es Mannheim in seinem Definitionsversuch auch. Eher selten dürfte es daher sein, dass eine M-Generation mehrere Schicksalserlebnisse hat, die kollektiver Natur sind.

Außerdem dürfte die historische Konstellation dazu geführt haben, dass so etwas bislang gar nicht auftreten konnte. Die meisten M-Generationen werden möglicherweise gar nicht erst die Gelegenheit gehabt haben, in größerer Zahl so alt zu werden – zum Beispiel wenn das Kollektiverlebnis ein Krieg war.

Im 20. Jahrhundert könnten wir sicher ohne große Zweifel die zwei Kriegsgenerationen des 1. und des 2. Weltkriegs als M-Generationen ausmachen. Hierfür spricht die Kollektivität des Fronterlebnisses und die prägende Wucht der Ereignisse. Nach dem 1. Weltkrieg deuten die historischen Fakten allerdings weniger auf ein kollektives Verhalten der Kriegsgeneration als nach dem 2. Weltkrieg. Ferner spricht eine Menge dafür, diejenigen, die wir im Kapitel über das Forschungsdesign als «68er-Metapher» bezeichnet haben, als eine Meta-Generation zu verstehen:

- der fundamentale politische Umbruch nach 1945;
- die kulturellen Neuanfänge der späten 50er und der 60er Jahre (insbesondere im Rock und Beat);
- der kollektive Wertewandel und das sich daraus ergebende Lebensgefühl;
- die scharfe Frontstellung zur Kriegsgeneration und deren Autoritätsanspruch, dem durch die Aufarbeitung des Nationalsozialismus jede Legitimation entzogen wurde;
- die gefühlte Bedrohung der neugewonnenen Demokratie durch autoritäre Tendenzen in der Politik und
- die massenhafte Auflehnung gegen den Lebensstil der Älteren durch neue Lebensformen.

Diese historischen Vorgänge begründen die Generationsannahme hinlänglich. Möglicherweise sind die «68er» auch die erste Meta-Generation, die im Verlaufe ihrer Biographie ein zweites Kollektiverlebnis durchläuft, das sie noch stärker zu einer solchen Generationenkonstellation zusammenschweißt: den Wertewandel in den 60er Jahren und das gemeinsame Wandern über die oben beschriebenen konventionellen Altersgrenzen der klassischen Industriegesellschaft unter dem Schreiben neuer Regeln für das Phänomen einer älter werdenden Bevölkerung in einer dadurch aber keineswegs «älter» werdenden Gesellschaft.

Die «alternde» oder «älter werdende» Gesellschaft

Es ist Mode geworden, von der «alternden Gesellschaft» zu reden[60]. Spätestens seit dem Buch «Das Methusalem-Komplott» von Frank Schirrmacher, das einen ganzen Buchteil der «alternden Gesellschaft» widmet, wissen wir alle, was damit gemeint sein soll – jedenfalls ungefähr: Die Menschen werden heute älter, und die Zahl der Alten wächst im Vergleich zu den jungen Menschen, von denen immer weniger geboren werden und die später alles bezahlen müssen. Unsere Gesellschaft befindet sich demnach (bald) in einer Reproduktionskrise. Wenn nicht etwas Bedeutendes passiert und den Trend wendet, wird unsere Gesellschaft morbide und die Deutschen sterben womöglich über kurz oder lang aus.

So hört man es immer wieder. Aber stimmt es auch? Ist die Formulierung «alternde Gesellschaft» überhaupt zulässig? Können Gesellschaften überhaupt altern? Was wird aus unserer Gesellschaft, wenn sie altert? Stirbt sie dann irgendwann? Wenn sie aber gar nicht altern kann, wie ich behaupte, was veranlasst Politiker und Wissenschaftler, die Medien, Experten aller Art und andere Teilnehmer der öffentlichen Debatte dann, ständig davon zu reden? Pure Gedankenlosigkeit?

Die Antwort auf diese Fragen hängt ganz davon ab, was man unter «Gesellschaft» versteht. Der Begriff «alternde Gesellschaft» würde vielleicht Sinn machen, wenn man unter «Gesellschaft» die Bevölkerung eines Nationalstaates versteht. Für die der Bundesrepublik Deutschland trifft eine allmähliche Alterung der Bevölkerung tatsächlich mehr oder weniger zu wie auch für Italien, Japan, USA und die anderen modernen Industriegesellschaften. So ganz natürlich auch nicht, denn in Tat und Wahrheit erreichen immer mehr Menschen ein immer höheres Lebensalter, und seit Mitte der 70er Jahre werden nur noch so viele junge Menschen geboren, dass die Fertilitätsrate, also die Anzahl der Lebendgeborenen pro Frau zwischen 15 und 45 Jahren, nicht größer ist als 1,3 oder 1,4. Aber altert die Bevölkerung dann? Oder werden die Menschen, wenn die Alterserwartung steigt, nur älter, ohne alt zu werden? Und was ist, wenn man so formulieren kann, noch «alt»?

In der Bundesrepublik haben wir allerdings tatsächlich das angedeutete Finanzierungsproblem des Sozialstaates – und zwar aufgrund seiner Strukturen hauptsächlich. Die Zahl der versicherungspflichtigen Arbeitsplätze, die in die Sozialversicherung einzahlen, nimmt ab, aber nicht nur wegen der älteren Menschen. Wenn es sozusagen eine «deutsche Gesellschaft» gäbe, dann könnte man zumindest ahnen, was gemeint ist. Genau beschreiben kann man das Problem aber auch dann nicht.

Versteht man aber unter unserer Gesellschaft die «moderne Gesellschaft», dann wäre sie auf keinen Fall auf bestimmte Grenzen, schon gar nicht auf die von Nationalstaaten, festlegbar. «Moderne Gesellschaft» kann man nur als weltweit verstehen. Wenn überhaupt, könnte unsere Gesellschaft nur «altern», wenn dann die Weltbevölkerung als Bezugspunkt älter würde. Doch gerade die Weltbevölkerung «altert», in welchem Verständnis auch immer, nun absolut nicht. Wer das nicht glauben mag, werfe einen Blick auf die Statistiken des «Populations Reference Bureaus».[61] Wollte man also im vorgegebenen Bild bleiben, müsste man von einer «sich verjüngenden Gesellschaft» und auf gar keinen Fall von einer «alternden» Gesellschaft sprechen.

Also was nun? Diese gedankliche Gegenüberstellung zeigt, dass in unserer öffentlichen Begrifflichkeit irgendwie ein Sprung ist. Was da scheppert, sind die Begriffe «Gesellschaft» und «Bevölkerung». Zunächst einmal stellen wir uns – wie selbstverständlich – unter dem Begriff der Gesellschaft jene Menschen vor, die in einem bestimmten Raum leben und die Gesellschaft quasi «bilden». Bei genauerem Hinsehen erweist sich, dass genau das aber auf keinen Fall sein kann, denn dann wäre «Bevölkerung» dasselbe wie «Gesellschaft». Aber das kann wohl kaum angehen, denn unter Gesellschaft verstehen wir ja die

Normen und Regeln, die Institutionen und Organisationen, die das gesellschaftliche Leben und damit das Verhalten der Bevölkerung bestimmen. Die Gesellschaft ist also ein System, das das Verhalten der Menschen steuert. Demzufolge muss sie etwas sein, was weder aus Menschen besteht noch mit den Menschen (der Bevölkerung) identisch ist. Die Soziologen nennen unsere Gesellschaft deshalb absichtsvoll auch ein «System», das heißt ein Regel- und Kommunikationsnetzwerk, das unser Verhalten über Erwartungen und Sanktionen steuert. Diese Gesellschaft ist, wenn man so will, das Netzwerk aller anderen, ebenso funktionierenden sozialen Systeme, der «Funktionssysteme» (Wirtschaft, Recht, Religion), spontaner Interaktionssysteme (im Fahrstuhl, Zug oder Fußballstadion) oder aus Organisationen (Schule, Armee, Post usw.). In der Moderne nun ist dieses Netzwerk weltweit und die «Welt» unserer Gesellschaft ein Netzwerk, das den ganzen Planeten umgibt.

Warum diese Gesellschaft nicht altern oder vergreisen kann

Im Deutschen hat der Begriff «alt» mindestens drei Dimensionen, für die es im Lateinischen drei verschiedene Worte gibt, nämlich: *senex* im Sinne von «greisenhaft», *maius* im Sinne von «mehr Lebensjahre als andere haben» und *antiquus* im Sinne von «viele Jahre existieren». Diese drei Ebenen gilt es in der Tat auseinanderzuhalten, wenn wir die Frage nach dem Altern von Gesellschaften stellen: So wie sich soziale Systeme entwickelt haben, besitzen Gesellschaften keine Eigenschaft, keine Qualität, die altern könnten. Sie verfügen schlicht über nichts, was «alt» im Sinne von *senex* sein oder werden könnte. Gesellschaften können weder alt noch jung sein. Das gilt nebenbei gesagt auch für das Bewusstsein. Aus allen empirischen Studien über ältere Menschen schallt es (meist ungehört, aber deutlich) hervor: Und wenn sie noch so alt sind, im Kopf, d. h. in ihrem

Bewusstsein, bleiben die Menschen auf bemerkenswerte Weise «jung».[62] Alzheimer oder Parkinson als Gegenargument ziehen nicht. Beides sind Erkrankungen des Gehirns, nicht des Bewusstseins. Ein Computerprogramm ist als solches auch nicht dadurch betroffen, dass die Hardware kaputtgeht – höchstens das Trägermedium.

«Alt» im Sinne von «senex» zu werden ist, wenn überhaupt, ein Privileg der Natur oder besser des Lebens. Zellen lebendiger Körper werden alt. Demzufolge oder besser infolge des damit verbundenen Funktionsniedergangs einzelner oder mehrerer verschiedener Organe lebender Körper nehmen wir Körper als alt (senex) wahr. Bewusstsein und Gesellschaft hingegen können alt nur in einem Sinne werden oder sein, im Sinne von «antiquus». Dieser Unterschied ist von großer Bedeutung: Menschen werden älter und können durch gesellschaftliche Umstände immer älter werden, die Gesellschaft ist uralt. Sie gibt es, seit es Menschen unseres Typs gibt; und existieren wird Gesellschaft, solange es kommunizierende, Bewusstsein besitzende Subjekte wie den Homo sapiens sapiens gibt. Das gilt auch dann, wenn es sich um Organisationen handelt, also um soziale Systeme, die gegründet und liquidiert werden können: Einige von heute sind fast 1000 Jahre *antiquus* / alt (europäische Universitäten zum Beispiel), andere sind gar um vieles *maius* / älter als 1000 Jahre (die römische Kirche z. B.). Aber altern, degenerieren, krank werden können auch diese Dinosaurier unter den sozialen Systemen nicht. Nur sterben können sie, aber nicht an Altersschwäche, sondern durch Liquidation. Jemand muss uns mitteilen, dass die Organisation nicht mehr existiert. Wer immer das ist und wem gegenüber er das auch immer tun muss, er markiert das Ende.

Warum Gesellschaften nicht «degenerieren» können

Ist das alles nicht nur Wortklauberei? Versteht nicht jeder, was mit «alternder Gesellschaft» tatsächlich gemeint ist, auch wenn die gewählten Bilder vielleicht etwas unglücklich gewählt worden sind? Die Antwort heißt: Nein, es handelt sich hier nicht um Wortklauberei. Erstens versteht noch lange nicht jeder, was gemeint ist, und zweitens sind die gewählten Bilder und Parallelen keineswegs nur unglücklich gewählt. Hier geht es um sehr viel mehr, nämlich um eine Grenzziehung zwischen einer ideologisch-konservativen, zuweilen auch antidemokratischen und menschenfeindlichen Doktrin *einerseits*, zudem wenn sie in der Gestalt einer besorgten Gesellschaftstheorie daherkommt, und *andererseits* um eine wissenschaftliche Theorie, die sich auf allgemeine Standards berufen kann (wie den Rückgriff auf anerkannte Erklärungsansätze wie z. B. die Evolutionstheorie). Die ideologischen Positionen berufen sich zwar auch auf wissenschaftliche Erkenntnisse, beruhen aber nicht auf wissenschaftlichen Grundlagen. Sie dienen vor allen Dingen nicht der Erkenntnis, sondern der Politik. Man erkennt das nur zu leicht daran, dass es bei dem Thema der «alternden Gesellschaft» zum Beispiel ja nicht um Lösungen, sondern um die Erzeugung eines Klimas der Befürchtung geht oder besser gesagt um die Beschwörung eines Status der Angst, mit dem das Verhalten der Menschen in modernen Kommunikationssystemen durch Rückgriff auf erlernte Katastrophenerfahrungen beeinflusst werden kann. Darum ist es keine leere akademische Übung, darauf zu bestehen, dass Gesellschaft und soziale Systeme nicht die Eigenschaft haben, alt zu werden. Wortgenauigkeit dient hier der Unterscheidung.

Denn diejenigen, die heute von «alternder Gesellschaft» reden, mögen sich vielleicht des historischen Kontextes nicht bewusst sein (manche sind sich dessen sehr wohl bewusst!), aber sie benutzen, indem sie so reden, Denkmuster der konservativen Geschichts- und Kulturphilosophie des 20. Jahrhunderts.

Diese Richtung hat Gesellschaften oder besser «Kulturen» immer mit biologischen Organismen gleichgesetzt. Der bekannteste Gedankensprung dieser Art ist der von Oswald Spengler, bekannt geworden durch sein überaus einflussreiches Buch «Der Untergang des Abendlandes»[63]. Spengler hat Gesellschaften und Kulturen in der Tat inhaltlich und funktional gleichgesetzt mit biologischen Organismen und sie am liebsten mit Pflanzen in Verbindung gebracht. Was in dieser «Metapher» (also der Bedeutung im übertragenen Sinn) funktional explizit gleichgesetzt wird, ist die Vorstellung vom Entstehen und Vergehen von Kulturen, die über ihren kulturellen Habitus degenerieren, älter werden und untergehen. Wie bei einer Pflanze, deren Höhepunkt ihre Blüte ist, glaubte Spengler, das sei auch bei Kulturen beobachtbar, deren Blüte der Beginn ihres Untergangs sei.

Mit der Metapher vom «Alter» werden also Begriffe der Gerontologie und damit der Pathologie in die Gesellschaftstheorie eingeführt. Es gibt nun plötzlich auch für Gesellschaften so etwas wie «Degeneration», «Niedergang», «Krankheit» und vieles mehr. Ein wesentlicher Punkt ist in der konservativen Kulturtheorie immer die Degeneration: Wachsende Bevölkerung steht für Vitalität, stagnierende oder sinkende Bevölkerung für Degeneration und Untergang. Krieg führen zu können gilt als Zeichen für Jugend und Stärke, nach Frieden zu trachten als Zeichen der Schwäche. Wenn es überhaupt theoretische Grundlagen für die heute so oft beklagte «Jugendvergötzung» gibt, hier haben wir einen der markantesten Gründe.

Solche Gedanken können gefährliche Konsequenzen haben. Wer Pathologie in die Gesellschaftstheorie einführt, tendiert zur Gleichsetzung von Politik mit Therapie. Argumentiert man aber als Politiker (oder Angehöriger einer anderen Funktionselite, wie ein Arzt), wird die Bevölkerung eines Staates schnell vom Souverän zum Patienten. Die Demokratie wird dadurch wahrlich nicht gefördert, weil ein Patient «natürlich» nicht mitbestimmen kann, wenn es darum geht, sein Leben zu retten; und bestimmte Teile der Bevölkerung, Immigranten,

Linke, Farbige, Juden, wer auch immer, müssen in solchen Situationen immer wieder damit rechnen, Opfer «chirurgischer Eingriffe» der Macht zu werden, weil sie immer wieder als eine der Ursachen der Degeneration diagnostiziert werden können. Die chirurgische Metapher vom faulen Fleisch, das man wegschneiden muss, ist dann nicht mehr weit entfernt. Solche «organologischen Theorien», wie man diese Ansätze auch nennt, haben schon mehrfach und an verschiedenen Orten in der Geschichte, nicht zuletzt im Faschismus und Nationalsozialismus, den bekannt verhängnisvollen Einfluss gehabt. Sie galten in diesen Epochen oftmals als Inbegriff intellektueller Einsicht, und es gab – anders als heute – keine überzeugende Gesellschaftstheorie, die so etwas besser hätte erklären können.

Aber was, außer Gedankenlosigkeit, ist heute der Grund, warum man so argumentiert? Leider wird man, auch wenn man die einschlägige Literatur liest (hauptsächlich Herrmann, aber auch Schirrmacher und Birg[64]), nicht wirklich schlauer, denn letztlich geht auch diese Literatur nicht über den Grundtenor der Debatte hinaus: Es geht eigentlich nur um den drohenden Zusammenbruch der sozialen Sicherungssysteme, weil schon in naher Zukunft die weniger werdenden jungen Menschen die immer mehr werdenden alten Menschen nicht mehr finanzieren können, wenn die demographische Entwicklung so weitergeht. Ergänzt wird dieses Gemälde oft noch um den Generationenkampf, weil so gesehen die Mehrheit der Alten sich auf Kosten der Minderheit der Jungen bereichere und die jungen Menschen sich das nicht gefallen lassen würden.

Das wäre vielleicht alles nicht einmal der Rede wert, wenn durch diese negative Begrifflichkeit nicht die fatale Sicht der öffentlichen Meinung zementiert würde, die «Alterung der Gesellschaft» werde *unvermeidlich* zum «Finanzierungsdebakel der Renten» führen. Tatsächlich ist es aber nicht die Überalterung, sondern die besondere Konstruktion, oder sollte man besser sagen, der Konstruktionsfehler des Rentensystems, der für eine Krise verantwortlich wäre, weil das System auf der Beitragszahlung aus sozialversicherungspflichtiger Beschäftigung besteht. Es setzt voraus, dass es immer genügend sozialversicherte Beschäftigte (Arbeiter und Angestellte) gibt, welche die Beiträge zahlen. Aber auf dem Weg der Modernisierung, oder man kann auch sagen, zur «Dienstleistungsgesellschaft» verliert dieses Beschäftigungsmodell gewaltig an Bedeutung. Immer mehr Erwerbspersonen mit neuen und anderen Beschäftigungs- oder Einkommensverhältnissen, aber auch die Erwerbslosen zahlen nicht (mehr) in die Rentenkasse ein. Regelmäßige Steuerausgleichszahlungen in die Rentenkasse sind längst unausweichlich geworden, weil das Konstruktionsprinzip nicht mehr funktioniert. *Das* ist die Ursache der «Krise des Sozialstaats» – nicht die Alterung, denn die Alten, aber auch die Arbeitslosen und die wachsende Zahl der Mittelständler könnten ja auch an der Finanzierung des Rentensystems beteiligt werden, zum Beispiel durch Steuern. Im Grunde ist in den letzten Jahren oder Jahrzehnten durch den gesellschaftlichen Wandel eine der mythischen Staatssäulen der Bundesrepublik Deutschland durch Modernisierungsprozesse und ihre Folgen in Frage gestellt. Gabor Steingart sprach in seinem Buch «Deutschland. Abstieg eines Superstars»[65] sogar vom Jahrhundertirrtum der CDU.

Würden wir das Prinzip der Rentenfinanzierung hingegen ändern – und zwar so, dass es funktioniert –, dann gäbe es das Problem mit der Alterung der Bevölkerung in der jetzt diskutierten Form wohl nicht. Die Rede von der «alternden Gesellschaft» entpuppt sich so schnell als Ausrede. Es scheint so, als ob die öffentliche Beobachtung auf diesem Auge irgendwie blind wäre. Die Staatsideologie der Bundesrepublik Deutschland steht einer vernünftigen Lösung irritierend im Weg – trotz zahlloser guter Vorschläge und Modelle. Stattdessen hören wir als Prävention oder Therapie immer nur das Althergebrachte, höhere Geburtenzahlen, konservativere Familienstrukturen und das Rückschrauben der Frauenemanzipation im Verhältnis zu Beruf, Karriere und Familie. Für den intellektuellen Aufwand, der hier getrieben wird, fallen die Therapievorschläge in der Tat ein bisschen schwach aus. Was das gesamtgesellschaftlich oder volkswirtschaftlich zur Konsequenz hätte, wird gar nicht erst oder nur am Rande bedacht, etwa wenn ein größerer Teil von hochqualifizierten Frauen aus dem Erwerbsleben ausscheiden würde. Und so bleibt als schlechter Nachgeschmack zu der Debatte stets die Sorge, am Ende könnten es die Älteren sein, die Rentner und Pensionäre, welche die Zeche mit Renten- oder Leistungskürzungen bezahlen sollen.

Wer sonst ...

Soziologisch gesehen stellt sich in Wahrheit eine ganz andere Frage, nämlich die: Wie anpassungsfähig sind soziale Systeme mit einem mehrheitlichen Anteil von Älteren an der Bevölkerung? Handelt es sich dabei unter den Bedingungen der Gegenwart eher um eine negative oder gar um eine vielversprechende positive Entwicklung? Haben sie vielleicht gar «eine revolutionäre Kraft», wie Uwe-Karsten Heye, der vorletzte Regierungssprecher von Gerhard Schröder, in seinem soeben erschienenen Buch «Gewonnene Jahre» vermutet?[66]

Was nun die soziologisch höchst interessante und aufschlussreiche Anpassungsfähigkeit der sozialen Systeme betrifft, da gibt es mit dieser Studie höchst Unterschiedliches zu vermelden: Der Lackmustest für die Anpassungsfähigkeit von Politik, Wirtschaft, Staat und anderen politischen Organisationen dürfte für diese Fähigkeit ohne Frage in der Lösung des Rentenproblems oder besser gesagt im tragfähigen Umbau der bisherigen Strukturen bestehen. Was hingegen die Anpassungsfähigkeit der anderen gesellschaftlichen Systeme betrifft, da zeigt sich in dieser Studie eine erstaunliche Virulenz. Die Lebenswelten der Betroffenen, ihre normative Verarbeitung der Probleme und die Entwicklung neuer Lebensformen sind hier – wie wir im nächsten Abschnitt sehen werden – zumindest äußerst «aufschlussreich».

TEIL III

DIE ERGEBNISSE

1. Die 50+ Bevölkerung

Quantitative Verteilung

Im Moment leben 20,6 Millionen Menschen zwischen 50 und 70 Jahren in der Bundesrepublik Deutschland. Das sind 25 % der Gesamtbevölkerung. Oder anders gesagt, jeder vierte Mensch in Deutschland gehört der Zielgruppe 50+ an! Die 50- bis 70-Jährigen machen damit genauso viel in der Bevölkerung aus wie die 20- bis 40-jährigen Bevölkerungsteile (Tabelle 2).

Frauen bilden mit 10,4 Mio. nur eine geringfügig größere Gruppe als die Männer, die es auf 10,1 Mio. bringen. Das ist schon eine kleine Sensation, denn in vergangenen Dekaden war der Frauenüberschuss an der Altersgruppe deutlich zu erkennen. Im Moment beträgt das statistische Geschlechterverhältnis in unserer Zielgruppe zwischen 0,99 und 1,02. In den 80er Jahren des vergangenen Jahrhunderts hingegen gab es markante Unterschiede zwischen 1,2 und 1,67, was einen drastischen, vom 2. Weltkrieg ausgelösten Überschuss an älteren Frauen beschreibt, der auch heute noch die älteren Jahrgänge dominiert und für einen Teil der typischen Altersarmut verantwortlich ist. Wenn man auf die offizielle Website des Statistischen Bundesamtes geht, findet man eine animierte, d. h. vom Nutzer steuerbare Grafik, auf der sich der Vorgang sehr plastisch demonstrieren lässt.[67]

In unserer politischen Debatte werden solche Zahlen zur Dramatisierung der These benutzt, dass wir überaltern. Als Maß der Überalterung gilt in der Regel das Verhältnis Jugend zu Alter. Vergleicht man zu diesem Zweck die 20- bis 40-Jährigen mit den 50- bis 70-Jährigen, stellt man fest, dass beide Altersgruppen der Bevölkerung im Jahr 2008 etwa gleich groß sind: Es gibt gerade mal 320 000 mehr junge Erwachsene als ältere. Das ist keine einmalige oder besonders dramatische Entwick-

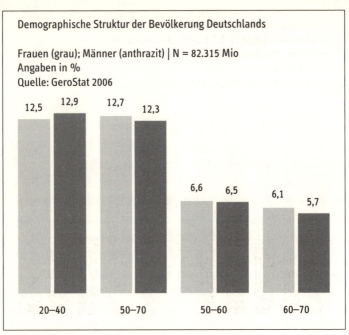

Tabelle 2: Demographische Verteilung der Altersgruppen

lung. Sie rechtfertigt auch keine dramatischen Bezeichnungen und Zuspitzungen etwa nach dem Muster der «alternden Gesellschaft» oder anderen Inhalts – vom soziologischen Unfug, den diese Bezeichnungen darstellen, ganz zu schweigen.

Auch 1950, nach dem 2. Weltkrieg, zeigt ein durchaus vertrautes Bild; auch hier war die Gruppe der 50- bis 70-Jährigen in etwa gleich groß mit den 20- bis 40-Jährigen. Aber es finden sich in der Literatur keine dramatischen Untergangsszenarien. Das dürfte daran gelegen haben, dass man in der Nachkriegszeit wie selbstverständlich davon ausging, dass sich die Dinge in Friedenszeiten (wie man damals sagte) wieder regeln würden – was sie dann ja auch über die Maßen taten: Es kam der Babyboom. Erste Schlussfolgerung: Statistische Werte führen in demographischen Debatten deshalb schnell in die Irre, nicht weil die Zahlen dazu Anlass geben, sondern die theoretischen

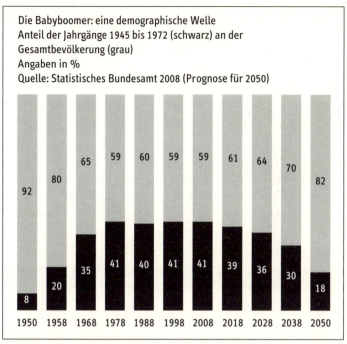

Tabelle 3: Die «Babyboomer»

Konstrukte dahinter – und die lassen sich oft nur schwerer durchschauen als die Zahlen.

In knapp 15 Jahren, also ca. 2023, allerdings sieht das prognostizierte Verhältnis der Altersgruppen schon ganz anders aus. Dann nämlich dürfte die Zahl der 50- bis 70-Jährigen bei geschätzten 24,8 Millionen liegen (Bevölkerung dann geschätzt bei 79,8 Millionen), was 31,8 % der Bevölkerung entspricht. Zu diesem Zeitpunkt werden wir es dann mit einer echten Verschiebung zu tun bekommen, die dann sicher nicht mehr mit Zuständen aus der Vergangenheit verglichen werden kann, sondern die Veränderungen auf eine andere Qualitätsebene gehoben haben werden.

Den Grund für diese Veränderung finden wir in Gestalt eben jener «Babyboomer» (also der sehr geburtenstarken Jahrgänge 1945 bis 1962), die einst die Trendwende in Friedenszeiten markiert haben und die nun statistisch die 68er-Gruppe vor sich herschieben. Die 45er-/62er-Jahrgänge rollen seither wie eine Flutwelle durch unsere Bevölkerungsstruktur und schaffen die genannten Zahlenverhältnisse, was man anhand von Tabelle 3 sehr gut demonstrieren kann.

Aber wir glauben nicht, dass die rein mengenmäßige Betrachtung zu etwas führt, was im Kontext unserer Untersuchung wesentlich wäre. Deshalb konzentrieren wir uns mit den gegebenen Begründungen auf die Jahrgänge 1938 bis 1958, weil sie sozusagen die «qualitative Welle» darstellen, diejenige also, an der wir die tatsächliche Veränderung der gesellschaftlichen Verhältnisse messen können und wollen. Dabei stellen wir fest, dass auch diese harte Veränderungskohorte einen langen Marsch durch die Demographie machen wird: 2018 stellt sie 23 % der Bevölkerung, 2028 immer noch 16 % und selbst 2038 wird sie noch sage und schreibe 9 % der Bevölkerung darstellen (so viel wie dann ebenfalls die 20- bis 30-Jährigen ausmachen werden).

Regionale Verteilung

Von den Jugendlichen wissen wir aus der Shell-Jugendstudie, dass sie zur «Inselbildung» neigen, also Orte bevorzugen, wo sie statistisch höher repräsentiert sind. Das heißt konkret, junge Leute wandern tendenziell aus ländlichen Räumen ab und konzentrieren sich in städtischen Zentren, insbesondere in großen Metropolen. Für Menschen zwischen 50 und 70 gilt eine solche Aussage nicht. Man kann zwar nicht direkt vom Gegenteil reden, aber ein Blick auf die räumliche Verteilung zeigt, dass die großen Metropolen relativ jung im Vergleich zu den Flächenstaaten sind. Hamburg hat den geringsten Anteil von Menschen zwischen 50 und 70 Jahren. Die neuen Bundesländer, vor allem Sachsen und Sachsen-Anhalt, aber auch Thüringen, Brandenburg und Mecklenburg-Vorpommern, liegen deutlich

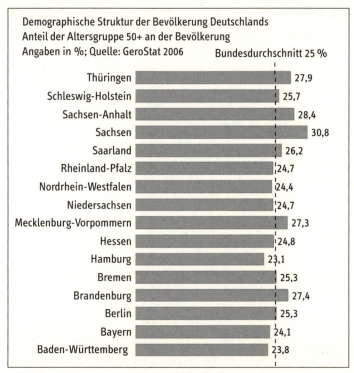

Tabelle 4: Anteil der Altersgruppe 50+ an der Bevölkerung der Bundesländer der Bundesrepublik Deutschland

über dem Bundesdurchschnitt, was den Anteil unserer Zielgruppe an der Gesamtbevölkerung betrifft. Natürlich ist diese Verteilung nicht das Ergebnis einer besonderen Fähigkeit der Menschen in Ostdeutschland, übermäßig alt zu werden, sondern das Spiegelbild der Abwanderung jüngerer Bevölkerungsteile aus diesen Regionen – und die hat zumeist ökonomische Gründe.

Natürlich sind 5 % Differenz statistisch gesehen relevant, aber das heißt nicht, dass nun ältere Menschen geballt in Ostdeutschland leben. Die meisten, nämlich 21,4 %, wohnen und arbeiten oder gehen ihrem Ruhestand natürlich im bevölkerungsreichsten Bundesland nach, also in Nordrhein-Westfalen. Sachsen beherbergt nur 5,7 % der 50+ Bevölkerung und die anderen eben genannten neuen Bundesländer nur jeweils knapp über 3 % (Hamburg 2 %). Bayern und Baden-Württemberg sind die anderen bevölkerungsstarken Länder und beherbergen mit 27,1 % zusammen den größten Anteil der 50+ Bevölkerung.

Angesichts dieser Struktur wird immer wieder vermutet, dass unsere Zielgruppe signifikant häufiger in ländlichen Strukturen lebt. Und auf den ersten Blick ist das auch so: 88 % der Bundesbevölkerung lebt in der Stadt, aber nur etwas unter 75 % der Menschen zwischen 50 und 70[68]. Aber dieses Bild ist insoweit nicht ganz korrekt, als Stadt in Deutschland nun keineswegs nur Großstadt meint. Deutschland hat 2077 Städte, und die allermeisten davon sind keine Großstädte. Deren Zahl macht gerade mal 4 % der Städte aus (nämlich 82). Und mit rund 20 Mio. Einwohnern repräsentieren die Großstädte nur ein Viertel der Bevölkerung. Wie unsere Erhebung zeigt, leben aber fast 30 % der Menschen zwischen 50 und 70 Jahren in einer Großstadt, also überproportional viele. Überproportional ist aber auch ihr Anteil an der ländlichen Bevölkerung, was ohne Frage an dem hohen Anteil Eigenheim liegen könnte, der für unsere Zielgruppe charakteristisch ist – ein Problem, auf das wir im folgenden Kapitel noch einmal zurückkommen werden.

Auch wenn also ländliche Gebiete leicht bevorzugt werden, so ist unsere Zielgruppe doch eine eher städtische als eine ländliche Bevölkerung – ganz abgesehen davon, dass heute umstritten ist, ob es eine verhaltensrelevante Differenzierung zwischen Stadt und Land in der Bundesrepublik Deutschland überhaupt noch gibt. Das ist nicht bloß statistisch interessant. Wir werten die städtische Ballung auch als Indikator für den damit verbundenen Lebensstil. Er zeigt, dass die 50+ Bevölkerung als voll integriert in den städtischen Lebensablauf betrachtet werden kann. Fast jeder Zweite von dieser lebt zudem in einer Großstadt, was besondere Aufmerksamkeit verdient, denn wir betrachten diese Gruppe der 50+ Bevölkerung gewissermaßen als die Schrittmacher der Veränderung. Das betrifft die relative Freiheit und die Infrastrukturanbindung, das betrifft Gesund-

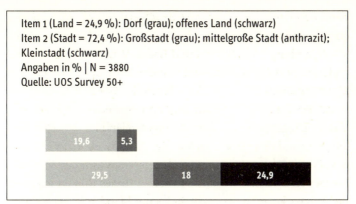

Tabelle 5: Die Verteilung auf Stadt und Land

heitsversorgung, kulturelle Integration (Theater, Kino, Konzerte, Partys) und alle Formen von Lifestyle, die in einer Stadt gepflegt werden können. Welche genauere Bedeutung das im Einzelnen hat, werden wir vertiefen können, wenn wir diesen Komplex im Kapitel «Lebensstile» noch näher betrachten. Und wie wir ebenfalls noch zeigen werden: Diese großstädtische Mittelschicht ist der Motor, besser der Schrittmacher der Veränderungen.

Urbanität und Mobilität

Damit ist aber zumindest klar, dass es keine infrastrukturellen Einschränkungen gibt. Es gilt eher das Gegenteil davon: **Wir haben es mit einer hochmobilen Selektion zu tun, höher, als das jemals in der Vergangenheit bei einer solchen Altersgruppe der Fall war.** Dafür gibt es einen unabweislichen Indikator: die Motorisierung. 2007 – so hat das Allensbacher Meinungsforschungsinstitut in seiner jährlich durchgeführten Markt- und Werbeanalyse ermittelt[69] – hatten in unserer Zielgruppe alle Altersuntergliederungen jeweils um die 80 % oder gar über 80 % einen eigenen PKW bzw. einen Wagen, über den sie wie

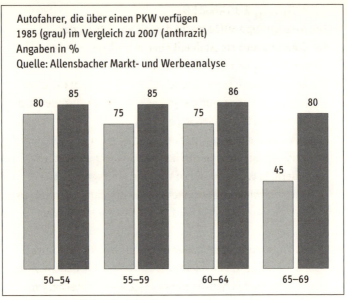

Tabelle 6: Mobilitätsinfrastruktur

über einen eigenen verfügen konnten. Das dürfte eine gewaltige Trendumkehr darstellen, denn vor 20 Jahren noch zeigen die Daten eine ganz andere Tendenz.

Während in den 80er Jahren die hohe Motorisierung nach dem 50. Lebensjahr deutlich auf fast die Hälfte zurückging, ist heute selbst die Altersgrenze von 70 Jahren kein Thema, um mit dem Autofahren aufzuhören. Dieser Umstand ist für sich genommen schon überraschend, aber als Indikator für den zu untersuchenden Wertewandel und als Beleg für eine fundamentale Veränderung der gesellschaftlichen Lebensbedingungen für ältere Menschen durchaus bemerkenswert.

FASSEN WIR ZUSAMMEN:

- Die Altersgruppe 50/70 macht derzeit etwa 25 % der Bevölkerung aus; sie ist damit ebenso groß wie die der 20- bis 40-jährigen Bevölkerung.
- Beides stellt noch keine dramatische Veränderung der Bevölkerungsstruktur dar, und das hat es in früheren Dekaden des 20. Jahrhunderts auch schon gegeben.
- Erst im Zusammenhang mit der Generation der Babyboomer wird sich die Struktur in den kommenden Jahren deutlich verändern. In wenigen Jahren wird die Altersgruppe 50+ 30 % der Bevölkerung ausmachen. Das Verhältnis der beiden Altersgruppen wird dann bei 1,55 zugunsten der Älteren liegen.
- Die 50+ Bevölkerung ist in den neuen Bundesländern leicht überrepräsentiert, bevölkert aber hauptsächlich den Westen; allein NRW, Baden-Württemberg und Bayern beherbergen fast 50 % (weil diese Länder ohnehin den meisten Menschen Wohnstatt geben).
- Die 50+ Bevölkerung, obwohl ebenfalls auf dem Land leicht überrepräsentiert, ist im Wesentlichen eine städtische Population; 40 % davon wohnen sogar in einer der 82 Großstädte der Bundesrepublik Deutschland (2006). In der Konsequenz heißt das, dass sie als voll integriert in den modernen großstädtischen Lebenstypus gelten kann, die Großstädter gar können als «Schrittmacher» der Veränderung angesehen werden.
- Die 50+ Bevölkerung ist nicht nur infrastrukturell voll integriert, sie ist auch höchst mobil. Das zeigt die Motorisierungsquote der 50+ Bevölkerung. Sie liegt – leicht über der Gesamtbevölkerung – bei durchweg 80 % bis zum 70. Lebensjahr.

2. Die wirtschaftliche Lage

In der Bundesrepublik wird in letzter Zeit öffentlich über «Altersarmut» diskutiert. Damit wird das Problem thematisiert, dass aufgrund veränderter Lebensläufe und gebrochener Erwerbsbiographien für viele jüngere Menschen, auch für eine große Zahl von Akademikern und Selbständigen das System der bisherigen sozialen Absicherung nicht reibungslos oder gar nicht funktionieren wird. Langzeitarbeitslose, Harz-IV-Empfänger, geringfügig Beschäftigte, kleine Selbständige und «Ich-AGs» stehen in der Gefahr, im Alter in Tat und Wahrheit zu verarmen.[70]

Diese Altersarmut ist jedoch kein Thema, das sich schwerpunktmäßig auf die Mehrzahl der 50+ Bevölkerung bezieht. Andererseits ist nicht zu übersehen, dass trotz guter Gesamtwerte eine Zweiteilung auch in unserer Zielgruppe besteht. Um diese Behauptungen zu stützen, wollen wir uns in erster Linie auf die Studie des DIW von 2004 beziehen, die auf der Erfassung von über 40 000 Haushalten zu folgendem, von uns im Rahmen dieser Studie gesondert ausgewertetem Ergebnis gekommen ist.

Haushaltseinkommen

Die 50+ Bevölkerung ist in der Tat nicht von Armut bedroht. Sie verfügt über ein Durchschnittshaushaltseinkommen von Netto 3264,– € im Monat für 2,14 Personen pro Haushalt; nicht zu vergessen, dass 25,6 % davon Einpersonenhaushalte sind.

Die 50+ Bevölkerung verfügt damit über ein Mehr von 13 % über dem Durchschnittseinkommen in Deutschland. Nach dem 65. Lebensjahr, also nach dem technischen Eintrittsalter in den Rentenstatus, sinkt das Einkommen zwar ab, aber es liegt

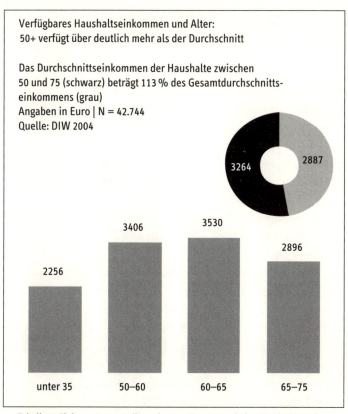

Tabelle 7: Einkommensverteilung der 50+ Gruppe nach den Ergebnissen der «DIW-Studie» von 2004

immer noch ganz knapp über dem Durchschnitt. Besonders bemerkenswert ist in dem Zusammenhang die Relation zur jüngeren Bevölkerung, nicht allein weil sie weniger verdient, sondern auch weil die Zahlenrelationen ungünstig sind.

Kein Wunder, dass die 50+ Gruppe für die Marktwirtschaft als Käuferpotenzial so hoch eingeschätzt wird. Sie ist aber, wie wir noch sehen werden, als Käuferschicht nicht unproblematisch. Sie konsumiert, spart aber wenig. 80 % der Einnahmen gehen für den täglichen Verbrauch weg, und die Sparquote liegt bei 5 bis 7 %. Aber ganz so einfach wie die jüngeren Jahrgänge ist sie als Käuferschicht nicht zu gewinnen. Da zählen

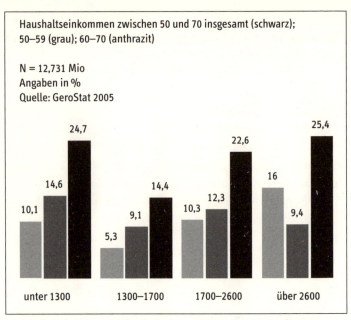

Tabelle 8: Verteilung des Haushaltseinkommens nach den Daten des Mikrozensus von 2002

weder Billigstrategien noch Schnäppchenjäger-Mentalität, wie wir im Kapitel «Lifestyle» noch sehen werden.

Aber wie sieht die Verteilung der Einkommen in der Altersgruppe konkret aus? Denn Angaben zum Durchschnittseinkommen haben bekanntlich nur einen eingeschränkten, manchmal sehr eingeschränkten Erklärungswert. Geht man dieser Frage nach, so zeigt sich nach den Daten des Mikrozensus des Statistischen Bundesamtes von 2002 (etwas veraltet, aber immer noch aussagekräftig), dass etwas weniger als ein Viertel unserer Gruppe (hauptsächlich sicher die Einpersonenhaushalte) mit weniger als 1300,- € auskommen muss (bei 900,- € etwa beginnt die Armutsgrenze); 25,4 % aber kann mit mehr als 2600,- € leben. Natürlich nimmt diese Verteilung mit dem Überschreiten der technischen Rentengrenze eine andere Form an. Das Haushaltseinkommen der Älteren ist aus diesem Grunde selbstverständlich geringer, nur noch knapp 10 % der

Älteren haben mehr als 2600,- €; die meisten müssen mit weniger als 1700,- € oder noch weniger auskommen. Die absolut größte Gruppe lebt von 1500,- € bis 3000,- €.

Das ist wahrhaftig nicht viel. Nur in Relation zu den anderen Alters- und Einkommensgruppen errechnet sich daraus ein relativer Wohlstand. Aber auch diese Optik hat natürlich einen Knick. Er hat damit zu tun, dass die Entwicklung der Einkommen nicht nur in absoluten Zahlen zu betrachten ist, sondern auch in Relation zu Kaufkraft und Geldwert. Und da zeigt sich, dass steigende Einkommen nicht unbedingt einen realen Zuwachs an Wohlstand bedeuten. Nehmen wir die reale Entwicklung der Renten von 1980 (umgerechnet etwa 579,- €) bis 2007 (1120,- €), dann zeigt eine Berechnung des Statistischen Bundesamtes, dass deren nominale Steigerung von 193 % de facto bei preisbereinigter Betrachtung sogar einer Senkung gleichkommt. Der preisbereinigte Wert der Rente von 1980 lag bei 960,- € und 2007 bei verblüffenden 950,- €. Um einen tatsächlichen Zuwachseffekt in der Geldbörse der Rentner zu erzeugen, hätten die Renten mindestens um 300 % erhöht werden müssen. Der gefühlte Effekt der tendenziellen Verarmung ist bei vielen Rentnern kein Phantomschmerz.

Vermögen

Dennoch muss man mit dieser Einschränkung insgesamt von einer relativen Wohlstandslage der 50+ Bevölkerung reden. Dafür ist neben ihrer Einkommenssituation ihre Vermögenslage verantwortlich zu machen. Darunter wollen wir hier zweierlei verstehen:
- privates Eigentum am eigenen Haus bzw. der eigenen Wohnung oder
- den Besitz von Vermögenswerten anderer Art, worunter auch Immobilien fallen, die man nicht selbst bewohnt.

Zunächst zum Wohneigentum: Hier ist festzuhalten, dass mehr als die Hälfte der Befragten angegeben hat, privates Wohneigentum zu besitzen; über 43 % bewohnen ein Eigenheim, knapp 10 % eine Eigentumswohnung. Das hat insoweit natürlich einen Einfluss auf die Vermögenslage, als die Erträge aus diesem Vermögen sich in der Regel als nicht zu zahlende Miete bemerkbar machen. Wir gehen also davon aus, dass der Regelfall derjenige ist, in dem 50 Jahre bis 70 Jahre alte Eigentümer in Eigenheimen leben, die sie nach 20 bis 30 Jahren vollständig abgelöst haben, und somit keine Belastungen mehr tragen müssen. In diesem Regelfall beträgt der geschätzte monatliche Geldwert des Vermögens in etwa 400,– bis 700,– € durchschnittlich:

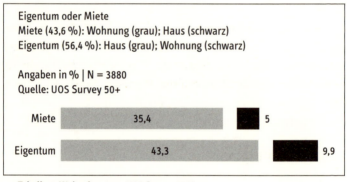

Tabelle 9: Wohneigentum, UOS Survey 2008

Sonstiges Vermögen: Es ist zu vermuten, dass Menschen über 50 nicht nur Wohneigentum besitzen; sie verfügen in der Regel auch über sonstige Vermögenswerte. Wir haben deshalb nach der Struktur dieses Vermögens gefragt und herausbekommen, dass unter unseren Probanden über 58 % tatsächlich Vermögen besitzen. Nur 42 % der Befragten gaben an, keinerlei Vermögen zu haben. Die Mehrzahl der Vermögenden gab an, unter 250 000,– € an privatem Vermögen zu besitzen. Nur knapp 5 % der Befragten haben im Testfragebogen angekreuzt, mehr als 500 000,– € zu haben:

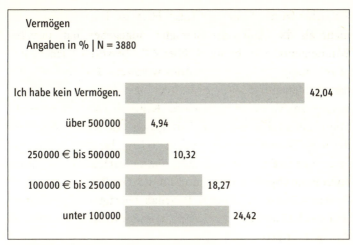

Tabelle 10: Wer hat Vermögen, UOS Survey 2008

Das Durchschnittsvermögen dürfte in der 50+ Bevölkerung etwa einen Wert von 130 000 € haben. Wenn wir die Erträge daraus mit mittleren 5 % bewerten, dann entspräche das einem monatlichen Durchschnittszufluss von 500 € bis 800 €.

Soziale Dichotomie

Es ist nicht zu übersehen, dass sich hinter diesen Zahlen eine zweigeteilte Einkommens- und Vermögenslage verbirgt. Auf der einen Seite haben wir eine Gemengelage von Menschen und Haushalten ohne Eigentum oder Vermögen, dafür aber mit niedrigen monatlichen Einkommen, auf der anderen Menschen und Haushalte, die genau das Gegenteil kennzeichnet:

54 %	wohnen in ihren eigenen vier Wänden
39 %	wohnen zur Miete
54 %	haben Vermögen
42 %	haben kein Vermögen

55 %	haben 3000 € und mehr Einkommen
40 %	weniger als 1700 €
54 %	haben geldwerte Mietvorteile von mindestens 500 €
46 %	bekommen nichts
54 %	haben Erträge aus Vermögen von mindestens 500 €
46 %	haben auch hier wieder nichts.

Tabelle 11: Dichotome Verteilung

Richtig ist also beides:

Einerseits stellt die 50+ Generation den wohlhabenderen Teil der bundesdeutschen Bevölkerung, zumindest verglichen mit den jüngeren Bevölkerungsteilen; und das wird auch auf absehbare Zeit so bleiben, denn die mit dem eingangs erwähnten Schlagwort von der Altersarmut verbundenen Probleme werden auch in Zukunft dafür sorgen, dass sich bei den jüngeren Jahrgängen mehr soziale Probleme anhäufen als bei den älteren. Die Determinanten dieser Entwicklung sind aber bekannt und ließen sich durch vorausschauende Sozialpolitik sehr wohl angehen!

Andererseits wäre es blauäugig, von einer durchweg wohlhabenden Schicht älterer Menschen zu reden. Im Gegenteil: Auch hier haben wir es in Zukunft mit Menschen und Haushalten zu tun, die durchaus wirtschaftliche Probleme haben und die mit wachsendem Alter auch sicher nicht in die Lage kommen werden, dieses Schicksal noch einmal zu wenden. Aber auch hier sind die Determinanten bekannt und ließen sich durch vorausschauende Sozialpolitik angehen!

Was wir mit vorausschauender Sozialpolitik meinen, soll in Teil III noch einmal aufgegriffen und erörtert werden. An dieser Stelle wollen wir auf etwas anderes aufmerksam machen: Das wirklich Neue an der Entwicklung scheint zu sein, dass unabhängig von den wirklich nicht zu verharmlosenden Problemen dennoch eine bislang nicht bekannte Lage eintreten wird, nämlich dass die Mehrheit der älteren Menschen zum ersten Mal in der Geschichte zu den Gewinnern der sozialen

Entwicklung gehören wird. Denn es ist tatsächlich völlig ungewöhnlich, dass die Hälfte in bescheidenem Wohlstand leben kann und weitere 10% bis 15% dieser Jahrgangsgruppe wirtschaftlich noch akzeptabel überleben können. Die wachsende Lebenserwartung, die ihnen durch «bessere», d. h. lebensverlängernde «interventionistische» Lebensstile, bessere Lebensbedingungen, sich weiterentwickelnde Medizin und Therapien, ja schließlich auch über das Phänomen sich selbst erfüllender Prophezeiungen geschenkt wird, dürfte ferner dazu führen, dass sie dieses Pfund gesellschaftlicher Dynamik auf ganz eigene Weise nutzen können.

FASSEN WIR ZUSAMMEN:
- **Die 50+ Bevölkerung ist – zurzeit jedenfalls – nicht von Altersarmut bedroht. Für sie gilt vielmehr, dass sie mit Abstand die höchsten Haushaltseinkommen unter allen Jahrgangsgruppen erwirtschaftet. Das DIW rechnet mit einer Quote von 113% des durchschnittlichen Haushaltseinkommens (2004).**
- **Die 50+ Bevölkerung ist in bescheidenem Maße vermögend. Etwa die Hälfte besitzt Wohneigentum und verfügt zudem über Vermögensrücklagen um die 100 000 € bis 200 000 €. Diese Vermögenswerte ergeben ebenfalls bescheidene Erträge von zusätzlichen 500 € bis 800 € im Monat.**
- **Gerade deshalb gibt es auch eine unverkennbar deutliche zweigeteilte soziale Trennung zwischen jenen unteren, nichtvermögenden und relativ niedrige Einkommen beziehenden 46% der Gruppe einerseits und jenen 55% auf der anderen Seite, welche die Gruppe der Vermögenden ausmachen.**
- **Diese Trennung ist im Wesentlichen durch den Faktor der Stellung im Arbeitsprozess begründet. Es sind hauptsächlich die Arbeiter, die weder Eigentum noch Vermögen besitzen und auch die niedrigeren Einkommen beziehen – wie im kommenden Kapitel weiter ausgeführt.**
- **Dessen ungeachtet ist die Existenz einer wenn auch bescheidenen, aber doch wohlhabenden Einkommensschicht im oberen Alterssegment ein soziologisches Novum und in**

gewisser Weise sensationell zu nennen. Eine solche Situation hat es in dieser Form in der Geschichte bisher nicht gegeben. Das hat direkte Folgen für die gesellschaftliche Architektur: es handelt sich immerhin um Menschen, die bei einer mittleren Lebensperspektive von 20 bis 40 Jahren eine Zukunft vor sich haben, in der sie über Vermögen und Einkommen verfügen – ohne arbeiten zu müssen oder an andere soziale Verpflichtungen, etwa gegenüber der Familie, gebunden zu sein.

3. Erwerbsarbeit, Ruhestand und Ehrenamt

Erwerbsarbeit ist und bleibt die große «Eingliederin» der Moderne. Der soziologische Grund dafür ist die Tatsache, dass Erwerbsarbeit die Chance der einzig wirkungsvollen gesellschaftlichen Integration in Gestalt dessen ist, was man Karriere nennt. Das gilt eigenartigerweise auch dann noch, wenn die Tätigkeit in einer Organisation gar nicht wirklich dem Erwerb dient, sondern ehrenamtlich durchgeführt wird. Hausfrauen andererseits, deren Arbeit Teil des Erwerbslebens ist, zählen trotz hartem Einsatz typischerweise nicht, es sei denn, sie organisierten ihre Arbeit erwerbsmäßig. Genau auf dieser Paradoxie beruht der Witz eines erfolgreichen Werbespots: «Und was machen Sie beruflich, oder sind sie nur …», fragt der kritische Banker eine smarte Frau um die 40. – «Ich führe ein sehr erfolgreiches Familienunternehmen», sagt sie nach der Aufzählung ihrer Tätigkeiten, während man sie in Rückblenden als Hausfrau, Mutter, «Innenarchitektin», «Ärztin» und sonst noch allerlei beobachten kann[71].

Arbeitslosigkeit wird dem gegenüber als Fall oft schwerer Desintegration erlebt, weil sie als Abweichung vom normgerechten Lauf der Dinge erscheint und als ökonomisch zentrale Bedrohung des Daseins. Eigenartigerweise gilt das nicht für Pensionierung, Verrentung oder auch Invalidität. Obwohl das sehr wohl einen Ausschluss aus dem Erwerbsleben bedeutet und eine durchaus vergleichbare Desintegration, wird diese Ausgliederung ganz anders bewertet. Wie wir in Teil II schon analysiert haben, besitzen wir einen strukturellen Mechanismus, das Erwerbsleben an einem bestimmten Stichtag einfach zu beenden. Deshalb unterstellen wir eine geregelte, durch die Biographie legitimierte, ja man muss sagen, eine gewollte Form der Erwerbslosigkeit, der auch kein ökonomisches Bedrohungspotenzial innewohnt, denn die Rente wird als sicher unterstellt.

Aber das ist nur die normative Seite des Problems. Schon wenn man den Satz liest, die Rente sei sicher, weiß man, dass das so nicht stimmen kann. Wie sieht es aus mit der späten Erwerbsarbeit? Wo liegt das Eintrittsalter in den Ruhestand genau? Wer macht eigentlich was? Arbeitet noch jemand jenseits des 65. Lebensjahres? Und nach dem Ausstieg aus dem Erwerbsleben, was machen die Leute dann? Wie sieht es mit der Nutzung der Potenziale der Betroffenen in ehrenamtlichen Tätigkeiten aus? Und ist die Erwerbsarbeit auch der große «Ausgliederer» in unserer Gesellschaft?

Späte Erwerbstätigkeit

Weit weniger als die Hälfte der rund 20,5 Mio. Menschen ist in der Altergruppe zischen 50 und 70 Jahren noch erwerbstätig. Denn das durchschnittliche Renteneintrittsalter liegt bei 62,9 Lebensjahren (2004) und das entsprechende Eintrittsalter von Beamten in den Ruhestand bei 58,1 Jahren.[72] Tatsächlich sind zwischen dem 50. und dem 70. Lebensjahr rund 8,9 Mio. Menschen tätig. Das entspricht einer Erwerbsrelation von etwa 43 %. Rund 7 Millionen, also 80 % davon, arbeiten bis zum 60. Lebensjahr. Danach geht, wie die Tabelle 12 zeigt, die Erwerbstätigkeit schnell und steil bergab: Über 60 arbeiten um die 7 % der Altersgruppe, und bis zum 70. Lebensjahr sind nur noch marginale 1,5 % erwerbstätig!

Bei den Männern sind in dieser Zeit gut 80 % bzw. im späteren Jahrfünft rund 70 % erwerbstätig, bei den Frauen im gleichen Alterssegment deutlich weniger, nämlich 65 %.

Von den 8,9 Mio. Erwerbstätigen zwischen 50 und 70 sind 45,6 % Angestellte, 28,7 % Arbeiter, 8,1 % Beamte. Diese Struktur entspricht den Beschäftigungsverhältnissen einer informationell geprägten Industriegesellschaft. Eine Zahl jedoch schien uns bei der Rohauswertung unserer Befragungsdaten zunächst als Messfehler: Wir hatten fast 20 % Selbständige zwischen 50

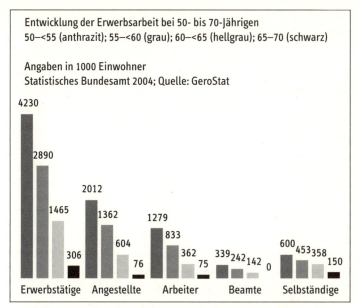

Tabelle 12: Erwerbstätige zwischen dem 50. und dem 70. Lebensjahr

und 70 Jahren in unserem Rücklauf. Doch der Blick auf die Erwerbsstatistik lehrt, das ist kein Fehler, das ist wirklich ein Merkmal: Die Statistik des Mikrozensus des Bundesamtes für Statistik von 2004 weist für die Erwerbstätigen der 50+ Altersgruppe 1,6 Mio. Selbständige aus. Das sind 17,6 %! Zum Vergleich: Von den ca. 42 Mio. Erwerbspersonen in Deutschland gelten insgesamt etwa 10 % als Selbständige.

Diese Differenz von 176 % ist hochsignifikant. Noch überraschender aber erscheint uns die Ursache dafür: Während alle Statusgruppen mit zunehmendem Alter drastisch abnehmen (von den Angestellten sind nach 65 noch 3 % beschäftigt, von den Arbeitern 5,6 %), Beamte nach dem 65. Lebensjahr (selbstverständlich) auf null fallen, bleibt ein Viertel (25 %), also ein wirklich erheblicher Teil, der Selbständigen nach 65 noch erwerbstätig. So kommt es dazu, dass von den gut 300 000 Menschen, die zwischen 65 und 70 Jahren in Deutschland erwerbstätig sind, **jeder zweite ein Selbständiger ist**. Die Ursachen dafür, die wir später nochmal diskutieren, sind vielfältig. Eine davon liegt sicher in der Problematik der nicht immer ausreichenden Altersabsicherung; eine andere könnte das Nachfolgerproblem sein, wenn Kinder das elterliche Unternehmen oder die Werkstatt nicht übernehmen wollen. Eine weitere Ursache mag in der Tatsache zu sehen sein, dass für ältere Menschen, insbesondere Frauen, in der Selbständigkeit der einzige Weg in eine Berufstätigkeit bestehen mag, wenn sie noch erwerbstätig sein müssen und sonst nichts finden. Eine andere Ursachengruppe hängt sicher auch damit zusammen, dass die durch die abhängigen Beschäftigungsverhältnisse diktierte gesellschaftliche «Entberuflichung» bei Selbständigen nicht oder wenigstens nicht in dem Maße greift wie sonst. Wir können natürlich davon ausgehen, dass hier Berufe ausgeübt werden, die eine knallharte Entberuflichung nicht kennen und wo die Ausübung auch mit 70 Jahren noch an keine physischen oder intellektuellen Grenzen stößt.

Aber wichtiger als alle diese Argumente scheint uns das soziologische zu sein: Wer selbständig ist, entscheidet selbst nach den Kriterien, die er für richtig hält, darüber, ob er aus dem Erwerbsleben ausscheidet – auch dann, wenn objektive Faktoren wie Gesundheit oder Markt dazu zwingen. Ein abhängig Beschäftigter kann das nicht und erlebt die Entberuflichungsschwelle hart, ganz gleich, wie er dazu steht. Der Lebensabschnitt zwischen 60 und 65 ist also nach wie vor die entscheidende Schwelle der «Entberuflichung». Für alle, die abhängig erwerbstätig sind, bleibt keine andere Wahl, als aus dem Erwerbsleben und damit aus dem Berufsleben auszuscheiden. Wenn dem nicht so wäre, das zeigt der Fall der Selbständigen, würde sich der Trend vielleicht nicht umkehren, aber doch erheblich modifizieren. Warum sollte nicht auch ein Viertel der abhängig Beschäftigten bis zum 70. Lebensjahr arbeiten, wenn es geht und Freude macht?

Ruhestand

In der Altersgruppe zwischen 50 und 70 Jahren sind 9,08 Mio. Menschen Rentner oder Pensionäre; natürlich ist die Zahl der Rentner zwischen 50 und 60 naturgemäß sehr gering (etwa 1 Mio.); zwischen 60 und 65 Jahren steigt sie dann auf 3,3 Mio. und ab 65 auf fast 8 Mio. an (Quelle Gerostat). Die Entberuflichung greift tatsächlich ab dem 60. Lebensjahr voll.

Diese Zahlenverhältnisse haben natürlich ihre Auswirkung auf die wirtschaftliche Lage der 50+ Generation: Im vorangegangenen Kapitel haben wir gesehen, dass die Haushaltseinkommen an der Verrentungsgrenze absinken, hier können wir ergänzen: Nur 900 000 Rentner (oder 10 %) verfügen pro Monat in ihrem Haushalt wirklich über mehr als 2600 €.

Etwa 5 Mio. Rentner (57 %) hingegen haben im Monat nicht mehr als 1300 €. Man kommt bei diesen Zahlen nicht umhin festzustellen, dass das eine wirklich große Zahl ist. Bei den Rentnern gilt die diagnostizierte Zweiteilung also deutlich.

Rentnerdasein ist für die meisten in der 50+ Generation kein Luxusleben. Auch wenn etwa die Hälfte der Rentner über weitere Geldzuflüsse aus Wohneigentum und Vermögen verfügt und dadurch das Haushaltsgeld deutlich aufbessern kann.

Die weit überwiegende Mehrzahl der Befragten hatte keinerlei Probleme mit der späten Erwerbstätigkeit. Wir konnten – wie Tabelle 13 zeigt – nicht nachweisen, dass die älteren Arbeitnehmer aus dem Berufsleben flüchten wollen. Das Verhältnis zu den Kollegen ist gut (kaum Missgunst unter den Kollegen, kein erkennbares Gefühl, nicht respektiert zu werden).

Der Beruf gefällt fast 80 % ausgesprochen gut; nur der Stress scheint mit den Jahren etwas zuzunehmen, aber das ist nur eine Vermutung, denn Zahlen über den gleichen Kontext bei jüngeren Arbeitnehmern haben wir nicht.

Die Befragten haben aber auch sehr interessante Angaben zur Thematik der Desintegration nach der Entberuflichungsschwelle gemacht. Fast 60 % stellen sich in Tabelle 13 nach der Verrentung eine Betätigung in einem neuen Betätigungsfeld

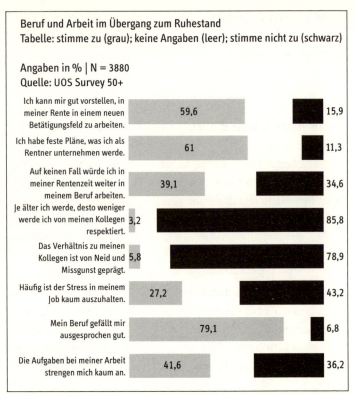

Tabelle 13: Einstellungen zum Übergang in den Ruhestand

vor; von den Befragten kommen aber eigentlich nur diejenigen unter 65 Jahren für eine Beantwortung in Frage; von denen haben nun aber sage und schreibe sogar über 80 % zugestimmt.

Rechnen wir das auf die rund 9 Millionen Erwerbstätige zwischen 50 und 70 hoch, dann kommt eine Armee von etwa 5,5 Millionen Männern wie Frauen auf uns zu, die in den kommenden 10 Jahren zwar im Verrentungssinne entberuflicht werden, aber danach unbedingt etwas Berufartiges oder Berufähnliches tun wollen. Und nun der zweite Punkt: 40 % würden auf keinen Fall etwas in ihrem bisherigen Beruf tun wollen. Aber 34 % eben doch. Ein Drittel der Betroffenen, also 3 Millionen, würde gerne im angestammten Beruf weiterarbeiten. Diese Zahlen scheinen eine gewisse Logik zu haben, denn im vorangegangenen Abschnitt haben wir gesehen, dass 25 % der Selbständigen auch bis 70 Jahre noch aktiv sind bzw. sein wollen.

Freie Arbeit und Betätigung

Wie soll unser Wirtschaftssystem diesen Andrang bewältigen? Bislang gibt es keine überzeugenden Modelle dafür. Die öffentliche Debatte hofft auf den Sektor freiwilliger Arbeiten. Werfen wir daher einen Blick auf das Thema Ehrenamt, worunter wir gemäß der Definition des Freiwilligen-Surveys der Bundesregierung das freiwillige, aktive Mitmachen in Vereinen, Initiativen, Projekten, Selbsthilfegruppen oder Einrichtungen verstehen wollen, in denen Aufgaben oder Arbeiten unbezahlt oder gegen Aufwandsentschädigung übernommen werden[73]. Dieses freiwillige oder ehrenamtliche Wirken könnte ja eine Lösung des Problems oder ein Ausweg aus dem beschriebenen Engpass sein. Aber dabei ergibt sich ein durchaus verwirrendes Bild:

Die Generation 50+ ist in den Bereichen außerhalb des Arbeitslebens nicht wirklich übermäßig aktiv. Jeweils etwa 20 % sind in ehrenamtlichen Bereichen tätig, gleich in welchem Alterssegment und unabhängig auch vom Geschlecht. Es scheint sogar so zu sein, dass Frauen mit zunehmendem Alter etwas ehrenamtsmüder werden als Männer. Auf jeden Fall ist das Ehrenamt keine Domäne für Frauen (siehe Tabelle 14).

Absolut ist der Anteil von 20 % (hochgerechnet müssten das rund 4 Millionen Männer und Frauen im Ehrenamt sein) zwar beeindruckend. Aber vielleicht ist die Perspektive Ehrenamt im eigentlichen Sinne auch zu eng gefasst. Denn, wie Tabelle 15 zeigt, sind die Aktivitäten auffällig konzentriert auf karitative Einsätze zur Unterstützung für ältere und bedürftige Mitbürger sowie für Jugendliche. Damit entspricht «Ehrenamt» weitgehend dem traditionellen Muster karitativer Arbeit.

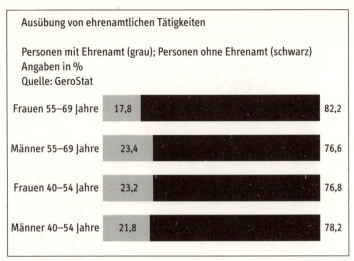

Tabelle 14: Tatsächliches Engagement im Ehrenamt

Wie der «Freiwilligen-Survey» der Bundesregierung in der zweiten Befragungswelle von 2006 aber belegt, ist das Engagement in der Bundesrepublik Deutschland insgesamt höher (für 2006 werden 36% angegeben), weil sich vor allem jüngere Bundesbürgerinnen und -bürger ehrenamtlich oder freiwillig auch in allen anderen Bereichen der freiwilligen Arbeit engagieren, also vermehrt in jenen Vereinen, Initiativen, Projekten und Selbsthilfegruppen, die definitionsgemäß dazugehören. In den letzten 10 Jahren sei diese Form der Betätigung nun stark gewachsen, sagt die zweite Welle des Surveys, und die besonders interessanten Wachstumsgruppen waren zwischen 1999 und 2004 erwerbstätige Frauen und **ältere Menschen ab 60 Jahren** – mit einem Schwerpunkt wiederum in der Altersgruppe zwischen 60 und 69 Jahren.

Ergo: Bei den 50- bis 70-Jährigen gibt es einen durchaus begründeten Bedarf an freiwilliger und ehrenamtlicher Arbeit. Es gibt gerade hier auch das Potenzial dafür, denn keine andere Gruppe wäre mit ihrem verfügbaren Zeitdepot und ihren finanziellen Voraussetzungen besser dazu in der Lage als die 50+ Generation. Aber wir konstatieren ein Engagement-Defi-

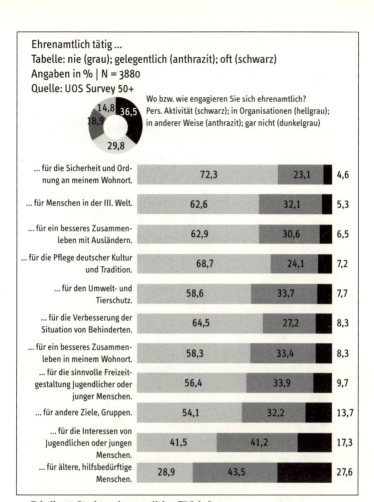

Tabelle 15: Struktur ehrenamtlicher Tätigkeiten

zit und einen erheblichen Nachholbedarf. Der ergibt sich u. E. ganz eindeutig aus der Struktur der freiwilligen und ehrenamtlichen Betätigung bei den Befragten der Studie, wie Tabelle 16 belegt. Nur Sportverein und wohltätige Organisation scheinen Orte zu sein, wo das Engagement einigermaßen relevant ist. Alle anderen Bereiche sind auffällig unterrepräsentiert.

Hinzu kommt: Die meisten geben an, ihr Engagement in persönlichem Einsatz oder in anderer, nicht organisierter Form

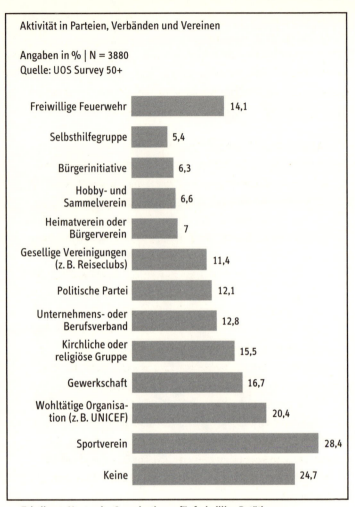

Tabelle 16: Muster der Organisationen für freiwillige Betätigung

zu vollziehen, und nur ca. 30 % in einer der vorgenannten Organisationen. Damit ist ganz klar, dass das Defizit auf einen Mangel organisierter Strukturen für freiwilliges und/oder ehrenamtliches Engagement zurückzuführen ist.

Wenn es also einen Bedarf gibt, wenn es nachweislich sogar ein Ansteigen der Zahlen für bürgerschaftliches Engagement in der Gruppe 65–70 gibt, dann liegt hier eine deutliche Aufforderung für alle Verbände, Vereine, Gruppen und Initiativen, die organisierten Voraussetzungen für eine Lösung des Problems zu schaffen. Auch für die Menschen 50+ gilt, sich selbst die Voraussetzung für neue und andere Formen der Betätigung jenseits der Beschäftigung zu schaffen, denn es gibt nichts Gutes, so wissen wir von Erich Kästner, außer man tut es[74].

FASSEN WIR ZUSAMMEN:
- **Von den gut 20 Mio. Menschen zwischen 50 und 70 ist etwas weniger als die Hälfte erwerbstätig, die meisten davon abhängig beschäftigt als Angestellte (etwa 50 %), Arbeiter (28 %) und Beamte (8 %).**
- **Das Durchschnittsalter für den Eintritt in Rente und Ruhestand liegt knapp über 60 Jahren, bei Rentner sogar genau bei 62,9 Jahren. Mit 65 Jahren ist faktisch so gut wie keiner mehr beschäftigt, und nur 2 % sind überhaupt noch erwerbstätig. Die «Entberuflichung» mit 65 ist Fakt.**
- **Entsprechend springt die Zahl der Rentner und Pensionäre nach oben und erreicht über 80 % der Untersuchten – freigestellt und bei vermindertem Einkommen, aber mit den gleichen Vermögensstrukturen wie die Gesamtgruppe.**
- **17,6 % der Untersuchten sind selbständig; das sind 176 % des Durchschnitts. Die Gründe sind vielfältig. Ein zentrales Moment dabei ist die Tatsache, dass Selbständige selbst entscheiden können, wann und wie sie ihre Berufsarbeit beenden wollen. Eine «Entberuflichung» wie oben gibt es hier nicht.**
- **Von den Menschen, die selbständig sind, bleiben 25 % nach dem 65. Lebensjahr noch erwerbstätig. Dem entspricht die Einstellung der abhängig Beschäftigten: Etwa 30 % von ihnen wünschen sich nach der Pensionierungsgrenze, weiter in ihrem Beruf tätig sein zu können. Fast 60 % möchten zwar ihren Beruf nicht weiter ausüben, aber etwas anderes mit berufsähnlichem Charakter, jedoch in einem anderen Betätigungsfeld tun.**
- **Es gibt in der Gruppe 50+ mithin einen erheblichen Bedarf**

an Betätigung jenseits der Beschäftigung, es gibt aber keine organisierten Formen, in denen dieser Bedarf adäquat aufgefangen werden könnte.
- Zwar hat die Beteiligung an Ehrenamt und freiwilliger Betätigung in den entsprechenden Organisationen in den letzten Jahren bei der Gruppe zwischen 65 und 70 Jahren zugenommen, auch kann man sich eine Zunahme von Selbständigen in der Altersgruppe vorstellen, aber eine Lösung dieser Bedarfslücke finden wir hier nicht.
- Das Muster der Freiwilligenarbeit oder des Ehrenamtes ist traditionell stärker an jungen oder jüngeren Menschen ausgerichtet. Das reflektieren die Untersuchten ebenso wie die Organisationen.
- Die meisten Untersuchten engagieren sich nicht in Organisationen und Vereinen, die Plattform für Freiwilligenarbeit oder Ehrenämter für Ältere sein könnten; die Organisationen wiederum scheinen noch nicht erkannt zu haben, welche Potenziale sich hier auftun – auch die Sportvereine nicht.
- Das könnte die Gelegenheit für eine neue Form der Betätigung jenseits von Beschäftigung und Erwerbsarbeit sein. Allerdings wäre es dazu notwendig, dass sich die Betroffenen, die Menschen 50+, stärker einbringen.

4. Die gewonnene Zeit

Wer nach dem 63. Lebensjahr aus dem Berufsleben ausscheidet, gewinnt freie Zeit, viel Freizeit, sollte man meinen. Aber die Menschen über 50 wollen nicht **das Nichtstun**, keinen Müßiggang, sie wollen auch nach dem Ende ihrer Berufsarbeit mehrheitlich etwas Sinnvolles tun; etwas Freieres und anderes als bisher. Aber vor allen Dingen wollen sie die gewonnene Zeit als **Tätigkeit** wieder ausgeben. Die Disposition über ihre Zeit jedoch, die wollen sie behalten. Etwas tun, ohne deswegen unbedingt gleich erwerbstätig sein zu müssen, denn der Stress, der nach Meinung unserer Befragten nach wie vor von der Arbeitswelt ausgeht, ist etwas, das sie nicht gerne fortführen wollen. Sie wollen in ihrer Zeit nicht gebunden sein und vor allen Dingen jene freie Disposition über ihre Zeit, die sie mit dem Ruhestand gewonnen haben oder zu gewinnen hoffen, nicht wieder verlieren.

Wenn wir die Daten richtig interpretieren, dann ist eine neue, eine «Dritte Zone» zwischen Erwerbsarbeit und Freizeit im Trend. Das klingt wie ein Wunschgedanke, aber ist doch hartes Befragungsergebnis unserer 50+ Probanden. Es erstaunt, weil es an die Lebensphilosophie antiker Denker erinnert. Aristoteles war es, der in seinem Buch «Politika»[75] strikt unterschied zwischen den zueinander gehörenden Begriffen «Arbeit» und «Freizeit» (gr.: anápausis) einerseits und jenem Zeitabschnitt andererseits, den er nicht Freizeit, sondern selbstbestimmter Tätigkeit vorbehielt und «scholia» nannte. Unter «scholia» verstand Aristoteles, was man am besten den «Reingewinn des Lebens» (Klaus Bartels) nennen könnte; die Zeit, in der Mann und Frau zu sich selbst kommen können, um sich selbst zu verwirklichen. Bildung war ein wichtiger Bestandteil von «scholia» (daher «Schule»), aber keineswegs nur das, sondern auch soziales Engagement, Politik und auch Arbeit – wenn es sein muss[76].

Man wird an dieses längst untergegangene Ideal erinnert, weil die begriffliche Trennung, die wir heute zwischen Arbeit und Freizeit vornehmen, den Lebensbedingungen der Pensionäre oder Rentner nicht (mehr) wirklich gerecht wird. Sie wollen ja etwas tun, nur nichts, was stresst. Eine Lösung des Problems hat sich bislang nicht gezeigt – geschweige denn durchgesetzt. Aber warum soll eine große Schicht von Menschen, die noch nie so gut gebildet war wie heute, nicht die Chance der beruflichen Freisetzung für ein selbstbestimmtes Leben nutzen, das sich – bewusst oder nicht – an anspruchsvollen Kriterien orientiert? Interessant wäre es, Nutzungstrends zu finden, die zumindest in diese Richtung deuten:

Um das Ergebnis vorwegzunehmen: Davon gibt es in unseren Befragungsdaten etliche! Und obwohl uns allen klar ist, dass solche Trends nicht von allen aufgegriffen werden, treten sie doch nahezu einheitlich für eine ganze Generation auf. Wir müssen dieses Thema an dieser Stelle abbrechen und werden den Faden im Lifestyle-Kapitel mit weiteren Daten wiederaufnehmen. (S. 187)

Megatrend Partnerschaft

Wie Tabelle 17 belegt, will jeder Zweite seine freie Zeit mit seinem Partner verbringen. Wir haben es also bei der befragten Gruppe der Bundesbürger über 50 mit Menschen zu tun, die ein ausgesprochen «partnerorientiertes Zeitverhalten» an den Tag legen. Freunde und Verwandte haben da nur wenig zu suchen. Dieses Partnermodell verteilt sich zudem in seinem Stil ganz unterschiedlich auf innerhäusliche und außerhäusliche Aktivitäten. Das ist ein Befund von sehr erheblicher Tragweite, der seine Bedeutung erst noch im Zusammenhang mit dem Beziehungs- und Partnerproblem bekommen wird, das wir im nächsten Kapitel ausführlich behandeln werden. Die Bedeutung des Partners ist dabei ganz sicher ein übergreifendes

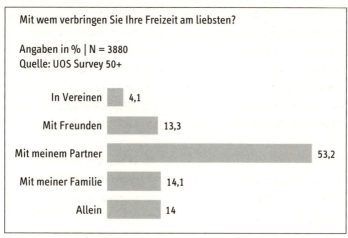

Tabelle 17: Freizeitbeziehungen

Phänomen. Es gibt auch nicht die geringsten Anzeichen dafür, dass Lebensstil oder eine der anderen Determinanten auch nur den geringsten Einfluss darauf haben.

Fernsehen, Garten, Heimwerken

Der innerhäusliche Stil ist soziologisch gesehen wenig aufregend, um nicht zu sagen eher langweilig: Die Bundesbürger über 50 sehen zu Hause in der Regel fern (97 %), gefolgt von Radiohören (89 %), dann folgen Zeitunglesen (84 %) und Telefonieren (80 %); nur geringfügige Quoten gibt es für alle anderen Möglichkeiten wie Lesen (34 %), Computer/Internet (14 %) und Videospiele (9 %).

Dass sich die Fernsehgewohnheiten der Bundesbürger zwischen 50 und 70 (Tabelle 18) deutlich von anderen unterscheiden, ist bekannt: Nachrichtensendungen stehen mit großem Abstand (95 %) an der Spitze, gefolgt von politischen Magazinen, Spielfilmen und dem Krimiflaggschiff der ARD, dem «Tatort» auf dem traditionellen Sendeplatz sonntags um 20.15 Uhr. Auffallend, aber nicht überraschend ist die starke Position von Reisemagazinen und Kultursendungen und die relativ

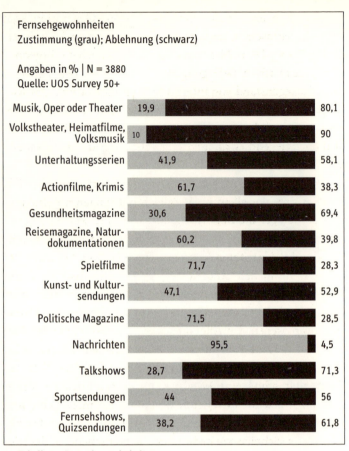

Tabelle 18: Fernsehgewohnheiten

geringe Resonanz, welche die Sportberichterstattung hat. Man gewinnt unwillkürlich den Eindruck, dass man es bei der Altersgruppe 50+ mit einem treuen Publikum des öffentlich-rechtlichen Rundfunks und seiner Sendeformate zu tun hat. Das verwundert aber nur auf den ersten Blick, denn wir wissen aus der Rezeptionsforschung, dass Zuschauer den Formaten treu bleiben, mit denen sie aufgewachsen sind – und das war in den späten 50er und den 60er Jahren, der Jugendzeit der heute 50- bis 70-Jährigen, eben ausschließlich das öffentlich-rechtliche Fernsehen!

Wir sehen im Fernsehverhalten der 50+ Generation kein stumpfes Fernsehen, eher etwas, das entfernt an Bildung erinnert. Dieser Fernsehkonsum – das zeigen auch die Ergebnisse der qualitativen Befragungen – ist zwischen den Partnern oftmals Gegenstand von intensiver Kommunikation. Das wiederum passt zu der Auskunft, dass es der (Ehe-)Partner ist, mit dem man am liebsten seine Freizeit verbringt – in diesem Falle also überwiegend «spannend sich entspannend» (siehe Tabelle 17).

Was die anderen Aktivitäten jenseits des Fernsehens betrifft, so zeigt sich, vor allem im Vergleich mit jüngeren Befragten, dass es **weniger die Betätigungsbereiche** sind, welche differieren, als vielmehr die Ausprägung oder besser die Massivität, mit der die Aktivitäten betrieben werden. Nur bei zwei Bereichen, die in den Studien des BAT-Freizeit-Instituts schon seit Jahren diesen Platz einnehmen[77], gibt es die größten, man könnte auch sagen die einzigen ernst zu nehmenden Unterschiede zwischen den Altersgruppen; und das ist bei der **Gartenarbeit** (6% zu 55%) und beim **Heimwerken** (6% zu 18%) der Fall. Jüngere reizt beides weniger, aber für viele Ältere ist es offenbar schon eine Möglichkeit, die beschriebene «dritte Zone» mit etwas Sinnvollem zu füllen. Man muss sich einen Teil der Gartenarbeit im Alter von 50 und mehr zumindest bei einigen als «Scholia» vorstellen und die Menschen, die das tun, als glücklich! Wie man auf der anderen Seite am wirtschaftlichen Aufschwung von Gartenzentren und Baumärkten sehen kann, ist dieser Faktor gesellschaftlich nicht marginal, sondern erheblich zu nennen und stellt nicht bloß eine Marotte dar. Beide Betätigungsfelder sind zudem besonders geeignet für Gemeinsamkeiten mit dem Partner. Entgegen manchem Vorurteil sitzen die Menschen im Alter über 50 nicht einfach vor dem Fernseher; mindestens ebenso intensiv betätigen sie sich in Haushalt und Garten, natürlich zusammen mit dem Partner.

Kochen, Gäste bewirten und häusliche Feste feiern schließlich ist die nächsthäufige innerhäusliche Aktivität. Nicht einmal bei jenen Gruppen, die wir als die Wertewandelverlierer bezeichnen, lässt die Zustimmung zu diesem Freizeitaspekt nach. Für 60 % der Frauen ist Gäste zu empfangen und zu bewirten die wichtigste Betätigung nach Fernsehen.

Megatrend Partys, Kino, Reisen

Der außerhäusige Freizeitstil wiederum erscheint soziologisch gesehen alles andere als langweilig: Hier hat sich in den letzten Jahren offenbar ein aufregender Wandel vollzogen oder ist im Vollzug begriffen. Er betrifft im Wesentlichen zwei Stichworte: Partys und Reisen. In unserer Befragung haben 47 % der Untersuchten gesagt, dass sie es auch noch mit 70 wagen würden, auf eine der neuartigen Partys zu gehen (sogenannte Ü-40 oder Ü-50 Partys). Nur 20 % lehnen das ab – und das sind nicht etwa die ältesten Semester. 32 % halten sich bedeckt – und dürften sich bei näherem Hinsehen noch als weiteres Entwicklungspotenzial entpuppen.

Solche Partys boomen in größeren Städten und wenden sich unverblümt direkt an die Zielgruppe. Hier wird vor allen Dingen Musik der 70er und 80er Jahre gespielt und getanzt, manche legen den Fokus auf Rock, andere wiederum auf Soul oder Pop. Das Publikum besticht vor allem durch eine Qualität: Es ist nicht jung. Der Sinn des Ganzen scheint die Sache selbst zu sein: Tanzen. Kein Aufreißen, keine Partnersuche. Mehr kann man dazu kaum sagen, denn die Altersstruktur und stilistische Ausprägungen sind extrem gemischt. Manche der Partys differenzieren sich auch nicht mehr allein durch die Angabe eines «Ü», sondern durch die prägenden Musikstile und haben damit allem Anschein nach noch mehr Erfolg.

Dieses Verhalten passt trefflich in das gesamte Selbsteinschätzungsprofil der Untersuchten, denn sie trauen sich nicht nur dies zu, sondern auch, eine Fremdsprache zu lernen, in 10 Jahren noch eine harmonische Beziehung zu führen, nicht

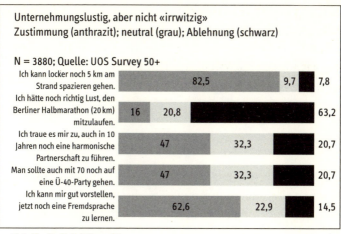

Tabelle 19: Aktivitätsprofil

aber den Berliner Halbmarathon zu laufen. Kein Stress – eher Muße!

Entgegen den Daten aus der BAT-Forschung zeichnet sich auch eine deutliche Wiedergeburt des Kinos bei der Zielgruppe 50+ ab. Voraussetzung dafür war oder besser ist ein Trendwandel in der Kinoumwelt, wie sie in Kunstkinohäusern zu beobachten ist. Dieses Konzept hat sich von der bislang oft dominierenden Orientierung des Kinos an jungen Zuschauern gelöst und verbindet den Kinobesuch mit gehobener Bistrogastronomie und Musikclubs und erreicht damit auch oder in zunehmendem Maße gerade den Besucher über 50. Der Trend, den wir bei unseren Untersuchten feststellen konnten (40 % gehen oder wollen ins Kino gehen), scheint stabil. Einen weiteren Indikator dafür sehen wir in der Programmstruktur: Auch die Filmindustrie setzt bei Blockbustern immer öfter auf Themen, die nicht mehr nur am Geschmack von «Kids» orientiert sind.

Noch ein Wort zum Joy-Riding: Vor mehr als 20 Jahren hat Bernice Neugarten begonnen, die neuen Alten zu beschreiben; sie beschrieb seinerzeit die «jungen Alten» mit ganz besonderen Aktivitäten, um Disposition über die Zeit zu gewinnen.[78] Die

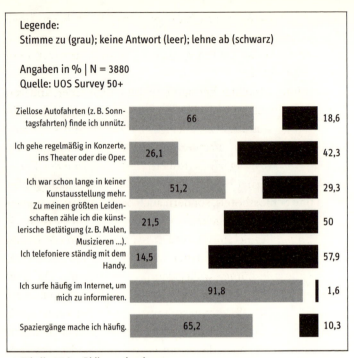

Tabelle 20: Joy-Riding und anderes ...

Dimension, um die es damals in den USA ging, war **Mobilität**, und Neugarten nannte das unter Älteren verbreitete ziellose Gondeln mit dem Auto «Joy-Riding», für sie Inbegriff von Freiheit und Mobilität. Nicht ganz so krass war dieser Trend auch unter Älteren und Pensionären in Europa verbreitet, aber es scheint nicht mehr zu den besonders bevorzugten Merkmalen der Bundesbürger zwischen 50 und 70 zu gehören. Angesichts der Tatsache, dass 66 % der Befragten diese Betätigung als unnütz strikt ablehnen und nur 18,6 % das machen würden, müsste man wohl sagen: «Joy-Riding» ist out. Aber ganz so einfach ist es nicht, denn hinter den 18,6 % Joy-Ridern steckt ein interessantes Problem: Dieser «Freizeitsport» ist zwar für die Mehrheit kein Thema, aber durchaus ein Profil derjenigen in unserer Zielgruppe, die sich noch als Senioren oder Rentner klassischen Stils verstehen (siehe Seite 192 ff.). Eine zweite

Gruppe von Joy-Ridern ist hinzugekommen: die Biker. Etwa 15 % der Befragten fahren Motorrad und gondeln auf zwei Rädern wie klassische Joy-Rider. Auch mit dem Partner auf dem Sozius, versteht sich.

Das Motiv Mobilität hat heute mehrheitlich einen anderen Namen: Es heißt Reisen! Hier kristallisiert sich einerseits ein einschlägiger Markt heraus, der gezielt Reisen und kulturelle Betätigung mit dem Partnerproblem der 50+ Gruppe verknüpft. Wer als «Magazine» titulierte Werbeportale der Reiseindustrie in Internet besucht, findet sich nicht nur auf Schiffsreisen und Schlosshotels, sondern auch bald auf Partnerbörsen für die Klientel ab 50 gelenkt («Traumpartner 50+» ist solch eine typische Bezeichnung). Andererseits ist Reisen seit Jahren die wachsende Freizeitaktivität in Deutschland schlechthin: 71 % der Bundesbürger wollen laut BAT-Studie im Jahr 2008 verreisen, und von denjenigen über 50 geht ein noch viel stärkeres Signal aus[79]. Wie man in Tabelle 21 sehen kann, spielt Reisen für die Hälfte der Befragten eine zentrale Rolle in ihrem Leben. Nur 19 % haben dieses Item abgelehnt, sodass man zusätzlich mit einer großen Zustimmungs-Grauzone rechnen kann; dies bedeutet: Für 80 % der Bundesbürger über 50 Jahre ist Urlaub ein zentraler Lebensinhalt.

Es fällt dabei nicht ins Gewicht, dass Menschen über 50 besonders viel reisen. Das Reiseverhalten aller Bundesbürger ist ohnehin sehr ausgeprägt. Es sind die besonderen Verhaltensprofile der 50+ Reisenden, die auffallen und interessieren.

Es geht dabei um drei Faktoren: (1.) um die Reise- oder Urlaubsdauer, (2.) um die Reiseziele und (3.) um die Reiseform, oder man könnte auch sagen: um die Reisequalität: Etwa 50 % der Befragten verreisen nicht, um sich zu erholen, sondern um Land und Leute, Kulturen und andere Menschen kennenzulernen. Das ist in unserem Test eine Chiffre für qualitativen Urlaub, für Reisen mit einem inhaltlichen Ziel, das darin besteht, möglicherweise auch etwas nachzuholen, was man bislang nicht realisieren konnte. Auch hier sehen wir Indikatoren für eine inhaltliche Ausrichtung und Reisen als besonders intensive

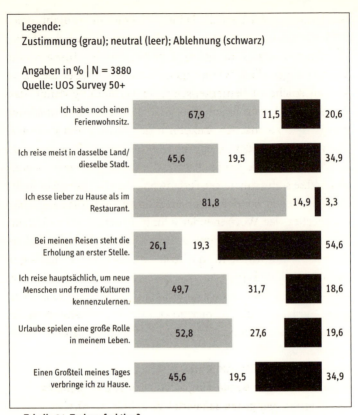

Tabelle 21: Toskanafraktion?

Ausdrucksform der beschriebenen «Dritten Zone». Die Veranstalter von Schiffskreuzfahrten liegen wahrscheinlich genau richtig mit ihrem qualitativen Angebot in Verbindung mit dem gehobenen Service einerseits und dem gekonnten Entertainment an Bord, das man etwas ironisch auch als Ü-40-Party auf See bezeichnen könnte. Und die Kombination von Reisen in einem halbwegs als sicher empfundenen Umfeld mit der Chance, hier Abenteuer, Partnerschaften oder auch Freundschaften zu finden, ist sicher auch richtig kalkuliert. Im übernächsten Kapitel, das sich mit Partnerschaft und Sexualität über 50 beschäftigt, werden wir dieses Thema noch vertiefen können.

Überrascht hat uns zum Abschluss bei der qualitativen Seite

des Urlaubs, dass über die Hälfte der Befragten angibt, einen Ferienwohnsitz zu haben. Wir wissen nicht, was sich hinter «Ferienwohnsitz» verbirgt, ein Landhaus in der Toskana oder ein fest abgestellter Wohnwagen am Attersee, aber die Tatsache als solche ist bemerkenswert. In Verbindung damit, dass fast 35% strikt verneinen, stets an den gleichen Ort zu fahren, um Urlaub zu machen, bekommt der Ferienwohnsitz durchaus noch eine andere Qualität. Den Urlaubspräferenzen nach zu urteilen, bei denen Deutschland immer noch weit, weit an der Spitze steht, dürfte der Ferienwohnsitz wohl weniger in der Toskana liegen, sondern eher am Attersee und dort möglicherweise eher der Wochenenderholung dienen als dem Urlaub. Von einer «Toskanafraktion» – wie man «Schickimicki»-Italienreisende mit Vorliebe für die Toskana einst genannt hat – gibt es unter den Befragten offenbar nur wenige. Es dominiert das Traditionelle, aber das Exotische spielt auch eine Rolle. Es ist wohl so, dass die überall prognostizierte Individualisierung der Lebensstile keine einheitlichen Merkmale mehr zeitigt.

FASSEN WIR ZUSAMMEN:
- **Zwei Drittel der Bundesbürger zwischen 50 und 70 Jahren haben ein sehr genau definiertes Verhältnis zur «freien Zeit», die ihnen mit dem Eintritt in den Ruhestand zufällt bzw. bald zufallen wird.**
- **Die meisten wollen die gewonnene Zeit nach dem Berufsleben nicht mit Nichtstun vergeuden, sondern in Tätigkeit investieren. Diese kann durchaus eine berufsaffine Form annehmen, darf aber nicht gleich wieder in den Stress der Berufsarbeit verfallen.**
- **Es entsteht hier ganz unprätentiös ein «Dritter Sektor» – es geht um Betätigung, die den Betroffenen vornehmlich zur Selbstverwirklichung dienen soll und sowohl mit Bildung, Reisen, Kultur, aber durchaus auch mit Arbeit zu tun haben kann.**
- **Dieser «Dritte Sektor» erweckt Erinnerungen an das Ideal der aristotelischen Muße («scholia»), auch wenn es sicher**

überzogen wäre, deshalb gleich von einer «müßigen Generation» zu reden.
- In der häuslichen Freizeit gilt die erste Wahl zwar dem Fernsehen, aber das Programm weist die Bundesbürger 50+ als bildungs- und informationsinteressierte Fernsehzuschauer aus, als sprichwörtliche öffentlich-rechtliche Klientel.
- Die große Leidenschaft gilt Garten und Haus. Auch hier dient die Betätigung primär der Selbstverwirklichung mit eigener Gestaltung – wie immer sie auch ausfällt.
- Im außerhäuslichen Bereich finden wir drei Trends bemerkenswert: die um sich greifende Lust an Partys, Kino und Reisen.
- Party- und Kinoboom ist ein Trend zur unverhohlenen Freude am Genuss von Unterhaltung gemein. Da Programmkinos Hauptgewinner des Trends sind, geht es primär um anspruchsvolles Kino. Der Filmmarkt hat sich deutlich geändert.
- Bei Reisen geht es immer weniger um Urlaub; es geht um Reisen als Erfahrung und als Bildungserlebnis in Kombination mit Partnerschaft und Unterhaltung.
- Die 50+ Menschen bevorzugen mehrheitlich einen partnerschaftlichen Freizeitstil, egal ob beim Fernsehen, bei der Gartenarbeit oder auf Reisen; wir werden uns überall auf das «50+ Pärchen» einstellen müssen: Nicht Familien mit Kindern dominieren den öffentlichen Raum, nicht junge Singles, sondern ältere Paare mit erwartungsvollen Ansprüchen, aber ohne durchzudrehen.

5. Ehe und Familie

Von den rund 20 Mio. Bundesbürgern zwischen 50 und 70 Jahren sind über 14 Millionen verheiratet. Das entspricht einer Quote von 75 %. Sie sind damit in etwa doppelt so oft verheiratet wie der Bundesdurchschnitt und fünfmal weniger ledig, was trivial ist, denn die Ledigen sind die Jungen. Die Zahl der Geschiedenen ist hingegen leicht höher als in der Gesamtbevölkerung, da bei dieser («Insgesamt» in der Tabelle) auch die mitgerechnet werden, die gar nicht geschieden sein können, weil sie noch nie verheiratet waren!

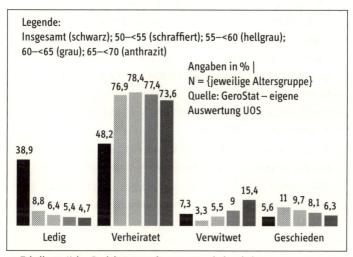

Tabelle 22: Keine Beziehungsrevoluzzer – 50+ sind verheiratet

Die Zahl der Geschiedenen ist jedoch unter den 40- bis 50-Jährigen am höchsten und fällt bis zu den 70-Jährigen deutlich zurück. Demgegenüber war zu erwarten, was Tabelle 22 zeigt, nämlich dass die Anzahl verwitweter Personen mit dem Lebensalter stark zunimmt (von 3,3 auf 15 %). Zwischen 50 und 70 sind schon rund 1,6 Mio. Menschen verwitwet, davon 1,4 Mio. oder 88 % der Frauen! Die Zunahme der Verwitweten im

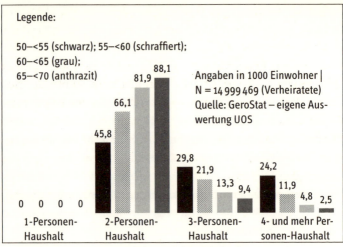

Tabelle 23: 2-Personen-Haushalte dominieren eindeutig

Vergleich zur Altersgruppe 40–50 ist deutlich: 409 %; und das Geschlechterverhältnis beträgt etwa 1 : 4[80].

Das heißt: Die in überwältigender Zahl bevorzugte Lebensform der Menschen zwischen 50 und 70 ist die Ehe. Nehmen wir noch die Beziehungskisten als Quasi-Ehen hinzu, dann sind das 90 %. In der Börsensprache würde man wohl sagen, sie nimmt mit fast 80 % ein regelrechtes «Allzeithoch» ein. In keiner Altersgruppe ist sie so verankert. Und selbst im vielzitierten «Golden Age of Marriage», in den 50er Jahren also, war sie, zumindest so weit wir statistisch zurückblicken können, nicht höher.[81] Wenn man allerdings fragt, ob – wie damals – auch von einem Zusammenleben in Kleinfamilien und entsprechenden Haushaltsgrößen ausgegangen werden kann, dann muss die Antwort JEIN heißen, wie Tabelle 23 zeigt.

Nein, insoweit als die Mehrzahl der 16,1 Mio. Verheirateten zwischen 50 und 70 tatsächlich in sogenannten 2-Personen-Haushalten lebt (70,4 %). Ja jedoch, insoweit als die Altersverteilung hier entscheidet: Bei den 50- bis unter 60-Jährigen ist der Anteil der 3-Personen-Haushalte noch sehr hoch. Ursache: Rund 15 % der 50- bis 55-Jährigen haben noch Kinder im Haushalt, oder anders ausgedrückt: Jeder zweite Haushalt mit mehr als 2 Personen hat Kinder. Das gilt etwas abgeschwächt auch für die nächste Altersgruppe (55–60), und es gilt natürlich auch für die größeren Familien (4 und mehr Personen). Dass noch andere Erwachsene in den Haushalten leben, kommt gelegentlich auch vor, ist aber marginal.[82] Ab 60 blendet sich der Kinderfaktor allmählich aus, und die Zahl der 2-Personen-Haushalte schnellt auf über 80%. Aber es sind auch im oberen Alterssegment noch Kinder anzutreffen: Für die 60- bis 65-Jährigen weist das Statistische Bundesamt rund 108 000 und bei den 65- bis 70-Jährigen noch 35 000 Kinder im Haushalt nach, von denen wir leider nicht genau wissen, was sie dort tun; also: ob sie ihren Eltern helfen, sie betreuen oder ob sie nur besonders konsequent das «Hotel Mama» nutzen.

Das P&B-Syndrom

Wir haben es bei 50+ also mit einem «soziologischen Prototyp» zu tun, der familienstrukturell ganz hervorragend zu dem passt, was wir im vorangegangenen Kapitel gesehen haben; und deshalb glauben wir, dass es sich hier tatsächlich um einen echten Befund handelt: Es dreht sich um das Ehepaar (oder Paar) zwischen 50 und 70 Jahren; 10% davon leben in «Beziehungskisten», fast 80% sind verheiratet. Sind sie über 65, leben sie in einem 2-Personen-Haushalt, mehrheitlich ein Eigenheim (Haus oder Wohnung). Mann/Frau sieht gern fern und debattiert darüber, werkelt in Haus und Garten, reist gern und ist gern mit seinem Partner zusammen. Außer in der Hauptferiensaison, wenn vermehrt Eltern mit kleineren Kindern auftauchen, muss man in den bevorzugten Urlaubsregionen damit rechnen, dass die Strände von älteren Pärchen, die nicht mehr wie alte Ehepaare auftreten, bevölkert werden. Und wer in dieser Zeit abends ins Restaurant geht, muss darauf gefasst sein, an jedem Tisch ein solches zu gewärtigen, jedes für sich an einem Tisch und meistens vis-à-vis.

Angesichts der sich nach oben verändernden Lebenserwartung von Männern muss man davon ausgehen, dass die mittlere Haltbarkeit dieser Konstellation oberhalb des 65. Lebensjahres im Durchschnitt 15 bis 20 Jahre ausmachen wird – und zwar, wie wir noch belegen werden, in beschwerdefreiem Zustand. Das heißt: Wir haben es in Zukunft bei dieser Quantität mit einem Novum zu tun, mit einer riesengroßen Zahl von älteren Ehepaaren im «Post-Kind-Muster»; die wenigen Kinder sind außer Haus (und oft ein lohnendes Ziel für Reisen).

Diese Entwicklung, dieses «Novum», ist auch für die Betroffenen, die Akteure dieses Wandels, etwas, das sie für sich erst einmal erfahren und bewältigen müssen. Unsere Daten zeigen allerdings, dass sie dazu ganz gut gerüstet sind. Unsere Kultur hat zwar bislang wenig Muster für diese Situation entwickelt bzw. entwickeln müssen – hat aber in einem alten griechischen Mythos, dem von Philemon und Baukis, zumindest einen Anhaltspunkt geschaffen. Bei den beiden handelt es sich um jenes altgriechische Paar, das die olympischen Götter wegen ihrer Gastfreundschaft damit beschenkten, zusammen in Liebe alt werden zu können. Sie taten das dann auch weisungsgemäß und gaben damit für die Literatur eine Metapher für diese Art der Ausnahmeliebe ab. Was traditionell in unserer Kultur Ausnahme war, scheint nun dermaßen zur Regel zu werden, dass man diesen Wandel, diesen Trend zum älteren, sich liebenden Ehepaar, als «Philemon & Baukis-Syndrom» oder abgekürzt «PBS» bezeichnen kann. Unsere Kultur, unsere Gesellschaft wird sich, dessen sind wir sicher, von nun an mit dem **Philemon & Baukis-Syndrom** beschäftigen müssen.

Es ist für die Zukunft also wichtig zu wissen, dass 50+ eine Zielgruppe von sich gut verstehenden und zusammenhockenden (Ehe-)Paaren ist. Und wenig sonst.

Wir sehen aber nicht den geringsten Hinweis darauf, dass sich damit die Hypothese von der Konjunktur der «Altersehe», also der im Alter neu eingegangenen Ehe, bewahrheitet hätte. Wir sehen bei «den ergrauten 68ern» keine außergewöhnliche Scheidungs- und Trennungserfahrung noch -neigung. Doch bevor wir diese Hypothese als widerlegt qualifizieren können, gilt es noch die anderen Elemente der These («Beziehungskisten- und Patchwork-Erfahrung», Zerfall des klassischen Familienbildes, Beziehungsrevolution und so weiter) zu überprüfen. Diese komplexe Fragestellung kann man, so die Sozialforscher, anhand eines «Beziehungskoeffizienten» ertesten, worunter sie einen Maßstab für die innere Qualität der jeweils einzelnen Beziehungen verstehen.

Die innere Qualität der Beziehung

Ein wichtiger Hinweis darauf, wie und ob eine Beziehung dem eben beschriebenen Niveau entspricht, ist die «Beziehungsinfrastruktur». Dazu gehören in dem durchgeführten Test drei Elemente: (a) die Qualität des Gedankenaustausches zwischen den Partnern; (b) die Qualität der emotionalen Beziehung und (c) die Qualität der sexuellen Beziehung (die wir im folgenden Kapitel gesondert betrachten werden).

Das Ergebnis ist mehr als aufschlussreich:
- 87 % glauben, offen über alles miteinander reden zu können, auch wenn es der größere Teil, 47 %, darauf einschränkt, dass bestimmte Themen ausgeblendet werden;
- 90 % verbringen ihre Zeit sehr gerne mit ihrem Partner, ein Drittel ist nur zeitlich daran gehindert, es ständig zu tun;
- 75 % versichern sich täglich, dass sie einander lieben.
- Nur 1 % bis 2 % lachen nicht miteinander, sehen sich nicht gern und haben ständig Streit miteinander.

Bei so viel Beziehungsharmonie verwundert es nicht, dass der Notendurchschnitt von Beziehung, den die Befragten sich selber geben, bei 2,2 liegt. Damit kann man vielleicht nicht Medizin studieren, aber ansonsten würde man in jedem anspruchsvollen Fach angenommen.

Natürlich hatten wir bei der Auswertung der Häufigkeitsverteilung sofort die Vermutung, diese Werte könnten von Frauen

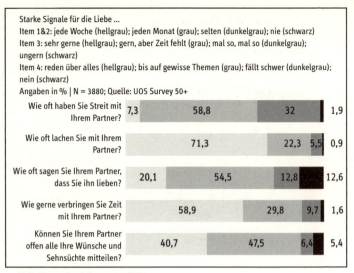

Tabelle 24: Beziehungsqualität

und Männern sehr verschieden gesehen werden. Zu viele Beispiele belegen, dass und wie Männer und Frauen gerade bei solchen Fragen auseinanderliegen. Die getrennte Auswertung nach Geschlechtern erbrachte aber nichts. Sicher, Frauen und Männer reagieren auch hier auf Fragen zur Paarbeziehung und zum Partner unterschiedlich. Aber diese Unterschiede lagen in diesem Fall nie über 2 % und sind damit unerheblich, weil sie immer noch im statistischen Unschärfebereich liegen.

Und das heißt: Es gibt keine Geschlechterunterschiede bei der Beantwortung dieser Frage. Frauen wie Männer bewerten die Dinge gleich positiv, Frauen allerdings – wie immer – etwa 1 % bis 2 % weniger enthusiastisch.

Wie aber sieht es mit der These von den beziehungserfahrenen 68ern und deren «Patchwork-Qualität» aus? Bei dieser Frage soll gemessen werden, wie trennungserfahren, sexuell liberal und krisengeübt die Betroffenen in verschiedenen Familienkonstellationen sein müssten, wenn man unterstellt, dass die 68er als Kulturkinder vom Sexualaufklärer der 60er Jahre Oswald Kolle[83] und des sexualisierten Lebensstils der

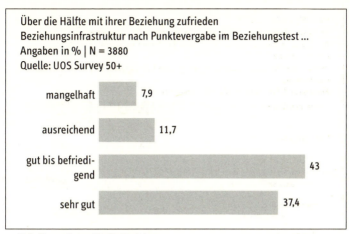

Tabelle 25: Noten für die Beziehung

Rockbewegung eine grundsätzlich liberalisierte Einstellung zu Beziehungen, Familie und Ehe haben. Rein theoretisch könnte der Patchwork-Anteil ziemlich hoch liegen, wenn man an das vielkolportierte Motto denkt, dass den 68ern zur Verdeutlichung ihrer sexuellen Freizügigkeit zugeschrieben wird: «Wer zweimal mit demselben pennt, gehört schon zum Establishment.»[84]

Aber die Ergebnisse der Empirie sagen etwas aus, was der Sache eine leichte, aber deutlich andere Nuance gibt. Ganz sicher nämlich war es Ende der 60er Jahre nicht so, wie die Nachwelt mit dem Spruch gerne unterstellen will, wenn es um die sexuelle Enthemmung der späten 60er und 70er Jahre geht. Die Entstehungsgeschichte des Spruchs ist dafür ein guter Beleg: Er wurde von einem Erfinder als sarkastischer Kommentar zum Beziehungsgerede über eine Frau geprägt, die offensichtlich gleichzeitig mehrere Verehrer hatte. Nach eigenen Bekunden des Urhebers wurde das Motto damals von jemandem erfunden, der (wie viele andere 68er auch) eher in völliger Enthaltsamkeit lebte, und Petra Kohse, eine Journalistin, die den Spruch verdienstvoll recherchiert hat, zitiert ihn zum Beleg wie folgt: «Ich selber war mit meinen Freundinnen noch nie im

Bett gewesen, und auch diese Claudia hatte wahrscheinlich gar nicht mit ihren Freunden geschlafen.»[85]

Ganz so freizügig, wie sie sich gaben, waren die 68er also doch nicht – oder wenn, dann war das nur eine «radikale Minderheit». Es ist gut, sich daran zu erinnern, denn wie Tabelle 26 zeigt, sprechen auch heute noch die empirischen Daten eine ähnliche Sprache. Wir haben es in der Tat *nicht* mit einer Generation zu tun, der man sexuelle Verklemmtheit oder mangelnde Liberalität oder unterkomplexe Beziehungserfahrungen zuordnen könnte:

- Fast 80 % hatten (meist vor längerer Zeit) mehr als einen Partner im Leben;
- über 70 % würden deshalb eine Beziehung, die nicht mehr trägt, auch beenden;
- aber nur rund 50 % sagen, dass sie sich sexuell ausprobiert haben.

Nur 20 % könnte man als diejenigen bezeichnen, die dem Klischee der Patchwork-Beziehungen entsprechen. Sie verwiesen auf frühen Sex vor dem 16. Lebensjahr und haben Kinder aus anderen Beziehungen / Ehen; 28 % halten gute Beziehungen zu früheren Partnern aufrecht.

Fast 70 % der Befragten waren zeitlebens verheiratet, was nicht ganz so konservativ klingt, wenn man festhält, dass nur eine knappe Mehrheit noch immer mit dem ersten Ehepartner verheiratet ist; fast jeder Zweite hat mindestens eine Scheidung hinter sich.

Bei diesen Statements haben die Frauen in einigen Fälle doch signifikant anders reagiert als die Männer. Die Frauen äußern sich deutlich experimentierfreudiger und entschlossener in Beziehungsfragen, dafür umso zurückhaltender bei sexuellen Experimenten – ein Phänomen, das allgemein beobachtbar ist. Frauen sind bei solchen Tests überwiegend entschlossener, andererseits zurückhaltender. Aber ungeachtet dessen sind die beobachtbaren Differenzen nur Nuancen. Erstaunlicher als alle Unterschiede sind die hohe Homogenität und die Über-

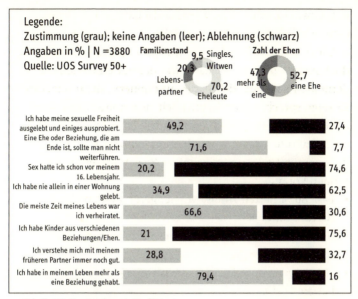

Tabelle 26: Der Patchwork-Koeffizient

einstimmung der Geschlechter. Männer und Frauen zwischen 50 und 70 kommen ganz offensichtlich *nicht von verschiedenen Planeten*. Sie haben durchaus ähnliche Erfahrungen und annähernd gleiche Einschätzungen. Wir stellen damit auch eine deutliche Übereinstimmung mit den Aussagen über die gute Kommunikationsdichte zwischen den Partnern fest. Wenn sie nämlich wirklich so große Übereinstimmung besitzen, wie sich hier andeutet, und ebenso vergleichbare Erfahrungen, dann ist auch plausibel, was sie weiter oben über die Qualität der partnerschaftlichen Kommunikation gesagt haben, nämlich dass sie sich wirklich gut verstehen.

FASSEN WIR ZUSAMMEN:

- **Es ist klar ersichtlich, dass die 50- bis 70-Jährigen heute, als ältere Menschen, auf eine völlig andere Erfahrung von Familie, Ehe und Partnerschaft blicken, als alle anderen älteren Menschen zuvor. Ferner: An dieser gänzlich anderen Wertorientierung und Erfahrung wird sich in den kommenden**

Jahren oder Jahrzehnten, in denen sie noch leben werden, auch nichts ändern.
- Der Kern dieser Beziehungswerte hat aber offenbar nicht das Geringste mit einer Revolutionierung der Beziehungsstrukturen zu tun. 80 % der 50+ Bevölkerung sind verheiratet und finden das auch gut so! 10 % leben in ähnlich strukturierten Lebenspartnerschaften. Warum? Die Antwort heißt schlicht: Weil die Leute sich in der Regel großartig verstehen.
- Der Kern des guten Verständnisses ist die Lust am Zusammensein. Im Kontext dieses Kapitels steht die gemeinsame Aktivität im Alltag wie in Freizeit und auf Reisen. Dass das auch die Frage nach der Rolle der Sexualität aufwirft, ist klar und wird im Anschluss an dieses Kapitel auch gesondert behandelt.
- Das ist die eigentliche Revolution der 68er für das Alter: eine gute und gelingende Zweierbeziehung bis ins hohe Alter oder das, was wir das P&B-Syndrom genannt haben!
- Es ist sehr wohl denkbar, dass man das nur oder vorwiegend erreichen kann, wenn man auch Ehen und Beziehungen erfolgreich hinter sich gelassen, sich seine sexuellen Freiheiten gegönnt hat und insgesamt eine tabufreie und liberale Einstellung zu diesen Fragen gewinnen kann. Aber das ist dann keine Auflösung, sondern eine Bestätigung von Partnerschaft.
- Es ist besonders hervorzuheben, dass die Frauen dabei auf durchaus vergleichbare Erfahrungen und Biographien blicken können wie die Männer. Es gibt nicht den geringsten Hinweis darauf, dass hier signifikante Unterschiede im Erleben und Bewerten der biographischen Erfahrungen zwischen Männern und Frauen bestehen.
- Diese ganz und gar pragmatische Emanzipation der Frauen, ihre Entwicklung und ihre Biographien nach 1968, ist nicht nur einer der größten sozialen Wandelfaktoren in der Geschichte des 20. Jahrhunderts, sondern vermutlich sogar die wichtigste Voraussetzung für das Gelingen einer guten Alterspartnerschaft bis ins hohe Alter.

6. Liebe und Sexualität

Im Mythos wird die Dauer der Zweierbeziehung im Alter am Ende mit Liebe ohne Sexualität erkauft. Wie zur Betonung dieses Motivs schenken die Götter Philemon und Baukis ewige Zweisamkeit und Liebe, indem sie die beiden in zwei nebeneinanderstehende Bäume verwandeln. Man hat dieses Motiv sehr oft als Metapher auf die traditionelle Tabuisierung der Alterssexualität verstanden. In nahezu allen Gesellschaften und Kulturen in Gegenwart und Vergangenheit galten bzw. gelten Alter und Sexualität schon allein deshalb als unvereinbar, weil unterstellt wird, die Natur sorge dafür, dass Libido und Sexualität mit dem Alter von selbst aufhören, gewissermaßen als Kern der Altersdegeneration. Aber das Argument wird eigentlich erst dann sinnvoll, wenn man es umdreht. Es ist zwar richtig, dass Sexualität schwindet, wenn im Alter Degenerationserscheinungen und Krankheiten auftreten. Aber mit steigendem Lebensalter treten automatisch weder Degeneration noch schwindende Sexualität ein. Natürlich gibt es viele ältere Menschen, die ohne Sexualität leben, aber das liegt, wie wir noch sehen werden, oft weniger am Alter als vielmehr an einer «Gesamtlebensführung», in der Sexualität ohnehin nur eine untergeordnete Rolle gespielt hat.

Wo Sexualität von Menschen jenseits von 50 als «Alterssexualität» in Frage gestellt oder verdammt wird, klingt ein Unterton in der Argumentation mit, der seit jeher die Norm meint: Alter und Sexualität gehörten sich nicht. Danach ist es zwar möglich, dass alte Menschen Sex haben, es ist vielleicht auch weiter verbreitet, als man glaubt, aber es gilt im moralischen Sinne als nicht erlaubt. Soll heißen, es ist nicht erwünscht. Wer so redet, will einfach nicht, dass Frauen jenseits der Menopause und Männer ab einem unterschiedlich definierten Alter Sex haben; und wenn sie doch Sex haben, ist es empörend, pervers und unappetitlich. Kulturhistorisch ist nicht so leicht erklärbar, woher diese Zuschreibung kommt, denn sie hat keinen erkennbaren funktionalen Vorteil, weder für die Gesellschaft noch für die Betroffenen. Dennoch ist sie weit verbreitet. Selbstverständlich hat die Tabuisierung der Sexualität im Alter etwas mit der Tabuisierung von Sexualität im Allgemeinen zu tun, aber wenn das der zentrale Faktor wäre, hätte sie sich mit der allgemeinen Liberalisierung der sexuellen Auffassungen verflüchtigen müssen. Hat sie aber nicht getan.

Deshalb liegt die Vermutung nahe, dass es im harten Kern etwas mit der medizinischen und pflegerischen Professionalität zu tun haben könnte. Die Negierung von Sexualität spielt eine zentrale Rolle bei der emotionalen Distanzierung vom alten Menschen, vom Patienten oder Pflegefall, die für Ärzte und Pflegepersonal typisch und notwendig ist. Und so haben Generationen von Ärzten wie Hilfspersonal gelernt, dass Alterssexualität abnorm sei. Bei der extremen Deutungsmacht der Medizin und ihrer Hilfswissenschaften in der Vergangenheit ist ihr prägender Einfluss sehr gut vorstellbar. Und die Vorstellungen, die in der Medizin über Jahrzehnte gerade hinsichtlich Sexualität verbreitet wurden, waren nach heutigem Maßstab oft hanebüchen, extrem sogar. Man darf schließlich nicht vergessen, dass es eine wissenschaftliche und kritische Auseinandersetzung mit der Sexualität des Menschen erst seit Mitte des vorigen Jahrhunderts gibt. 1949 erschien das erste empirisch erhobene wissenschaftliche Werk über Sexualität, die Studie von Kinsey und anderen über die männliche Sexualität.[86] Mitte der 50er Jahre folgte dann die Studie über die weibliche Sexualität.[87] Beide hochkontrovers aufgenommen und doch der Beginn einer gesellschaftlichen Debatte über Sexualität. Die Moderne, so könnte man sagen, begann, ihre gesellschaftliche Kommunikation als sexuelle zu begreifen und Sexualität zum Gegenstand der Selbstbeobachtung zu machen, in dem Moment, als der Schleier des Tabus zum ersten Mal gelüftet wurde. Sexualität ist seit dem öffentlich – mit geradezu lawinenartigen Folgen für die Rolle der Sexualität in der Kommunikation und für die Veränderung in der Wahrnehmung der Sexualität (auch oder gerade im Alter). Erst jetzt, 50 Jahre nach der Kinsey-Studie über die Sexualität der Frau, werden erste Studien über Alterssexualität gemacht – mit dem Kinsey-Institut an vorderster Front.[88] Und ähnlich wie bei den ersten Studien über Sexualität sind die Ergebnisse wieder verblüffend.

«Sex 50+»?

Menschen über 50 haben natürlich Sex – und zwar über das 70. Lebensjahr hinaus bis ins hohe Alter! Die Erhebungen des Kinsey-Instituts zeigen, dass gut 80 % der Menschen zwischen 50 und 70 Jahren sich regelmäßig und intensiv sexuell betätigen. Wie Tabelle 27 zeigt, unterscheidet sich das Sexualverhalten kaum von dem jüngerer Jahrgänge.

Und auch hier ist das Sexualverhalten von Männern deutlich aktiver als das von Frauen. Jedoch kann nicht von weiblicher Inaktivität die Rede sein. Demzufolge hatten 75 % der Männer und 50 % der Frauen Geschlechtsverkehr, die allermeisten Männer und die Hälfte der Frauen zwei- bis dreimal im Monat. Die sexuelle Praxis scheint zudem durchaus nicht eingeengt: über 85 % der Männer und zwei Drittel der Frauen haben vaginalen Koitus und betätigen sich oral.

Das ist beachtlich, denn es bedeutet, dass nur eine *Minderheit* der 50+ Generation sich *nicht* sexuell betätigt. Ebenso beachtlich ist, dass sich deutlich mehr Männer des Alterssegments sexuell betätigen als Frauen. Was darauf hindeutet, dass ein gutes Drittel der 50+ Männer entweder Sex mit jüngeren Frauen haben dürfte oder mehr Aktivität vorgibt, als der Wahrheit entspricht (zumindest in den USA). Die Verbreitung von autosexuellen Praktiken (Masturbation) ist mit fast 60 % der Befragten bei den Männern ebenfalls deutlich höher als bei den Frauen, wo das nur etwas mehr als ein Viertel angibt.

Dazu passt, dass Frauen in dem Alterssegment sagen, deutlich schlechteren Sex zu haben (23 % : 5 %) und größere sexuelle Probleme, wie Tabelle 28, S. 134 zeigt. Die Erektion ist und bleibt auch bei älteren Männern ein Problem: 30 % der Betroffenen beschweren sich über mangelnde Erektionsfähigkeit, was sozusagen der Viagra-Reserve entspricht. Frauen wiederum leiden am meisten an mangelnder Lust.

Die Auswertung des 50+ Panels der UOS ergibt ein ähnliches, dabei aber etwas weicheres Bild. Die Zahl der sexuell aktiven Männer und Frauen liegt mit 63 % im Durchschnitt. Die Zahl der sexuell aktiven Männer ist ebenso groß wie in der Kinsey-Studie, aber die Zahl der sexuell aktiven Frauen ist deutlich höher als in den USA. In der Bereitschaft, einen Seitensprung zu akzeptieren, ist die Zahl der Frauen und Männer in etwa gleich groß, woraus wir schlussfolgern, dass es zwischen den Geschlechtern in Deutschland eine höhere «Waffengleichheit» der Präventivtaktiken geben dürfte.

Besonders überraschend ist, dass fast 60 % der Befragten angeben, dass sich ihr Sexualleben jetzt auf keinen Fall gegenüber früher verschlechtert hat – und da gibt es keinen signifikanten Unterschied, weder bei den Männern und Frauen noch bei den Altersgruppen von 50 – 60 und 60 – 70 Jahren. Und knapp jeder Fünfte findet, dass sich sein Sexualleben mit dem Alter sogar verbessert hat. Und ebenso bemerkenswert ist die Tatsache, dass laut Tabelle 29 gut 90 % Orgasmuserfahrung haben. Da man vermuten darf, dass damit signifikant eher Frauen konfrontiert sind, sehen die Forscher auch hier eine relativ höhere weibliche Integration als erwartet.

Betrachten wir die Minderheit der sexuell Inaktiven, so hat sich oben schon gezeigt, dass Frauen davon stärker betroffen sind; in Tabelle 30, S. 136 kann man sehen, dass inaktive Frauen vor allen Dingen damit konfrontiert sind, dass ihre Partner als Sexualpartner ausfallen, weil sie nicht wollen.

Die Forscher führen das auf die Tatsache zurück, dass viele Frauen deutlich ältere Partner haben (was für Deutschland ganz sicher auch gilt). Der Umkehrschluss ist ebenfalls berechtigt, wie die 48,5 % Männer belegen, die eigene Störungen als Ursache für fehlenden Sex angeben.

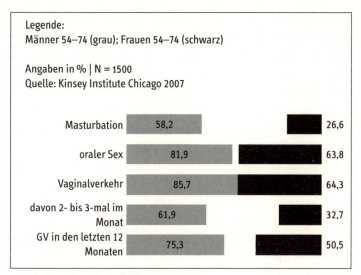

Tabelle 27: Sexuelle Aktivitäten 50+

Die Forscher des Kinsey-Instituts haben in ihrer Studie von 2007 vermutet, dass der entscheidende Faktor, der über ein aktives Sexualleben über 50 Jahre hinaus ausschlaggebend sein könnte, nicht das Alter als solches ist, sondern die «sexuelle Biographie», also das Sexualleben, das die Person bis dahin geführt hat. Diese Vermutung kann durch die UOS-Erhebung bestätigt werden. Auch hier zeigt sich, dass die Personen, die schon früh sexuelle Erfahrungen gesammelt hatten bzw. die ihre sexuellen Freiheiten ausgelebt und einiges ausprobiert hatten, was hier als Indikator für sexuelle Aktivität eingesetzt wurde, tatsächlich signifikant häufiger Sex hatten und auch häufiger mit ihrer Sexualität zufrieden waren.

Also entscheidet *nicht das Alter*, sondern die *Qualität der lebenslangen Sexualität* über die Dauer und den Reichtum der *Sexualität im Alter*.

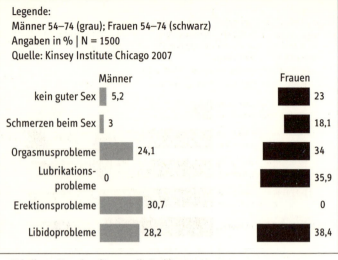

Tabelle 28: Ursachen für sexuelle Probleme

Am Ende wird die Liebe vegetarisch

Spätestens seit der Psychoanalyse wissen wir um die Wichtigkeit der Sexualität für den Menschen und dass sie sich nicht auf koitale Formen der sexuellen Betätigung beschränkt. Berührungen und der Körperkontakt gelten schon als Teil der kindlichen Sexualität. Insoweit ist es richtig, wenn in Sexualforschung und Medizin immer wieder von der Vielfalt der sexuellen Reaktion, beeinflusst von Kultur, Religion oder Erziehung, geredet wird. Besonders von Frauen wird gesagt, dass für sie Sexualität eng mit einer emotionalen Bindung an den Partner verknüpft sei. Insoweit seien für Frauen liebevoller Umgang, vertraute Atmosphäre und andere weiche Faktoren extrem wichtige Voraussetzungen für ein gelingendes Liebesleben.[89]

Dafür gibt es keine Altersgrenze, wie wir gesehen haben. «Doch verändert sich mit zunehmendem Alter die Art der sexuellen Kontakte», wie die Süddeutsche Zeitung das trefflich zusammengefasst hat. «In der Regel nimmt die Häufigkeit sexueller Kontakte mit dem Alter ab. Es zeigt sich auch eine Ver-

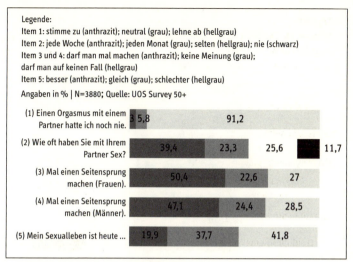

Tabelle 29: Strukturen des Sexuallebens

schiebung vom Geschlechtsverkehr hin zu vermehrt anderen zärtlichen sexuellen Kontakten. Denn Sexualität ist in allen Altersgruppen nicht nur auf den Geschlechtsverkehr beschränkt. Selbst Menschen mit Demenz brauchen weiterhin Zuneigung, feste Beziehungen und auch Berührungen. Zärtlichkeit und Körperkontakt sind sogar sehr wichtig für sie, denn die Fähigkeit zu sinnlicher Kommunikation bleibt sehr viel länger erhalten als die sprachliche Kompetenz. Je nachdem, wie stark die Demenz sie beeinträchtigt, können sie ihr Bedürfnis nach Körperkontakt besser oder schlechter Ausdruck verleihen.»[90]

Kommen wir noch einmal auf das vorige Kapitel und die darin beschriebene Beziehungsqualität zurück. Hier war deutlich geworden, wie wichtig die Freude am Zusammensein mit dem Partner eingestuft wurde. Wir hatten das als die möglicherweise eigentliche Revolution der 68er für das Alter bezeichnet: das P&B-Syndrom! Die Sexualität, und zwar nicht die aktuell praktizierte, sondern die Sexualität als Lebenserfahrung, sei eine wichtige Voraussetzung dafür, schlussfolgerten wir, wobei die «pragmatische Emanzipation der Frauen» insofern einen Ausschlag geben könnte, als sie für die Qualität der Beziehung

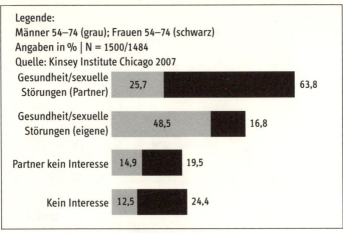

Tabelle 30: Gründe für fehlende Sexualität

besonders wichtig ist. Was aber geschieht, wenn das eintritt, dass gemäß Tabelle 31 die sexuellen Aktivitäten (im Sinne von Koitus) mit Überschreiten des 70. Lebensjahres deutlich zurückgehen?

Die Antwort liegt auf der Hand: Der Rückgang der sexuellen Aktivität im höheren Alter steht in keinem Widerspruch zu einer auch körperlich befriedigenden Partnerschaft. Entscheidend dafür sind die emotionale Gesamtlage und die Qualität der Beziehung. Die Liebe wird mit fortschreitendem Alter immer weniger von direkt sexuellen Komponenten geprägt; stattdessen werden Emotionalität und Vertrauen, Zärtlichkeit und Verständnis bedeutsamer, wie wir in voranstehenden Kapiteln sehen konnten. Gelingen kann das aber nur, wenn die männlichen Partner etwas hinzulernen. Denn sie sind es, die gemäß Tabelle 30 selbst eine der Hauptursachen für den Veränderungsprozess darstellen. Es wäre gut, wenn Männer begreifen könnten, dass die sich abmildernde Libido etwas ist, was nicht in eine emotionale und erotische Sackgasse führt, nur weil Erektion und Koitus abnehmen. Allein, werden sie es in einer öffentlichen Debatte begreifen, in der die Pharmaindustrie mit Produkten wie Viagra im Grunde das Gegenteil

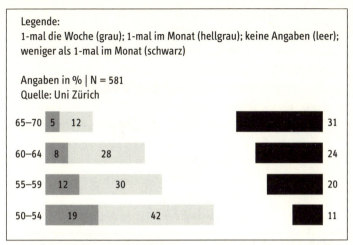

Tabelle 31: Rücklauf der Aktivitäten

propagiert? Der verquere öffentliche Diskurs macht es jedenfalls nicht leichter. Insofern könnte man schon sagen, dass dem Viagra-Produkt durchaus etwas Männerfeindliches anhaftet.

Die Liebe, wenn sie überlebt, wird im höheren Alterssegment – so könnte man sagen – «vegetarischer». Angesichts dessen kann man die Verwandlung von Philemon und Baukis in ewig sich liebende Bäume auch völlig anders interpretieren als sonst üblich. Wir sollten den Mythos als eine Metapher für Liebe im höheren Alter verstehen und nicht für das Ende der Liebe: Man muss etwas mehr Pflanze werden, wenn es gelingen soll – eine wunderbare Botschaft.

FASSEN WIR ZUSAMMEN:
- **Sex spielt eine erstaunlich hohe, variantenreiche Rolle im Leben der Menschen über 50; über 80 % der Männer und gut 60 % der Frauen haben Geschlechtsverkehr;**
- **Die sexuellen Praktiken bestehen zu allermeist aus Koitus und oralem Verkehr; beides in etwa gleich weit verbreitet und angewendet;**
- **Wer sich sexuell betätigt, tut das zu allermeist nicht nur gelegentlich, sondern wenn schon, dann auch häufig;**

- für das Gelingen von Sexualität im höheren Alter ist eine Biographie mit früher und häufiger sexueller Betätigung bedeutsam und wichtig; wer in der Jugend keinen oder schlechten Sex hatte, dessen Chancen stehen schlecht, so etwas jenseits von 50 Jahren noch zu kompensieren.
- Gründe für die sexuelle Inaktivität gehen im Wesentlichen auf Wegbleiben der Lust zurück; sie haben erst in zweiter Linie mit Dysfunktionen der sexuellen Erregbarkeit zu tun; entsprechende Produkte wie Viagra dürften die sexuellen Probleme der meisten Menschen über 50 nicht wirklich beheben.
- Auf Dauer führt am Rückgang der koitalen Aktivitäten aber kein Weg vorbei. Die Zahlen belegen in der Tat einen allmählichen Rückgang der Sexualität; nur noch ein sehr kleiner Teil der älteren Bevölkerung hat noch im hohen Alter Sex.
- Das ist nicht das Ende von Liebe und im weiteren Sinne auch nicht von Sexualität; jedenfalls muss es das nicht sein; die weichen Faktoren der Sexualität bekommen in dieser Phase eine besondere Bedeutung und werden von den allermeisten eingebettet in die Strukturen einer gelungenen Beziehung.
- Ob Liebe und Sexualität über 50 eine starke Rolle spielen oder nicht, hängt tatsächlich von Biographie und Lebensstil ab. Aber sie sind nichts Statisches; wer glaubt, seinen erworbenen Verhaltensstil in sexueller Hinsicht bis zum Ende beibehalten zu können, wird womöglich beides verlieren.
- Gerade zwischen 50 und 70 Jahren kommt es darauf an, die Transformation der Sexualität alten Stils in eine etwas «vegetarischere» Form hinzubekommen; dies ist vor allem ein Problem, das die älter werdenden Männer haben und verstehen müssen; bevor es zu spät ist. Viagra hilft ihnen nicht dabei – im Gegenteil.

7. Ende sechzig, aber nicht «alt»

Die Menschen über 50 stehen in verschiedenen Studien, insbesondere aber in den Erhebungen des Statistischen Bundesamtes zum «Subjektiven Wohlbefinden», in Tat und Wahrheit jeweils an der Spitze der Zufriedenheitswerte in der bundesdeutschen wie der Schweizer Bevölkerung.[91] Mit leichten, aber verständlichen Abstrichen bei der Gesundheit sind sie jeweils am meisten zufrieden mit sich und ihrer Lebenslage. Man kann das verstehen. Wenn Menschen über 50 sexuell erfolgreich aktiv sind, wenn sie über Beziehungen zu ihren (Ehe-)Partnern verfügen, welche die zuvor beschriebene Qualität haben, und wenn sie zudem in der Mehrzahl auch wirtschaftlich noch gut dran sind, ist es wirklich naheliegend, dass sie sich gut fühlen.

Die Energie dieses Wohlbefindens muss hoch sein, denn im Folgenden werden wir sehen, dass es sich auch auf weniger messbare Dinge wie die Akzeptanz des eigenen Älterwerdens beziehen dürfte. Weil das aber nicht ganz einfach zu messen ist, haben sich die Forscher dabei eines kleinen Tricks bedient: Sie haben die Testpersonen dazu gebracht, sich einen One-Night-Stand vorzustellen und zu entscheiden, mit welchem Typ aus einer vorgelegten Liste sie dann wohl ins Bett gehen würden – Männer wie Frauen. Diese Liste reicht bei den Männern auf der Typ-Achse vom «Latin-Lover» zum blonden «Viking-Typ»; auf der Alters-Achse von Jung bis Alt. Bei den Frauen reicht sie auf der Typ-Achse von «der jungen Blondine» zur Südeuropäerin; auf der Alters-Achse ebenfalls von Jung bis Alt. Anlass für diese Skalierung ist eine These von Jared Diamond aus «Why Sex is Fun», der zufolge Frauen bei einem Seitensprung unbewusst eher zu Latino-Typen neigen, während Männer stumpf die junge Blondine wählen.[92] Als Ehepartner hingegen kämen die seriösen Versorgertypen zum Zuge.

Die Bilderauswahl folgt dieser Hypothese, und das kam heraus:

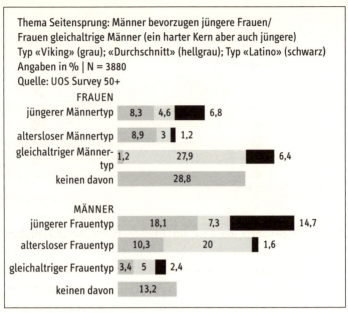

Tabelle 32: One-Night-Stand-Test

An dem Ergebnis ist nicht erwähnenswert, dass auch eine große Zahl von Männern über 50 die Diamond-Hypothese bestätigt. Bemerkenswert ist die Tatsache, dass Frauen tatsächlich, wenn sie überhaupt den Test mitgemacht haben (28 % sind ausgestiegen), überwiegend gleichaltrige und eher weniger angeberische Männer bevorzugen (Hypothese widerlegt). Noch spannender erscheint aber die Tatsache, dass doch erstaunlich viele Männer über 50 den alterslosen, weder dem Viking- noch dem Latino-Muster entsprechenden Frauen eine Chance gegeben haben, die sich tatsächlich dem Bild gleichaltriger Frauen deutlich nähern. Wir ziehen daraus im Folgenden eine Schlussfolgerung, die allerdings erst im Licht der weiteren Ergebnisse und Daten plausibel wird: *Es gibt bei den Menschen über 50 weder Jugendwahn noch nennenswerte Probleme mit dem eigenen Alter.* Man muss die hohe Selbstakzeptanz in manchen Bereichen geradezu schon als sensationell bezeichnen. Drei Viertel der Befragten sind mit sich und ihrem Alltag zufrieden.

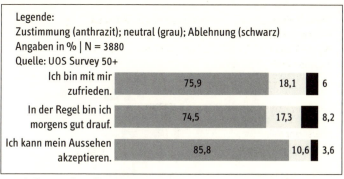

Tabelle 33: Hohe Selbstakzeptanz

85,8 % gar betonen, dass sie ihr Aussehen ebenso akzeptabel finden:

Wenn man das in der Testbatterie herunterbricht (siehe Tabelle 34), stellt man fest, dass mehr als die Hälfte davon mit ihrem Aussehen total zufrieden sind, also sich nicht nur akzeptieren, sondern sich irgendwie als ganz gut aussehend einstufen. Frauen finden sich hier übrigens ebenso akzeptabel wie die Männer, was normalerweise nicht zu erwarten gewesen wäre.

Nun könnte man mit Recht einwenden, bei solchen Werten, insbesondere beim letzten, sei es wie bei dem sprichwörtlichen Glas mit 50 % Füllung, von dem der Optimist sagt, es sei zur Hälfte gefüllt, der Pessimist aber hält es für halb leer. Das wäre vielleicht richtig, wären da nicht zwei weitere gewichtige Argumente, die dieser Einschätzung erst den Drall geben, das so zu interpretieren: Fast 60 % benutzen keine Anti-Aging-Produkte (jedenfalls nicht regelmäßig), und fast 70 % finden Schönheitsoperationen absolut nicht o. k.

Diese Einstellungen verstehen wir als Indikator für eine sich verschiebende Selbstwahrnehmung des Alters. Jugend ist – für die Altersgruppe 50–70 zumindest – keine zwanghafte Wunschvorstellung (ob sie es je für die älteren Generationen vorher so war, wissen wir leider nicht). Wir können aber auch keine krisenhafte Ablehnung des eigenen Alters und der eigenen Alterung darin erkennen.

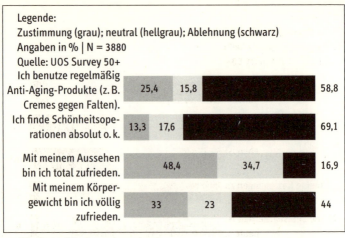

Tabelle 34: Alt, aber gutaussehend ...

Im Gegenteil. Das Alter, so zeigt es die Tabelle 35, scheint für die Befragten kein Alter zu sein. Sie sehen sich so, wie sie sich auch mit 40 gesehen haben. Das Selbstbewusstsein nimmt zu, erstaunliche 79 % sagen das. Die Beziehung ist für die meisten besser geworden (rd. 53 %), und die Hälfte der untersuchten Personen über 50 Jahre isst heute besser als früher. Und um noch einmal auf das Aussehen zurückzukommen: Nur 39 % finden, dass sie heute schlechter aussehen als in früheren Jahren; und das bedeutet im Umkehrschluss, dass sich 60 % im Aussehen nicht verschlechtert zu haben glauben; 17 % meinen gar, im Alter *besser* auszusehen.

Diese Ergebnisse belegen, dass es so etwas wie Jugendwahn unter Deutschlands 50+ Bevölkerung sicher nicht gibt. Man hat vielmehr den Eindruck, dass es ein wohltuendes Selbstbewusstsein unter der großen Mehrzahl der Menschen zwischen 50 und 70 Jahren gibt. Sie reiben sich am wenigsten an der Tatsache des Älterwerdens. Man hat den Eindruck, dass eine Trendwende in der Einschätzung des Alters und des Altseins stattgefunden hat. Alter hat bei den Betroffenen nichts mehr mit Alter im herkömmlichen Sinn zu tun.

Man könnte das auf den Ausspruch einer der Testpersonen

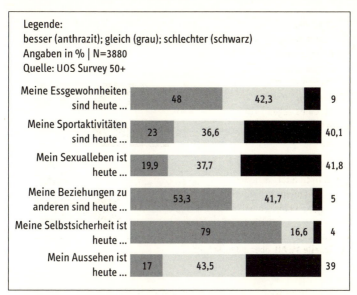

Tabelle 35: Mit zunehmenden Jahren wird manches besser ...

fokussieren, die sagte, sie sei «Ende 60», aber nicht alt. Und das bedeutet faktisch, dass sich das Alter oder das, was wir den Alters-Limes nennen wollen, also der Zeitpunkt, an dem sich die Menschen selbst als alt empfinden, weil sie nicht mehr beschwerdefrei sind, verschiebt. Das wird, das muss erhebliche gesellschaftliche Konsequenzen haben, auf die wir im dritten Teil dieses Buches noch ausführlich eingehen werden.

8. Thema: Fitness

Fitness ist heute das universell (und schon etwas zu penetrant) gepriesene Paradigma, um gesund zu sein und länger zu leben (statistisch gesehen). Es scheint tatsächlich festzustehen, dass optimale Fitness sowohl für eine hohe Lebenserwartung als auch für ein gesundes und erfülltes Altwerden verantwortlich ist. Selbst bei der Prävention gegen schwere Krankheitsbilder, etwa bei Morbus Alzheimer, scheint Fitness eine Rolle zu spielen. Aber Fitness in diesem umfassend wirkenden Sinn beschränkt sich nicht nur auf körperliche Fitness oder sportliche Betätigung. Wer glaubt, sich allein durch einen Waschbrettbauch vor Alzheimer schützen zu können, liegt eher falsch. Zur körperlichen Fitness müssen andere Formen der guten Verfasstheit hinzukommen, um dem Ziel zu dienen. Im gesunden Körper muss – so banal es klingt – ein Geist mit mentaler Fitness wohnen. Der wiederum kann nur gesund sein, wenn es ein «soziales Umfeld» gibt, das für den Betroffenen eine hohe Anpassungsfähigkeit an seine Lebensbedingungen besitzt.

Unterschieden wird deshalb in der Forschung wie in der Ratgeber-Literatur zu Recht zwischen drei Typen von Fitness[93]:
- körperliche oder physische Fitness,
- mentale oder psychische Fitness und
- soziale oder gesellschaftliche Fitness.

Physische Fitness

Darunter wird im Allgemeinen der körperliche Zustand des Einzelnen verstanden, im Alltag leistungsfähig zu sein und allen möglichen Formen von Belastungen erfolgreich gerecht zu werden. Um diese Fitness zu erreichen, braucht der menschliche Körper eine gewisse Menge an Training, was nicht unbedingt sportlichen Standardaktivitäten entsprechen muss. Jede dauerhafte Bewegung tut es auch. Treppensteigen statt Aufzugfahren kann sehr erfolgreich als Fitnesstraining genutzt werden. In dieser Hinsicht hat sich in den letzten 30 Jahren eine echte Verhaltensrevolution durch das Aufkommen und die durchaus massenhaft zu nennende Verbreitung modischer Sporttrends vollzogen. Das trifft ganz besonders auf Bewegungsarten zu, auf Laufsport (mit Joggen, Nordic Walking, Trekking und Rollerblading oder Inline-Skating) und Radsport (mit Radwandern und Rad-Trekking). Dass es sich hier jeweils nicht um eintägige Modeerscheinungen handelt, belegt die Allensbacher Marktforschung mit folgenden Zahlen[94]:

– 1984 gaben bei den 50- bis 54-jährigen Männern 22 % an, häufig bis gelegentlich zu joggen; 2007 waren es 35 %, also das 1,6 fache;

– Bei den 60- bis 64-Jährigen gaben 1984 nur noch 8 % und bei den 65- bis 69-Jährigen ganze 5 % an, zu joggen; 2007 ist die entsprechende Zahl auf verblüffende 31 % und 25 %, also auf das 4- bis 5-fache, hochgeschnellt.

Dieser steile Anstieg belegt einmal mehr, was wir auch bei den anderen bisher behandelten Themen schon kennengelernt haben: Das in den vorangegangenen Jahren geübte Verhaltensmuster wird im Alter nicht aufgegeben, sondern fortgesetzt, solange es geht. Wenn das stimmt, müsste die Fitness der Befragten tatsächlich hoch sein. Und so scheint es zu sein, auch wenn eine durchaus pragmatisch zu nennende Selbsteinschätzung mitschwingt (Quelle: UOS Survey):

– 85,7 % der Befragten sehen sich «locker» in der Lage, täglich einen 5-km-Spaziergang am Strand zu unternehmen; 7,8 % verneinen das.

– Aber nur 16 % trauen sich einen Marathon zu (durchaus beachtlicher Wert!), 63,2 % lehnen das ab; irrwitzig will keiner sein.

Wenn knapp 90 % der 50- bis 70-Jährigen täglich einen 5-km-Marsch am Strand hinbekommen, und das «locker», dann kann man das sehr wohl als aussagekräftigen Indikator für «Breiten-

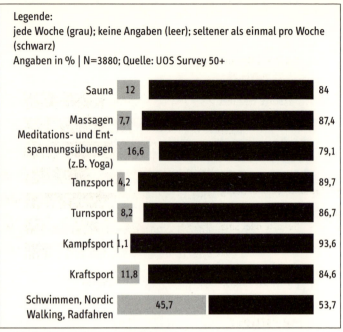

Tabelle 36: Unaufgeregte Sportlichkeit

fitness» verstehen. Dahinter muss keine Sportnation stehen, wie Tabelle 36 zeigt. Denn wirklich sportlich aktiv ist nur etwa die Hälfte der Befragten.

Kommt noch ein nicht zu unterschätzender Faktor für Fitness hinzu: «gesunde» Ernährung. Es geht dabei nach allgemeiner Übereinstimmung darum, dem Körper Kohlenhydrate, Eiweiß, Fette und Vitamine, auch Mineral- und Ballaststoffe in ausreichender Menge zuzuführen. «Gesunde» Ernährung bedeutet also vollwertige, fettarme, kohlenhydratreiche und ausgewogene Mischkost, wobei sich mehr und mehr die Überzeugung durchsetzt, dass pflanzliche Lebensmittel, vor allem Obst und Gemüse, sowie tierische Quellen wie Milchprodukte, Fisch und Fleisch den Fokus gesunder Ernährung bilden. Gemessen daran, so zeigt Tabelle 37, ernähren sich die 50- bis 70-Jährigen gut bis sehr gut, aber Askese üben sie nun auch wieder nicht:

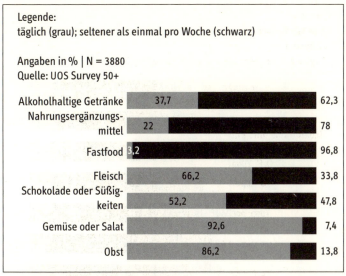

Tabelle 37: Relativ ausgewogene Ernährungsgewohnheiten

Mentale Fitness

Die physische Fitness, so kann man die Ergebnisse resümieren, ist relativ hoch, wenn auch nicht wirklich überragend. Die psychische und/oder mentale Fitness ist schon etwas komplizierter, denn sie kann sowohl geistige Beweglichkeit bedeuten als auch psychisches Wohlbefinden. Im UOS 50+ Survey wird die mentale Fitness vor allem auf zwei Ebenen gemessen, zum einen als Wert der Zufriedenheit mit sich selbst oder besser der Selbstakzeptanz, zum anderen als Messung der «Ich-Stabilität». Letzteres wird mit einem Testinstrument gemessen, das ursprünglich aus der klinischen Psychologie stammt und sich seit Jahren in empirischen Tests bewährt hat.[95]

Das Ergebnis der Selbstakzeptanzmessung ergab wirklich erstaunlich hohe Werte, obwohl die Forscher schon mit Werten über 50 % gerechnet hatten. Tatsächlich ergab sich Folgendes:
- 75,9 % sind mit selbst zufrieden; 6 % nicht.
- 85,8 % können sich akzeptieren, wie sie sind; 3,6 % lehnen das ab.

- 87,5 % haben genug Energie für das tägliche Leben; auch hier sind es nur 3,7 % der Befragten, die das verneinen.

(Quelle: UOS Survey 50+)

Die Ergebnisse der Ich-Stabilität sind, wie die nachfolgend abgebildete Tabelle 38 unter Beweis stellt, entsprechend hoch oder noch höher. Solche Werte sind in den 20 Jahren, in denen wir diesen Test bei jüngeren Probanden einsetzen, nicht erreicht worden.[96] Besonders hervorheben muss man in diesem Zusammenhang, dass die Werte, die echte Ich-Schwäche, Selbstzweifel und Eigenirritation bedeuten, nur mit 3,9 % bis 8,4 % bejaht worden sind. Das ist wirklich marginal. Also könnte man auch annehmen, dass praktisch so gut wie niemand diese Kriterien bejaht hat. Die Ablehnung ist mit Werten um die 90 % umgekehrt verblüffend hoch. Beides ist umso erstaunlicher, als man bei solchen Tests in der Regel auch dann noch gute Ergebnisse erzielt, wenn die Zustimmungswerte um die 15 % liegen und die Ablehnung bei 60 % bis 70 %. Das zeigt, wie selbstsicher und ichstark unsere Befragten tatsächlich sind.

Soziale Fitness

Das bedeutet, dass wir gute Gründe haben, von der hohen, wenn nicht gar höchsten mentalen Fitness der allermeisten Befragten auszugehen. Es sieht zudem so aus, als wäre die psychische Fitness der Befragten noch etwas höher als ihre physische. Das hängt seinerseits, so muss man schlussfolgern, mit der sozialen Situation der Menschen über 50 zusammen, von denen wir ja bereits wissen, dass es ihnen in puncto Zufriedenheit, Partnerschaft und Beziehung ohnehin sehr gutgeht. Doch zunächst: Was heißt eigentlich «Soziale Vernetzung»?

In der US-Literatur, wo der Begriff herstammt, versteht man darunter im Wesentlichen drei Dinge:

(1) Die Integration älterer Personen in eine «normale»

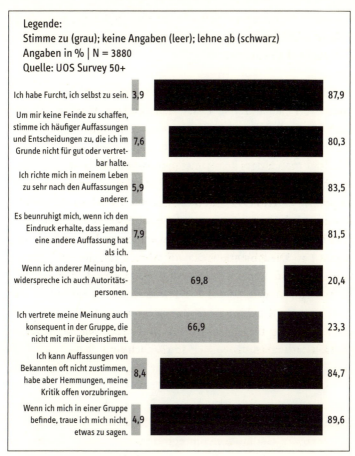

Tabelle 38: Hohe Ich-Stabilität

Generationenvielfalt; soll heißen, wer nur mit alten Leuten zusammen ist, entzieht sich den Herausforderungen gesellschaftlicher Kommunikation mit jüngeren und verliert soziale Kompetenz.

(2) Die Integration älterer Personen in eine «normale» Wohnlage oder Wohnsituation; soll heißen, wer damit unzufrieden ist, wie er wohnt oder lebt, fühlt sich auch ansonsten nicht wohl und verliert an sozialen Handlungsspielräumen.

(3) Die Integration älterer Personen in eine «normale» soziale Vernetzung; soll heißen, wer nicht mehr an den gesell-

schaftlichen Prozessen teilnehmen kann, weil er – wieso auch immer – von Kontakten, Informationen, Infrastrukturen oder Finanzen abgeschnitten wird, ist isoliert und sozial marginalisiert.

Das Problem der Generationenintegration kann man zumeist und wohl auch am einfachsten über die Familienstruktur organisieren, denn dort ist sie meist, manche sagen fälschlicherweise von Natur aus gegeben. Man hat Kinder und Enkel. Also hat man einen, wenn auch familiär beschränkten Generationenkontakt. Aber gerade dieses Muster ist nicht unbedingt mehr wirksam:

- Zwar haben nur 5,5 % *keine Kinder* (14,8 % haben 1 Kind, 37,6 % zwei Kinder und der Rest mehr als 3 Kinder),
- aber 56,3 % haben *keine Enkelkinder* (13,1 % ein Enkelkind, 11,4 % zwei und 10 % drei und mehr Enkelkinder).

Das ist ein Negativverhältnis von 1 : 10 und bedeutet, dass auf Dauer eine Generationenintegration allein über die Familie nicht mehr unbedingt gesichert ist. Großeltern gibt es kaum noch. Die Beatles haben sich 1967 mächtig verhauen, als Paul McCartney singend voraussagte, die 68er würden mit 64 jede Menge Enkelkinder haben – so geschehen in dem Song «When I'm Sixty-Four» aus dem Album «Sgt. Pepper», wo es heißt: «grandchildren on your knee, Vera, Chuck and Dave».

Wenn die Generationenintegration in Familien schwächer wird, wie kann soziale Fitness dann geregelt werden? Gibt es Alternativen in nichtfamiliären Formen, etwa durch Kooperation in Nachbarschaft oder Institutionen? Tabelle 39 zeigt, dass der generationenübergreifende Kontakt für die meisten Menschen zwischen 50 und 70 nicht im Zentrum ihres Interesses steht. Ansonsten ist ihre Einbindung in die soziale Infrastruktur formidabel: Der Zugang zu Informationen, die Chancen für eine befriedigende Freizeit und die Anbindung an Verkehrsinfrastrukturen, die finanziellen und wirtschaftlichen Spielräume, alles Probleme älterer Menschen in früheren Studien, könnte besser nicht sein. Und noch etwas ist als überragend herauszustellen: die Beziehung zu Freunden und Freundes-

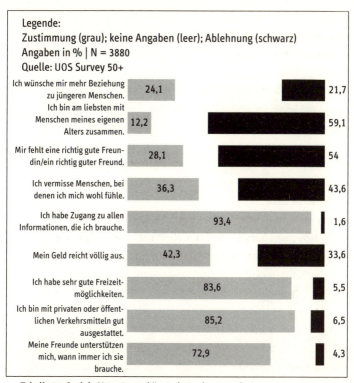

Tabelle 39: Soziale Vernetzung könnte kaum besser sein ...

kreisen. Wenn man sich stets auf die Hilfe seiner Freunde verlassen kann, dann muss das Freundesnetzwerk, das man sich aufgebaut hat, schlicht erstklassig zu nennen sein.

Man hat angesichts dessen, vor allem aber auch angesichts der bereits beschriebenen Intensität und Qualität der Partnerbeziehungen, nicht den Eindruck, dass der sinkende Anteil von Kindern in den Familien ein soziales Fitnessproblem darstellt. Die Qualität der Familie, auch die Qualität der Generationenbeziehungen in den Familien, muss durch die schwindende Quantität nicht unbedingt leiden, darauf hat K. O. Hondrich in «Weniger sind mehr»[97] bereits hingewiesen. Aber der Wegfall von Enkelkindern dürfte nur schwer durch andere Beziehungsformen zu kompensieren sein, ganz einfach deshalb schon, weil es dafür eingefahrene Strukturen gibt und das andere erst

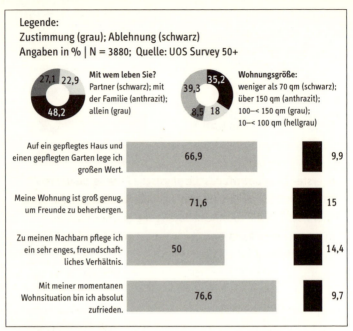

Tabelle 40: Wohnsituation

mühsam aufgebaut werden müsste und im Zweifelsfall unterbleibt. *Der Wegfall von Enkeln ist eine Schwachstelle!*

Dass die hohe Qualität der sozialen Vernetzung ansonsten kaum besser sein könnte, belegt auch die Einschätzung der Wohnsituation und Wohnqualität der Befragten. Drei Viertel (76,6 %) sind mit ihrer Wohnsituation hoch zufrieden. Tabelle 40 zeigt auch, warum: Die Wohnungen sind vom Zuschnitt her gesehen überwiegend komfortabel (groß genug, um Freunde zu beherbergen, sagen 66,6 %), auf die gepflegte Atmosphäre von Wohnung und Garten wird allergrößter Wert gelegt. Nur 22,9 % leben allein – hauptsächlich im oberen Alterssegment –, die Mehrzahl wohnt mit dem (Ehe-)Partner. Angesichts der Erkenntnisse, die wir zur Partnerschaft gewonnen haben, wäre auch nichts anderes zu erwarten gewesen.

Ein Punkt scheint aber vor allen anderen Dingen interessant zu sein: Nachbarschaft steht in hohem Kurs. Nur 14 % haben eine negative Einstellung dazu. Die Hälfte hingegen bezeichnet die Nachbarschaft als sehr eng oder freundschaftlich. Hier könnte ein Potenzial für soziale Integration der etwas anderen Art schlummern, auf das wir noch zurückkommen müssen und werden.

FASSEN WIR ZUSAMMEN:
- **Die Generation 50+ ist mehrheitlich rundum fit, daran kann man nicht im Geringsten zweifeln.**
- **In erster Linie betrifft das die physische Fitness, denn hier hat sich mit Sicherheit ein großer Wandel vollzogen. Zugleich aber hält sich die sportliche Betätigung in Grenzen; von «Fitnesswahn» kann man bei 50+ nicht gerade reden. Aber Nordic Walking hat viele Anhänger ...**
- **Möglicherweise noch viel fitter als in körperlicher Hinsicht sind die Menschen zwischen 50 und 70 Jahren in psychischer oder mentaler Hinsicht; sie sind ichstark, selbstbewusst und mit sich selbst zufrieden – in einem Maße, wie es beispiellos ist. Im walkinggeübten Körpern stecken wahrlich fitte Geister ...**
- **Die langfristig möglicherweise ausschlaggebende soziale Fitness ist zum guten Dritten ebenfalls sehr hoch; allerdings hat sie eine mögliche Schwachstelle: Die bislang familiär quasi garantierte generationenübergreifende Beziehungsinfrastruktur ist durch den Rückgang der Geburtenzahlen nicht mehr voll gesichert. Enkelkinder werden rar. Das führt für viele zum Wegfall der Großelternrolle, ohne dass Ersatz bereitsteht.**
- **Der liegt eventuell in der Betonung der Paarbeziehung, aber das ist infrastrukturell nicht ganz ohne Risiko, denn sie setzt Beziehungsmonokultur an die Stelle von Vielfalt (was evolutionstheoretisch nicht gut sein kann);**
- **Theoretisch liegt in diesen Fällen der Ersatz familiärer Strukturen durch nicht-familiale und nicht-partnerschaftliche Erweiterung der Beziehungsstrukturen nahe.**
- **Das aber stellt ganz neue Herausforderungen an die Be-**

troffenen (zuerst), für deren Bewältigung es viele Vorbilder, aber keine eingeübten Muster gibt; aber diese Generation ist fähig, Probleme zu lösen.
- Nachbarschaften, Wohngemeinschaftsprojekte und andere kommunitarische Projekte drängen sich hier aus der politischen Kommunikation kommend förmlich auf ...

9. Glaube, Religion und Ethik

Weitgehend unbeobachtet von der öffentlichen Wahrnehmung hat sich in den letzten 30 Jahren ein weiterer gewaltiger Wandel vollzogen, der in der Vergangenheit jedes Land hätte erschüttern müssen. Der Wandel betrifft die Rolle und Bedeutung der Religion: Deutschland ist nicht evangelisch, nicht katholisch, es ist säkular. Der deutsche Soziologe Max Weber hatte vor etwa 100 Jahren schon den Prozess der Loslösung der modernen Gesellschaft von der Religion als «Säkularisierung» bezeichnet, darunter aber mehr die Bedeutungslosigkeit der Religion für die Welterklärung der Moderne verstanden. Das, was heute der Fall ist, hat er nicht gesehen[98]: In Deutschland, wie in anderen westlichen Ländern auch, aber insbesondere in Deutschland ist die Zugehörigkeit zu den beiden christlichen Konfessionen, zu religiösen Gemeinschaften generell, auf einen historischen Tiefstand gesunken und bewegt sich in der Prognose sogar noch weiter nach unten.

Zwar gibt es gelegentlich aufflackernde Beobachtung des Phänomens (mal wird über Kirchenaustritte geredet, mal über die Rückkehr der Religion), aber die Frage, welche Rolle die Religion für unsere Gesellschaft spielt, hat sich selbst «säkularisiert». Kaum jemand scheint ihr noch eine Bedeutung geben zu wollen, wohl auch deswegen, weil die Glaubensfrage, meist auf die Konfessionsfrage (evangelisch/katholisch) reduziert, in der Politik tatsächlich keine zentrale Rolle mehr spielt. In Grundsatzfragen von religiöser Bedeutung, wie Empfängnisverhütung, Abtreibung und jetzt Stammzellenforschung z.B. hat sich gezeigt, dass die theologischen Positionen der Religionsgemeinschaften oft nicht einmal mehr die Zustimmung der Mehrheit ihrer Mitglieder haben.

Damit werden Glaubensfragen zu einer offenen Angelegenheit, denn was glaubt jemand wirklich, der sagt, er oder sie sei katholisch? Was die Kirche lehrt oder was das Ergebnis einer individualisierten Version von traditionellen, dogmatischen und frei hinzukombinierten Glaubenssätzen ist? Noch unklarer wird es bei jenen, die «keiner Konfession» angehören. Glauben sie dann an nichts? Sind sie Atheisten oder Agnostiker, oder glauben sie an andere religiöse oder pseudoreligiöse Erklärungen, an die Macht der Sterne (Astrologie), an die Existenz einer höheren spirituellen Macht oder Instanz (also das, was man unter dem Sammelbegriff «Esoterik» zusammenfasst)? Wie steht es um die Beziehung von Religion und Moral: Sind Atheisten unmoralisch? Ist nur Glaube Grundlage von Moral und Religion, das wahrhaft «Vernünftige», um die Position des amtierenden Papstes zu paraphrasieren?[99]

Welche Rolle spielt das zunehmende Alter dabei? Generell wird angenommen, dass ältere Menschen stärker religiös geprägt seien und Religiosität eine wichtige Rolle bei der Bewältigung von Alter und Sterben spiele (worauf wir später noch eingehen werden). Für Menschen, die älter sind als siebzig, ist eine höhere Religiosität statistisch gesehen tatsächlich sehr viel wahrscheinlicher als für die Jüngeren; aber das hat einen ganz anderen Grund: Sie stammen, wie wir noch sehen werden, aus einer Epoche, in der religiöse Zugehörigkeit und Prägung quasi unausweichlich waren.

Der Wandel zur säkularen Wirklichkeit vollzieht sich nach 1970, und deshalb wird in der zitierten Literatur auch die These vertreten, die 1968er, also hier die Menschen zwischen 50 und 70 Jahren, seien besonders offen für alternative religiöse Überzeugungen, auch oder gerade für Esoterik.

Konfession und Glaubensvorstellungen

Zunächst ist es nicht ganz einfach, die religiösen Strukturen in der bundesdeutschen Bevölkerung überhaupt zu identifizieren. Das alte Muster katholisch/evangelisch gilt schon lange nicht mehr, und man kann sich auf die Daten der Konfessionen nicht mehr verlassen. Ein aktuelles Bild von der religiösen Verfasstheit der Grundgesamtheit, wie die Statistiker die bundesdeutsche Bevölkerung gerne nennen, sieht nach den Zahlen der «Forschungsgruppe der Weltanschauungen in Deutschland» wie folgt aus[100]:

31,5 % gelten als katholisch; 30,8 % als evangelisch; 32,5 % gehören keiner Konfession an; 3,9 % sind islamisch; 1,3 % gehören anderen Bekenntnissen an.

Im Stichjahr 1970 waren in der alten Bundesrepublik demgegenüber 44,5 % katholisch, 49 % evangelisch; 4 % konfessionslos und 1,3 % Muslime bzw. 1,2 % anderen Religionsgemeinschaften zugehörig.

Der Hauptfaktor des Wandels ist also die Zunahme der Konfessionslosen um dramatische 812 %. Dem entspricht das Absinken der «Hauptkonfessionen» um 30 % (Katholiken) bzw. 40 % (Protestanten). Ein Untertrend auf niedrigem Niveau ist die Verdreifachung der Muslime.

Der **Megatrend zur Konfessionslosigkeit** hat viele Ursachen, aber er war nicht zuletzt auch eine Folge der Wiedervereinigung, denn in dem Gebiet der ehemaligen DDR war die Zahl der Konfessionslosen immer besonders hoch. Aber auch ohne die Vereinigung wären die Einbußen der Konfessionen nicht aufhaltbar gewesen, denn ein immer höherer Anteil des Schwundes geht auf die Überalterung der Mitglieder der Konfessionsgemeinschaften zurück. Die massive religiöse Struktur der 60er Jahre hat sich gesamtgesellschaftlich im Wortsinne «überlebt».

Der anhaltende Mitgliederschwund deute darauf hin, heißt es bei der «Forschungsgruppe der Weltanschauungen in Deutschland», dass die Kirchenmitgliedschaft voraussichtlich 2010 unter die 60-Prozent-Marke absinken wird und 2025 die Mehrheit der bundesdeutschen Bevölkerung keiner der beiden großen Kirchen mehr angehören werde.[101] Die Konfessionslosen sind auf dem Vormarsch.

Aber was denken, Verzeihung, glauben die Konfessionslosen? Die uns bekannten Daten sagen, dass etwa die Hälfte davon im Kern des Wortes atheistisch sei. Nur eine Minderheit verfolgt theologische Vorstellungen christlicher Provenienz in freier Assoziation (12%). 38% glauben an eine nicht näher definierte Form von Übernatürlichem, an Transzendentales, an ein oder mehrere höhere Wesen oder an Geistwesen (Engel) und/oder an «kosmische Spiritualität». Hochgerechnet wären das 12 Millionen Atheisten und ca. 10 Millionen «Spiritualisten».

So in etwa sehen die Glaubensvorstellungen in der Gesamtbevölkerung aus. Gemessen daran sind die Glaubensverhältnisse nach der Erhebung des UOS Survey 50+ in der Altersgruppe 50–70 noch einmal etwas prägnanter, vor allem atheistischer ausgeprägt (was seinerseits an dem relativ hohen Anteil an ehemaligen DDR-Bürgern in dieser Altersgruppe liegen dürfte): demzufolge gehören nur

59% (29% katholisch bzw. 30% evangelisch) den beiden Großkonfessionen an; 38,9% bezeichnen sich als konfessionslos, 2,1% sind Muslime oder gehören anderen Gemeinschaften an (Letzteres dürfte leicht verzerrt sein).

Von den Konfessionslosen glauben 73% «an keinen Gott», 27% – darunter überwiegend Frauen – bezeichnen sich als Spiritualisten. Hochgerechnet kämen wir damit auf 5,5 Millionen Atheisten unter den 50- bis 70-Jährigen, was einem Anteil von 46% an der Gesamtzahl der Nichtgläubigen bedeutet.

Wie man aber an Tabelle 41 sehen kann, hat bei der ohnehin schon geringen Konfessionsbindung nur noch etwas mehr als die Hälfte das, was man eine traditionell religiöse Haltung oder Grundüberzeugung nennen könnte, und möchte die Kirchen erhalten. Nur ein Drittel glaubt an ein dezidiert christliches oder religiöses Dogma, wofür hier die Frage nach einem «Leben nach dem Tod» steht. Das lässt vermuten, dass selbst in der Gruppe der Konfessionsgebundenen noch eine religiöse Grauzone steckt. Aber es gibt auch konservativ religiöse Menschen unter den 50- bis 70-Jährigen: Immerhin lehnen fast 15% der Stichprobe die Evolutionstheorie ab, was wiederum eine dezidiert religiöse Prägung vermuten lässt.

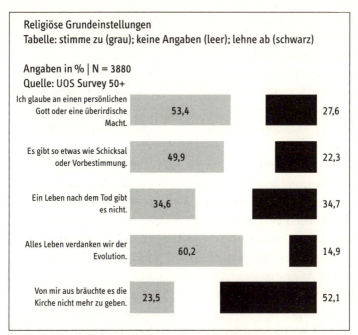

Tabelle 41: Religiöse und weltanschauliche Einstellungen

Kommen wir nun zur Frage nach der Rolle der Esoterik. Um es vorweg zusammenzufassen: Hinweise auf eine besondere Offenheit für esoterische Positionen haben wir nicht finden können. Die Forscher haben nach der Rolle von Engeln gefragt, weil das eine relativ klare Definition für eine esoterische Auffassung zu sein scheint und weil sie unterstellen können, dass jemand, der diese Auffassung teilt, auch andere esoterische Überzeugungen gutheißt. Dabei zeigt sich, dass ein Drittel der Befragten diese Einschätzung geteilt hat. Der Engelsglaube kann also nicht als besonders trennscharf gelten, weil er natürlich auch von vielen christlich gebundenen Menschen geteilt werden kann. Da die Hälfte davon sich aber als «konfessionslos» bezeichnet, kann man schließen, dass der größere Teil der Engelsbefürworter tatsächlich esoterisch einzustufen wäre. Bemerkenswert auch, dass diese Gruppe weit überwiegend von Frauen gestellt wird, was der Vermutung entspricht,

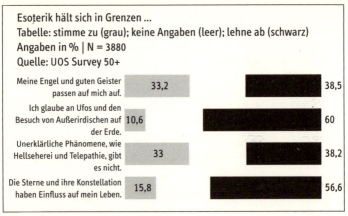

Tabelle 42: Esoterische Glaubenssätze

dass esoterische Gesinnungsinhalte deutlich mehr von Frauen geteilt werden dürften als von Männern.

Mit anderen Worten, esoterische Positionen sind im Wesentlichen von Frauen vertretene Überzeugungen (was nicht weiter überrascht, da es wie eine nichtkonfessionelle Variante der traditionellen stärker weiblich geprägten Religiosität aussieht).

Andererseits liegt die Zustimmung zu astrologischen Auffassungen bei etwa 16 % wie der Glaube an Ufos bei 10 %, was auf eine marginale Bedeutung hinweist und der These von einer besonderen Anfälligkeit der 68er für esoterische Botschaften wie Dienstleistungen wohl kaum entspricht.

Ethik und Moral

In dem Buch «Jesus von Nazareth» hat Josef Ratzinger nicht in seinem Lehramt als Benedikt XVI., sondern sozusagen als «Privatgelehrter» (wie Christian Geyer 2007 im FAZ-Feuilleton meinte[102]) die zentrale These einer moralischen Theologie noch einmal aktuell hervorgehoben, wonach Moralität in letzter Instanz nur auf einem Glauben an die Existenz einer göttlichen Ordnung beruhen kann. Nimmt man diese Argumentation ernst, dann folgt daraus die Frage, ob dieses Verdikt auch für das Moralverständnis der Menschen im Alltag gelten kann. Die Forscher waren der Ansicht, man könne, man müsse das empirisch überprüfen. Sie bedienten sich zur Überprüfung der Frage, ob religiös gebundene Menschen moralisch gefestigter seien als andere, eines seit 20 Jahren erprobten Tests, der sogenannten «Moralskala», die folgende Aufgabe enthält: Die Testpersonen müssen eine Reihe von Handlungen danach beurteilen, ob man so etwas *auf gar keinen Fall* tun darf oder ob man es gelegentlich *doch mal* tun *darf*. Die Pointe des Tests besteht darin, dass alle Vorschläge so konstruiert sind, dass sie nach moralischen Gesichtspunkten *auf gar keinen Fall*, also keineswegs auch mal gelegentlich, *getan werden dürften*. Die Moralskala testet also, ob und bis zu welchem Grad die Testpersonen in der Lage sind, die moralischen Sätze dahinter zu erkennen, oder ob sie «Grauzonen» der moralischen Treffsicherheit haben, was durch die Formulierung der beiden Antwortmöglichkeiten «darf man auf keinen Fall» und «darf man mal machen» erleichtert wird. Die Ergebnisse dieses Tests sind in jedem Falle hochinteressant.

Der blinde Fleck in der Moral: In allen bislang durchgeführten Tests hat sich stets ein typischer blinder Fleck in der moralischen Wahrnehmung herauskristallisiert, der offenbar nicht als unmoralisch oder als moralische Bagatelle angesehen wird. Ganz oben rangieren stets «Mogeln beim Kartenspiel» und «zu schnelles Fahren». Beides hält die Mehrheit der Deutschen allem Anschein nach nicht für unmoralisch, und ein relativ großer Kern hält es auch lässig mit Steuer und der partnerschaftlichen Treue. Es gibt sie also, die ganz normale Normübertretung, die jenseits moralischer Steuerung liegt. Man weiß zwar, dass man das streng genommen nicht machen dürfte – streng genommen. Aber solange es niemandem schadet, glauben die meisten, darf man das auch durchaus «mal» machen. Eine makabre Lässigkeit, denn zu schnelles Fahren zum Beispiel ist eine der häufigsten Ursachen schwerer Autounfälle und schadet in dem Sinne ungemein. Seitensprünge übrigens schaden auch – immer dem/der anderen.

Wie Tabelle 43 zeigt, gilt diese moralische Lässigkeit auch für die Männer und Frauen über 50:
zu schnell fahren (64,7%); Mogeln beim Kartenspiel (53,2%); Seitensprung (28,5%) und Steuerbetrug (25,2%).

Zwar nimmt mit dem Alter die moralische Treffsicherheit zu, aber die Tatsache, dass sich das Un-Moralniveau der 50- bis 70-Jährigen nicht wesentlich von dem anderer Altersgruppen zu entfernen scheint, hat auch etwas Positives: Trotz Alter sind sie «unmoralisch genug», um den Spaßfaktor im Leben noch erkennen zu können. Denn die moralische Grenzverletzung hat natürlich immer auch etwas mit Spaß und Aufregung zu tun. Nur wer schläft, sündigt nicht, heißt es. Für Tote gilt das auch.

Faktor Geschlecht: 1990 etwa wurde der Test hauptsächlich in der Jugendforschung eingesetzt und offenbarte einen dramatischen Unterschied in der moralischen Treffsicherheit von jungen Frauen gegenüber jungen Männern. Die «Jungs» waren teilweise bis zu 20% bereit, auch schwere moralische Verfehlung für mal möglich zu halten.[103]

Mädchen hingegen zeigten mehrheitlich nur eine moralische Grauzone: Mogeln beim Kartenspiel; ansonsten erwiesen sie sich mit 80 bis 90% als moralisch hoch treffsicher. Steuerschmu und zu schnelles Fahren kamen nicht vor; junge Leute haben mit der Steuer nichts am Hut und besitzen kaum Autos.

Der krasse Geschlechterunterschied hat sich bei den 50- bis 70-Jährigen Probanden zwar nicht ganz verflüchtigt, aber stark nivelliert. Zwar neigen Männer selbst über 50 immer noch zu einer leicht höheren Unmoralquote (z.B. «zu schnell fahren»: Männer 65%/Frauen 60%; oder beim «kleinen Steuerbetrug»: Männer 26%/Frauen 20%). Aber diese Unterschiede sind minimal: Eine signifikante Verhaltensdifferenz zwischen Männern und Frauen, wie sie bei Jugendlichen auftritt, gibt es nicht mehr. Mit dem Alter scheinen Männer in ethischen Fragen

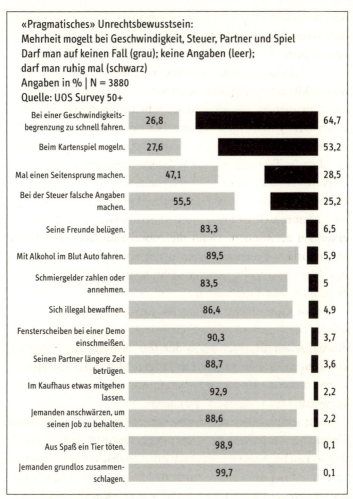

Tabelle 43: Moralskala 50+

etwas weiblicher zu werden – und in manchen Fragen sogar zickiger als Frauen ...

Faktor Religion: Wenn überhaupt, dann macht der Faktor Geschlecht noch einen Unterschied aus. Das religiöse Bekenntnis spielt demgegenüber keine Rolle (mehr). Allenfalls mikroseismisch zu nennende Ausschläge erinnern vielleicht noch an Restbestände religiöser Beeinflussung. So neigen Protestanten etwas weniger dazu, einen Seitensprung auf die leichte Schulter zu nehmen, als der Durchschnitt (26,2%:28,5%); Katholiken neigen ein bisschen heftiger zum Betrügen des Partners (4,8%:3,6%); aber das als Zeichen für eine engere protestantische Sexualmoral oder für katholische Bigotterie zu werten wäre angesichts der geringen Unterschiede lächerlich. Wie aber steht es mit der moralischen Standfestigkeit der Atheisten? Auch bei denjenigen, die sich zu dezidiert atheistischen Positionen bekennen, zeigen sich keinerlei Unterschiede zu Gläubigen, nicht einmal mikroseismische Ausschläge. Gottgläubige ignorieren ebenso häufig eine Geschwindigkeitsbegrenzung wie Atheisten (64,8%:64,5%), Gläubige mogeln ebenso ungeniert wie Ungläubige (53,2%:53,2%). Man kann es, trotz der theologischen Position des Papstes, nicht anders sagen: Es gibt keinen empirischen Hinweis darauf, dass das religiöse Bekenntnis auch nur den geringsten Einfluss auf die Moralität und die Alltagsethik der Menschen in Deutschland hat. Bei den Menschen über 50 schon gar nicht!

Verantwortungsethiker: Wir haben bisher nur von «blinden Flecken» gesprochen, aber die eigentliche Botschaft des Tests lautet, dass die 50+ Bevölkerung in Deutschland ganz und gar nicht unmoralisch ist. Ganz im Gegenteil. Die Menschen zwischen 50 und 70 haben gar ein enorm hohes moralisches Bewusstsein – jenseits von Geschlecht und Religion. Bei allen relevanten moralischen Testwerten erreichen sie durchweg einen Wert von um die 90%. Es gibt nicht einen ernst zu nehmenden Ausreißer in diesem Bild von Moralität – bis auf die Arbeiter in unserer Stichprobe vielleicht, die etwas auffällig hoch, aber gleichwohl nicht signifikant bei der Frage reagiert haben, Kollegen um der Karriere willen anzuschwärzen (6,2% zu 2,2%),

Wir haben es bei 50+ mit einer Generation von Verantwortungsethikern zu tun, die ihr Erstgeburtsrecht nicht für eine Linsensuppe weggeben würde. Sie ist der lebendige Beweis für das moralische Potenzial und die ethische Integrität einer *laizistischen* Gesellschaft.

FASSEN WIR ZUSAMMEN:

- **Deutschland hat eine säkulare Bevölkerung mit überwiegend konfessionslosen Menschen (32 %).**
- **12 Millionen Menschen davon sind Atheisten; 10 Millionen Spiritualisten.**
- **Die Menschen 50+ bilden die Speerspitze dieser Entwicklung: Sie stellen 63 % der Atheisten und Spiritualisten.**
- **Dennoch hält sich die Bereitschaft zu esoterischen Experimenten bei ihnen in engen Grenzen, selbst bei den insgesamt etwas stärker esoterisch eingestellten Frauen.**
- **Von einem Boom esoterischer Lebensstile außerhalb enger Kreise kann man nichts erkennen, auch nichts von einem Trend dahin; die empirischen Daten schließen das aus.**
- **Dieser Bekenntniswandel führt nicht zu einem wie auch immer gearteten Verfall von Moral und Sitte.**
  Wir finden zwar auch bei älteren Menschen einen blinden Fleck in der Moral; er ist auch nicht ganz ohne Risiko; aber insgesamt ist er eher als Zeichen für Lebendigkeit und Vitalität zu werten.
- **Insgesamt ist die 50+ Generation ein Muster hoher Moralität und Verantwortungsethik.**

10. Wahlen, Politik und alternative Lebensformen

Wahlforscher glauben, dass «Senioren» (gemeint sind Wähler über 60) schon mehrfach in jüngster Zeit Wahlen entschieden haben.[104] Altbundespräsident Roman Herzog redet gar von einer «Rentnerdemokratie», weil die Älteren immer mehr werden und alle Parteien überproportional Rücksicht auf sie nähmen.[105] Die erwartete Verschiebung der Demographie wirft kräftige wahlpolitische Schatten voraus.

Das war zu erwarten, denn mit 20 Millionen bilden die 50- bis 70-Jährigen etwa ein Drittel der 61 Millionen Wahlberechtigten in Deutschland. Doch wohin fällt der Schatten? 60 % der Hamburger «Senioren» hatten 2004 die CDU gewählt. Vier Jahre später ein Déjà-vu: Wieder haben 57 % für die CDU gestimmt – und Ole von Beust zum Sieg verholfen.[106] Die Frage drängt sich auf: Ist das ein Hamburger Unikum, oder sind «Senioren», früher die notorisch konservative Hauptklientel der CDU, weiter in der Rechtskurve? Kann die CDU nun hoffen, mit 50+ wieder mehrheitsfähig zu werden? Kanzler Adenauer, so sagt man, habe 1957 mit den Stimmen der Älteren die bisher einmalige absolute Mehrheit für die CDU im Bund geholt.

Wie wählt die Generation 50+?

Wenn man die Tabelle 44 betrachtet, dann lautet die Antwort, die zitierten Ergebnisse in Hamburg sind ein Sonderfall, der zudem durch das Wahlverhalten der ganz alten Wähler (über 70 Jahre) und der Wahlenthaltung in anderen Altersgruppen geprägt wurde.

Bei Wahlen in ganz Deutschland gäben die rund 20 Millionen Wähler zwischen 50 und 70 Jahren ganz sicher den Stichentscheid – auch deshalb, weil sie notorisch zur Wahl gehen (über 70 %).

Aber sie würden den Ausschlag nicht nach rechts geben, sondern nach links. Rot-Rot-Grün hätte mit 56 % eine komfortable Mehrheit bei den 50- bis 70-Jährigen. Die beiden Parteien der Großen Koalition sind in dieser Altersgruppe am schwächsten besetzt.

Diese Zahlen mögen manchen überraschen, sie decken sich aber weitgehend mit denen des ARD-Deutschlandtrends (obwohl wegen unterschiedlicher Alterseinteilung nicht ganz vergleichbar). Bei den 45- bis 49-Jährigen ermittelte der Deutschlandtrend im selben Zeitraum (März 2008) für die CDU 33 %, die SPD 24 %, die Linkspartei 18 %, die Grünen 12 % und die FDP 10 %; Basis (N=1424).[107]

50+ steht links! Das kann man ohne Einschränkung sagen. Wir werden es in Zukunft wohl nicht mehr mit Senioren zu tun haben, die mehrheitlich rechts wählen. Schlagzeilen wie «Senioren für Ole» gehören der Vergangenheit an, denn die «Ole-Senioren» in Hamburg bzw. diejenigen, die der CDU immer noch zu ihren Mehrheiten verhelfen, sind heute die «echten» Alten. Wir reden von jenen Jahrgängen, die vor 1938 zum Teil noch im Nationalsozialismus sozialisiert worden sind. Sie sind die CDU-Domäne (über 43 % bei ARD), aber eine mit unaufhaltsamem «Fade-Out-Effekt». Angesichts der Tatsache, dass in Zukunft die zahlenstärkste Gruppe, also die Jahrgänge von 1938 bis 1963, das Rückgrat einer Linkswendung ist, wird dieser politische Wandel gesamtgesellschaftliche Auswirkungen haben.

Eine sogenannte «bürgerliche Mehrheit» wird auf Dauer immer unwahrscheinlicher. Natürlich, so kommentierte der scharfsichtige Göttinger Politologe Franz Walter die Hessenwahl 2008, seien die Unionsparteien damit noch nicht völlig aus dem Mehrheitszentrum der Republik verdrängt. Aber die Christlichen Demokraten hätten sich weit von den gesellschaftlichen Leitmilieus entfernt und den säkularen Wechsel der politischen Einstellung, die den Zeitgeist präge, verpasst. Diese Zäsur habe maßgeblich dazu beigetragen, dass zunächst

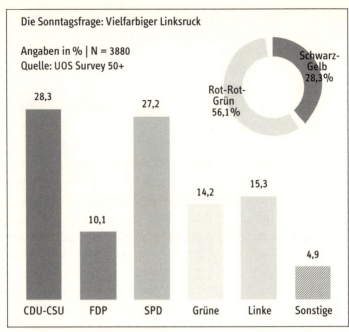

Tabelle 44: Die «Sonntagsfrage»

rot-grüne Mehrheiten entstanden und nun Rot-Rot-Grün eine zumindest arithmetische Majorität besäße.[108]

Genauer müsste man wohl sagen, die Leitmilieus haben sich weit von der Welt der CDU entfernt. Und wenn wir zu diesem Bild noch die beschriebene religiöse Säkularisierung hinzufügen, dann wird diese Entfernung ganz offensichtlich. Das gesellschaftspolitisch Neue daran ist wohl, dass solche Positionen jetzt aufgrund der demographischen Verschiebung mehrheitsfähig sind, so wie in der Vergangenheit die Politik der CDU. Linke Positionen werden nun von Älteren vertreten, also von denen, die ohnehin die Zügel der Gesellschaft in den Händen halten.

Wenn man nun unbedingt nach Wurzeln der 68er sucht, dann findet man sie wohl am ehesten hier; der säkulare Wechsel in der politischen Orientierung ist sicher eine Folge der Neuorientierung nach 1968 – und mit Einschränkung natürlich auch eine Folge der deutschen Wiedervereinigung, die nach 1989 ebenfalls eine eher traditionelle Linksorientierung mitgebracht hat.

Protesterfahren und demokratisch

Eine der zentralen Thesen der Literatur ist die Behauptung, die ehemaligen 68er würden auch als Alte auf der Protestschiene weitermachen, die ihre Jugend geprägt habe.

Wenn das stimmig sein soll, dann hätten wir es infolgedessen bei den 50- bis 70-Jährigen mit Menschen zu tun, die über eine gewisse Protesterfahrung verfügen müssten, was die Forscher an der Frage festgemacht haben, ob man zumindest schon mal an einer Demonstration teilgenommen habe, ganz gleich, ob das nun eine kleine Protestversammlung war oder eine Massendemonstration wie in der Friedensbewegung mit 300 000 Teilnehmern und mehr.

Ergebnis: Über die Hälfte der Befragten scheint das schon mal gemacht zu haben und also Erfahrungen auf und mit einer Demonstration zu haben. Mehr als ein Drittel war auch aktiv in einer Bürgerinitiative tätig und hat so weitergehende Protesterfahrung sammeln können! 23,2 % haben sich bei einer ökologischen Protestaktion engagiert. Und schließlich geben 13 % der Befragten an, in der Studentenbewegung aktiv gewesen zu sein, was man allerdings als bemerkenswert bezeichnen muss. Es handelt sich dabei angesichts der faktischen Zahlenverhältnisse jedoch um einen sehr weit gefassten Begriff von Studentenbewegung, in dem Sinne etwa, dass die Befragten als Studenten in der einen oder anderen Form politisch aktiv waren, ohne dass sie deswegen in der Studentenbewegung vor 1969 aktiv gewesen sein müssen. Aber auch dann ist der Wert bemerkenswert hoch.

Insgesamt also kann man davon ausgehen, dass die Menschen zwischen 50 und 70 tatsächlich durchaus protesterfahren

Tabelle 45: Protestpotenziale

sind. Sie sind «waschechte» Demokraten, das heißt solche, die es verstehen, von ihren politischen Rechten auch Gebrauch zu machen und notfalls dafür einzustehen. Aber es sieht so aus, als handele es sich hier eher um eine Art fakultatives Protestpotenzial, also um ein solches, dass wie eine strategische Drohung im Raum steht und daher nicht eingesetzt werden muss, weil die anderen wissen, dass das Potenzial vorhanden und die Drohung ernst zu nehmen ist. Dies zeigt sich auch in der politischen Grundeinstellung, wie Tabelle 46 belegt.

Die in dieser Tabelle erkennbare Skala zeigt, dass es in der Tat nicht die geringsten Anhaltspunkte für antidemokratisches Denken gibt. Zwar ist kritisch anzumerken, dass es mit fast 30 % Zustimmung sehr wohl eine erhebliche Anti-Migrations-Stimmung gibt. Aber dass etwa 10 % dezidiert rechtsradikalen,

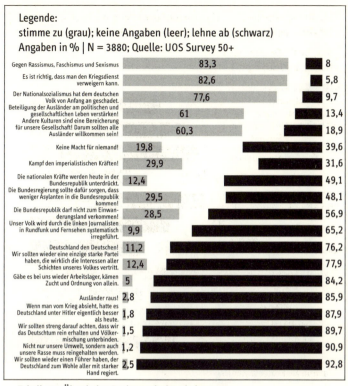

Tabelle 46: Über jeden Rechtsverdacht erhaben

wenn auch nicht faschistischen Aussagen zugestimmt haben, liegt deutlich unter dem gesamtgesellschaftlichen Trend. Die Generation 50+ deshalb durch die Bank zu seiner Musterdemokraten machen wollen wäre angesichts dessen wohl übertrieben. Diese Tendenz muss festgehalten werden. Sie belegt, dass es eine Zweiteilung auch hier gibt. Allerdings stehen dem über 60 % Integrationsbereitschaft gegenüber.

Die Generation 50+, so kann man angesichts dessen sagen, ist ernst zu nehmen, gekennzeichnet von politischen, sozialen und weltanschaulichen Werten, die friedlich, integrativ und demokratisch sind. Es hat in der deutschen Geschichte nie eine ältere Generation und nie eine bürgerliche Deutungsmacht gegeben, von der man das jemals zuvor und in dieser Deutlichkeit hätte sagen können. Dass es sich mit der darunterstehenden Generation der 40- bis 50-Jährigen, die in etwa so ähnlich ausgerichtet ist, für lange Zeit auch zahlenmäßig um die Mehrheit unseres Landes handelt, dürfte allein schon die Verhältnisse in einmalig friedlicher Weise verändert haben – jetzt schon.

Politikfeld: Wohnen

«Henning Scherf (68), Bremens Exregierungschef, ist mehr denn je vom Konzept der Alten-Wohngemeinschaft überzeugt. «Ich glaube, dass sie im Kommen ist», sagte er dem Magazin «Senioren Ratgeber». Scherf, der seit 18 Jahren in einer Alten-WG lebt, rät, frühzeitig mit der Planung zu beginnen, meint aber auch: «Es ist nie zu spät.» Bei der Entscheidung, mit wem man unter einem Dach leben wolle, solle man größte Sorgfalt walten lassen. «Lieber ein Jahr länger warten, einen Urlaub mehr zusammen machen.» Das ist der Wortlaut einer dpa-Meldung vom 17. April 2007.[109] Ursula von der Leyen propagiert auf der Website des Projektes «Mehrgenerationenhaus» alternative Wohnformen in anderer Weise: Sie promotet massiv die Auffassung, das Zusammenleben älterer Menschen mit mehreren Generationen in gemeinschaftlichen Häusern und größeren Gruppen verbessere die Lebenschancen und die Lebensqualität.[110]

In Deutschland machen sich Politiker, Experten und Stiftungen Sorgen um die Pflegebedürftigen[111]. Nimmt die Zahl der Hochaltrigen (in der Regel über 80-Jährige), bei denen die Pflegebedürftigkeit bei 25 % liegt, weiter zu, bedenkt man zugleich, dass etwa 80 % der Pflegefälle zu Hause und vom Partner gepflegt werden, dann macht die befürchtet große Zahl der Singles, also Menschen ohne familiäre Bindung, vor allem konservativen, auf das Familienmodell verpflichteten Politikern echtes Kopfzerbrechen. Das Pflegesystem ist im Grunde nur als eine Art von Überlaufbecken zur Familienpflege konzipiert.

Professionelle Pflege ist die Ausnahme und soll es wohl auch sein. Kann das Pflegesystem so große Zahlen überhaupt versorgen? Kann eine Pflegeversicherung, die wie die unsere konzipiert ist, so einen Wandel finanziell überhaupt verkraften? Konservative Politiker streben offenbar an, dass andere Formen der häuslichen Pflege gefunden werden, familienartige oder familienorientierte Formen der Privatisierung der Verantwortung[112]. Linke Politiker wie Scherf knüpfen lieber am Modell der Wohngemeinschaft an, das ein bisschen mehr an die 68er-Bewegung erinnert, aber letztendlich auch auf nichts anderes hinausläuft.

Aber wollen das Singles über 50? Wollen die Menschen über 50 andere Wohnformen und damit eine andere Wohnungspolitik? Nach Angaben des Statistischen Bundesamtes gibt es insgesamt 7,8 Millionen Singlehaushalte. 3,6 Millionen, also fast die Hälfte davon, sind zwischen 50 und 70 Jahre alt. Aber auf der anderen Seite lebt weniger als jeder Dritte zwischen 50 und 70 als Single. Die meisten, 70 % unserer Zielgruppe, so hatten wir bereits gesehen, leben mit ihrem Partner zusammen. Man könnte also begründete Zweifel daran haben, dass solche Experimente im Kommen sind, wenn man die empirischen Daten liest:

Über 76 % sind mit ihrer derzeitigen Wohnsituation zufrieden;
- die Zufriedenen sind zu über 80 % verheiratet oder leben in einer Beziehung;
- über 70 % haben eine Wohnung, die in Größe und Ausstattung ihren Wünschen entspricht und Platz für Freunde und Gäste lässt;
- die Hälfte der Befragten hat zudem gute Kontakte zu den Nachbarn, pflegt sogar freundschaftliche Verhältnisse;
- und 41 % haben ein Haustier, die Hälfte davon Katzen, 40 % einen Hund.

Man vermutet da schon, dass sich andere Wohnformen, Wohngemeinschaften und Mehrgenerationenhäuser nur dann einer gewissen Beliebtheit erfreuen, wenn man, wie Exbürgermeister Scherf oder Ministerin von der Leyen, ideologische/politische Motive dafür aufbringen kann. Bei Henning Scherf überzeugt die lebensweltliche Konsequenz, mit der er vorlebt, was er propagiert. Aber bei Ministerin von der Leyen kann man sich nicht wirklich vorstellen, dass sie die Lebenswelt ihrer Familie verlassen möchte, um in einem Mehrgenerationenhaus zu leben. Warum auch, dürfte sie – und wohl mit Recht sogar – einwenden, ihre Familie biete ja einen wohl ausreichenden und funktionierenden Mehrgenerationenverband. Eben! Darum, um die Familie konservativen Sinnes, geht es ihr ja auch! Sie benötigt nämlich kein Mehrgenerationenhaus. Nur diejenigen brauchen so etwas, die eine vielköpfige Oberschichtfamilie und die dazugehörigen Ressourcen nicht haben.

Die 50- bis 70-Jährigen sind natürlich Teil der medialen Öffentlichkeit und damit Teil der gesellschaftlichen Selbstbeobachtung. Ihnen sind – zumal als Betroffene – selbstverständlich alle hier diskutierten Themen bekannt. Über 60 % geben sogar an, dass das Generationenproblem eines der wichtigsten, wenn nicht gar das wichtigste Thema der Zukunft sein werde, und demonstrieren damit deutlich, wie sehr sie schon bis in die Wortwahl in die Debatte involviert sind. Deshalb kann es nicht verwundern, dass sie, wie Tabelle 47 zeigt, bestens informiert sind. Verwunderlicher ist schon eher die hohe Zustimmung, die alternative Lebensformen erreichen. Aber auch hier scheint eine gewisse politische Verzerrung am Werk zu sein, wie wir später noch sehen werden:
– 42 % können sich eine Wohngemeinschaft älterer Menschen als Lebensform vorstellen und
– 60 % (fast) halten Mehrgenerationenhäuser für attraktiv.

Die Auflösung des scheinbaren Widerspruchs zwischen befriedigender Wohnsituation, für deren Aufgabe es keinen plausiblen Grund gibt, und der Akzeptanz alternativer Lebensformen, für die man dieses befriedigende Leben unvermeidlich würde aufgeben müssen, ist der dritte Faktor in diesem Bild: Nicht einmal 30 % können sich gut vorstellen, in ein Altersheim

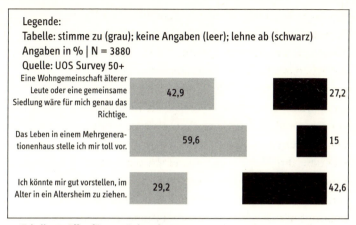

Tabelle 47: Offen für neue Lebensformen

zu ziehen, und gut 40 % der Befragten lehnen das schlichtweg ab.

Wie kommt es dazu? Nun, allem Anschein nach unterstellen die Befragten, dass sie ihre P&B-Idylle nicht auf Dauer werden ausleben können. Irgendwann kommt der Punkt, wo die Partnerschaft nicht mehr überdauert oder die Gesundheit ein betreuungsfreies Leben nicht mehr ermöglicht. Der Zeitpunkt, wann dieses Ereignis eintritt, ist auch klar erkennbar, wie Tabelle 48 zeigt: Es ist der Moment, wo man seine Selbständigkeit verliert. Besonders eindeutig: Für die allermeisten ist das mit dem Augenblick gleichzusetzen, in dem man pflegebedürftig wird (aber selbst dann noch ist ein harter Kern von 20 % nicht bereit, in ein Altersheim zu gehen).

Diese Vorausschau ist vernünftig und realistisch. Man wird als hochbetagter Mensch nicht davon ausgehen können, bis zum letzten Tag sein vorheriges Leben beibehalten zu können. Man kann auf eine Lebensführung setzen, die den Zeitpunkt dieses Schrittes nach oben verschieben kann, man mag auf medizinische Fortschritte hoffen, aber irgendwann kommt realistisch der Zeitpunkt, wo man eine andere Lebenspraxis ergreifen muss. Aber dann will man auf keinen Fall in ein Altersheim. Alles andere ist besser. Es kommt noch hinzu, dass

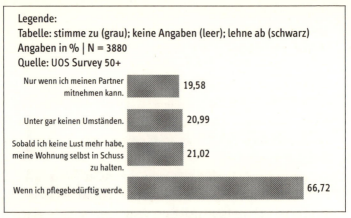

Tabelle 48: Wann würden Sie in ein Altersheim gehen?

die nicht-religiöse Mehrheit für sich in einem konfessionell geführten Altersheim mit Sicherheit keinen Platz sieht. Von denen, die sich in jedem Falle weigern würden, in ein Altersheim zu gehen, gehören die allermeisten (76 %) zu den Konfessionslosen.

Bei der erwarteten Lebensspanne der jetzt 50- bis 70-Jährigen reden wir in den kommenden 5 bis 20 Jahren von etwa 10 Millionen Menschen oder drei Megastädten mit einer Größe wie Berlin[113], die nicht ins Altersheim wollen und auf jeden Fall andere Lebensformen bevorzugen würden. Henning Scherf hat also wahrscheinlich recht. Die neuen Lebensformen sind im Kommen. Und auch Ursula von der Leyen liegt richtig, denn wenn schon alternative Lebensformen im Kommen sind, dann sind Mehrgenerationenkonzepte noch deutlich beliebter: Dieses Konzept hat bei den Befragten eine Zustimmung von fast 60 % gefunden.

Wenn auch nur ein Bruchteil der Betroffenen 10 Millionen Menschen ernsthaft davon Gebrauch machen will, wird man mit kleinteiligen Lösungen nicht hinkommen können. Aus diesem Problem kann bei diesem Potenzial eine Bewegung werden. Aber darauf ist derzeit niemand vorbereitet.

FASSEN WIR ZUSAMMEN:

- Dass ältere Wähler konservativ wählen, gehört der Vergangenheit an. Zwar wählen die ganz alten Alten, noch in der Nazizeit sozialisierten Wähler CDU, aber sie leiden am eingebauten Fade-Out-Effekt.
- Die Mehrheit der 45- bis 70-Jährigen wählt Rot-Rot-Grün (60 %); und diese Altersgruppe bildet fast 45 % der Wähler; nie zuvor in der Geschichte hat es so etwas gegeben.
- Die (älteren und dominierenden) bürgerlichen Milieus haben sich von den traditionellen bürgerlichen Parteien entfernt; der Göttinger Politologe Walter fragt zu Recht: Wozu CDU?
- Diese neue Mehrheitsformation der deutschen Politik ist klar demokratisch und zeigt keinerlei extremistische Anfälligkeit, leichte Anti-Migrations-Affekte eingeschlossen; sie setzt mehrheitlich ihr ethisches Profil in Politik um.
- Diese Wählerformation verfügt wie keine andere Wählerschicht über bürgerschaftliches Potenzial und Protesterfahrung; es ist aber nicht zu erkennen, dass sie für ein aktuelles Projekt eingesetzt wird; die Politisierungsfähigkeit wird vielmehr als Abschreckung gesehen: Die Generation kultiviert eine defensive Protestinfrastruktur.
- In der Wohnungspolitik hat das Modell der Wohngemeinschaft und der Mehrgenerationenhäuser eine realistische politische Zukunft, nicht weil derzeit Bedarf wäre. Das Modell hat breite Unterstützung, weil dann, wenn der Zeitpunkt der Pflegebedürftigkeit eintritt, neue Modelle erforderlich werden. Altersheime sind tot. Alternativen gibt es noch nicht wirklich. Bis es so weit ist, kann noch experimentiert werden.

11. Gesundheit, Krankheit und Tod

Wie bei dem Politikfeld Wohnen deutlich wurde, interessiert die Politik an der demographischen Veränderung der Bevölkerung in Deutschland vor allem das Pflegerisiko. Dahinter steht das fiskalpolitische Horrorbild des finanziellen Ruins der öffentlichen Haushalte und der gesetzlichen Versicherungen durch eine schnell wachsende Zahl von alten Menschen, die nach den bisherigen Erfahrungen bald in dramatischer Zahl zu Pflegefällen werden müssten. Die Bertelsmannstiftung spricht von 8 Mio. Pflegefällen.

Krankheit und Pflegebedürftigkeit

Hier also liegt der Schlüssel für das Problem: «Nach bisherigen Erfahrungen» bedeutet, dass die bislang bekannten Risiken fortgeschrieben werden, so wie es das Statistische Bundesamt für die Vergangenheit erhoben hat. Diese Zahlen sahen 2001, im aktuellen Erhebungsjahr für den derzeit diskutierten Datensatz, so aus:
- Zwischen dem 50. und dem 70. Lebensjahr ist das Risiko, ein Pflegefall zu werden, fast null. Zwischen 50 und 65 liegt es unter 1 % und steigt danach auf 2 %.
- Ab dem 75. Lebensjahr geht das Risiko steil nach oben: Unter 80 Jahren liegt es bei 10 %, in den folgenden 5 Jahren steigt es auf 20 % und erreicht die Spitze bei den 90- bis 95-Jährigen, wo das Risiko bei 60 % ankommt.

Und: Im Durchschnitt landet nur jeder vierte Pflegefall in einem Heim; selbst bei der Spitze der Pflegebedürftigen werden immer noch 57 % zu Hause versorgt.[114]

Schreibt man diese Zahlen fort, kommt man zu dem Schluss,

dass bald nichts mehr gehen wird, vor allen Dingen, dass das bisherige System häuslicher Versorgung mit diesem Ansturm nicht fertigwerden würde, selbst wenn es noch traditionell funktionieren würde. In vielen Fällen dürfte es aber ausfallen, weil sich die Familienstrukturen deutlich geändert haben.

Aber kann man den Status quo so einfach in die Zukunft projizieren? Wie steht es um die Gesundheit der 50- bis 70-Jährigen? Schon aus den alten Pflegerisikodaten kann man schließen, dass bei unserer Zielgruppe faktisch keine Krankheiten auftreten, die von lebensbedrohlicher Bedeutung wären. Andererseits zeigen unsere Befragungsdaten (UOS Survey), dass sie nun auch nicht gerade ein Ausbund an Volksgesundheit sind. Die Hitliste der vielen Krankheitsbilder, die angegeben wurden:

Bluthochdruck	33,6 %
Gelenk- und Knochenbeschwerden	33,6 %
Rückenleiden	27,2 %
Schlafstörungen	19,6 %
Augen	16,5 %
Allergien	13,9 %
Herz-Kreislauf	12,2 %
Diabetes	10,0 %
Depressionen	8,0 %
Magen-Darm-Erkrankungen	6,3 %
Krebs	1,6 %

Dass Bluthochdruck diese Liste anführt, ist nicht verwunderlich: Jeder zweite Erwachsene über 50 lebt in den westlichen Industrieländern laut Medical Tribune mit einem zu hohen Blutdruck.[115] Selbst in der Altersgruppe zwischen 25 und 29 Jahren werden für 25 % der Männer zu hohe Blutdruckwerte angegeben. Deutschland, so heißt es, führt die Liste der höchsten Bluthochdruckwerte in Europa an.

Angesichts dessen sind die Befragungsdaten der UOS-Studie sehr gute Werte (selbst wenn in Fragebogen nur auf eine Selbsteinschätzung der Befragten zurückgegriffen wird und das Ergebnis daher eine gewisse Unschärfe haben muss). Sie deuten darauf hin, dass sich die Zielgruppe gesamtgesundheitlich eher positiv als negativ entwickelt. Das scheint auch plausibel, wenn wir diese Daten mit den Werten vergleichen, die wir für das sportliche Verhalten heranziehen können. Im Kapitel Freizeit haben wir schon auf die Bedeutung des Breitensports in dieser Altersgruppe verwiesen. Deshalb sei nochmal erinnert, dass sich die Zahl der joggenden Männer (hier als Indikator für zunehmende sportliche Aktivität genutzt) von unter 10 % auf über 30 % in den letzten 20 Jahren verdreifacht hat.[116]

Ähnliches gilt für das Thema Gelenk- und Knochenbeschwerden bzw. Rückenschmerzen. Auch hier werden im Allgemeinen sehr hohe Werte berichtet (in der Altersgruppe zwischen 50 und 70 Jahren seien 1998 etwa 50 % in den alten Bundesländern daran erkrankt gewesen, berichtet das Robert-Koch-Institut (RKI)[117]. Ob die Zahlen heute wirklich noch so hoch sind wie bisher, ist schwer zu belegen. Aber: «Krankheiten des Muskel- und Skelettsystems gehören zu den häufigsten und kostenträchtigsten Leiden in Deutschland», und: «Zur Häufigkeit der Osteoporose und der Arthrose liegen für Deutschland bisher keine verlässlichen Zahlen vor. Dennoch ist klar, dass es sich auch in diesen beiden Fällen um weit verbreitete Erkrankungen handelt», heißt es in «Gesundheit in Deutschland 2006», herausgegeben vom Robert-Koch-Institut.

Gemessen daran liegen die hier von uns gemessenen Werte Gelenk- und Knochenbereich ebenfalls deutlich unter dem Ergebnishorizont älterer Menschen. Es ist sicher richtig, dass noch zu wenig Daten vorliegen, um daraus schon eine sichere Trendumkehr herausdeuten zu können. Erst die weitere Erforschung der Zielgruppe wird dazu führen, diesen Befund zu überprüfen. Aber richtig ist sicher auch, dass solche Daten nicht begründen, die bisherigen Status-quo-Projektionen bedenkenlos nach vorne weiterzutreiben.

Wie lange kann man beschwerdefrei leben?

Über den ganzen Altersbereich geben fast 20% der Befragten an, völlig beschwerdefrei zu sein. Aber auch bei den anderen 80% treten keine Krankheiten auf, die man als «Alterskrankheiten» bezeichnen kann. Wir haben nicht die geringsten Hinweise auf Beschwerden, die erstmals im Alter auftreten oder in ihrer Häufigkeitsverteilung eng an das Lebensalter geknüpft sind. Es treten keine Krankheiten auf, die auf Abbauvorgängen im Organismus oder die auf schwächer reagierendem Immunsystem beruhen. Krebs haben nur 3,1% der Befragten, also 120 Personen, angegeben, Magen-Darm-Erkrankungen 6%. In den Antworten finden sich keine Angaben zu neurologischen Krankheitsbildern, keine Schlaganfälle, kein Parkinson, kein Alzheimer und keine Demenz. Selbst Angaben zu Herz- und Kreislauferkrankungen haben wir nur bei 12,2% feststellen können.

«Die Weltgesundheitsorganisation», so berichtet das RKI, «verfügt über Daten zur gewichteten Lebenserwartung (...). Demnach lag in Deutschland im Jahr 2002 die **gesunde Lebenserwartung** der Frauen bei 74,0 Jahren. Weitere 7,6 Jahre wurden in beeinträchtigter Gesundheit verbracht. Die gesunde Lebenserwartung der Männer betrug dagegen 69,6 Jahre. Mit gesundheitlichen Beschwerden lebten sie im Schnitt 5,9 Jahre lang.»[118] Wohlgemerkt, dass sind Daten, die auf Erhebungen vor 10 Jahren beruhen. Wenn man nun unsere Daten von 2008 heranzieht und ferner die Tendenz der Verbesserung der Lebensbedingungen als Basistrend berücksichtigt, dann kann man mit aller Vorsicht schlussfolgern, dass sich die von der WHO ermittelte beschwerdefreie Lebenserwartung inzwischen insgesamt über das 80. Lebensjahr hinaus erweitert hat. Das ist sicher eine zentrale Botschaft:

– Wie lang die Lebenserwartung als solche ist, mag interessant sein, aber unter Gesichtspunkten der Beschwerdefreiheit ist das eher von nachgeordneter Bedeutung.
– Was wirklich zählt, ist die beschwerdefreie Lebenserwar-

tung, und die bewegt sich für beide Geschlechter auf 80 bis 85 Lebensjahre; «Champagner», kann man da nur sagen!

Also: Der Generation 50–70 geht es gesundheitlich gut; sie ist weitestgehend gesund. Die vorhandenen Beschwerden liegen leicht unter der Erwartung; sie lassen sich zwar nicht bagatellisieren (Bluthochdruck kann gefährlich sein), aber sie lassen sich zunehmend besser beherrschen, und die auftretenden Beschwerden halten sich erfahrungsgemäß im erträglichen Bereich. Und: Sie lassen sich offensiv angehen. Man kann etwas dagegen tun und die Grenzlatte für beschwerdefreies Leben selbst aktiv weiter nach oben verschieben.

Probleme schwerer Erkrankungen betreffen unsere Zielgruppe aktuell nicht. Perspektivisch schon. Jedoch hält sich diese Betroffenheit in Grenzen. Ein Pflegerisiko von 40 %, das einen in 20 bis 30 Jahren ereilt, macht nachdenklich, erfordert aber keine sofortige Aktion. Dies umso mehr, als die zitierten Messgrößen nur eine Momentaufnahme darstellen und selbst dem Wandel unterworfen zu sein scheinen. Selbst wenn man nicht darauf hofft, dass die *Longevity-Projekte* für die Generation 50+ noch zum Zuge kommen. Wenn aber doch, kann es den Trend nur unterstützen. Da ist er schon längst. Was Alterung und Beschwerdefreiheit betrifft, so gilt mehr denn je: Wir haben es nicht mit festen Werten zu tun, sondern mit Variablen, die von den Betroffenen selbst durch Lebensstil und Einstellung beeinflusst werden können.

Da ist es wohl erklärlich, dass sich die Generation 50+ im Ganzen pudelwohl fühlt. Man hat in Tabelle 49 sogar den Eindruck, dass die erwartungsgemäß mit dem Alter auftretenden Erscheinungen des Abbaus, der Degeneration von vitalen Indikatoren geradezu ins Gegenteil verkehrt werden: Zumindest bis zum 70. Lebensjahr (weiter gehen unsere Messungen nicht) sehen wir nur Indikatoren für einen Zuwachs an bestimmten Fähigkeiten. Nicht den geringsten Hinweis aber finden wir für Abbau. Wichtige Indikatoren lassen dabei sogar aufhorchen, die in älteren Studien erheblich negativer abschnitten:

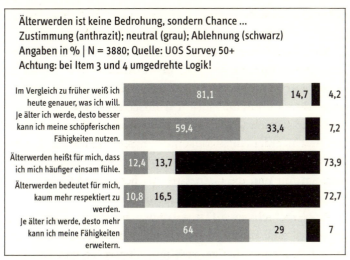

Tabelle 49: Mit dem Alter bessert sich das Leben

- 81 % fühlen sich auf der Höhe ihrer Lebenskraft und wissen jetzt erst richtig, was sie wollen (4 % lehnen ab),
- offenbar wachsen die schöpferischen Fähigkeiten bei 60 % mit zunehmendem Alter noch (7 % lehnen ab),
- 64 % können ihre Kräfte mit dem Alter erweitern, 29 % sind neutral, und nur 7 % lehnen ab;
- Einsamkeit und Respektverlust spielen keine Rolle; nur 10 % respektive 12 % fühlen sich eingeschränkt.

Das sind im Lichte der älteren Studien wie des «Alten-Survey» von 2002, die im Ansatz eine gewisse Wohlfühltendenz bereits aufgespürt haben, zwar keine sensationell zu nennenden Werte. Aber es sind weitere Belege dafür, dass sich in der Tat längst ein Nicht-Altersgefühl eingestellt hat. Der Lebensabschnitt zwischen 50 und 70 scheint *emotional* gar eine goldene Zeit – und zwar desto besser, je mehr man auf die 70 zugeht. Der Lebensabschnitt zwischen 50 und 70 ist aber auch *physisch* eine gute Zeit, weil man mit 60 z.B. durchaus noch 20 bis 25 beschwerdefreie Jahre vor sich haben kann, wenn man es richtig macht, das heißt, für sich den richtigen Lebensstil trifft.

Über das Sterben, das Lebensende und den Tod

Dennoch, auch wenn das Lebensende mit 50 und auch noch mit 70 eine Ecke weiter weg ist, spielt denn der Tod keine Rolle, wenn man schon so weit gekommen ist? Die Menschen leben zwar von ihren Illusionen über sich selbst, wie Georg Stephan Troller formuliert hat.[119] Zu diesen Illusionen gehört der Tod sicher nicht, man kann ihm nicht entweichen. Aber man kann den Tod zu verdrängen versuchen. Und da zeigt sich, dass die Menschen 50+ mehrheitlich den Tod verdrängen wollen:

Etwas weniger als ein Drittel denkt *nicht* an den Tod (32 %), 31 % der Befragten gehen auf die Frage lieber *gar nicht erst ein*. Nur 36,8 % haben den Tod als Thema vor Augen und lehnen es ab, nicht daran zu denken.

Ein interessantes Datum dabei ist die Erfahrung mit dem Tod selbst. Wer Sterben nah erlebt hat, verdrängt den Tod offenbar nicht so leicht.

Die Forscher haben nach ernsthaften Erfahrungen mit dem Tod gesucht und nach Sterbehilfe gefragt. Das Ergebnis aus Tabelle 50 scheint eindeutig: Sterbebegleitung ist in erster Linie eine Lektion für den Begleitenden. Sie erschüttert zwar (43,3 %), nimmt vielen die Angst vor dem Tod (39 %), aber sie ist für die allermeisten (72,6 %) eine wichtige Lebenserfahrung für ihre eigene Altersbewältigung. Das erfährt, wer die Beschäftigung mit dem Tod mit diesem Komplex vergleicht. Dann nämlich zeigt sich, dass fehlende Erfahrung mit dem Tod eines anderen zur Verdrängung führt (von denen, die nicht an den Tod denken, haben 75 % keinerlei Erfahrung mit dem Tod eines anderen!). Für die anderen aber bringt die Erfahrung eine realistischere Todesbetrachtung im eigenen Leben.

Bleibt die Frage nach der Bewertung des Todes für einen selbst. Hat der sprichwörtliche Wertewandel, für den die Generation 50+ steht, auch die Ebene von Euthanasie und Suizid erreicht, wie in der Ausgangshypothese vermutet? Tabelle 51 (S. 186) gibt dazu sehr aufschlussreiche Antworten.

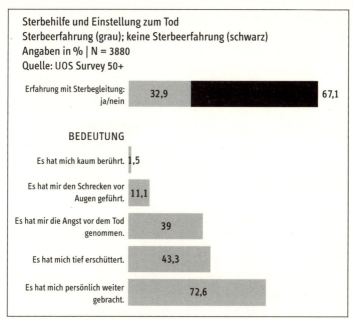

Tabelle 50: Erfahrung mit dem Tod

Die Befragten sind wertliberal in Bezug auf das individuelle Recht auf einen freigewählten Tod bei Sterbehilfe wie Suizid:

– 56 % halten Sterbehilfe für ein Verbrechen (10 % sehen das anders);

– 51,2 % verstehen den Freitod als Menschenrecht (Ablehnung 25 %).

Aber daraus folgt keine massenhafte Praxis: 30,5 % würden unter Umständen Sterbehilfe leisten, und 36,5 % sehen im Selbstmord kein feiges Davonlaufen. Aber auch das ist mehr eine Verschiebung in der Bewertung als im Handeln. Nur etwa 10 % der Befragten sagen, sie könnten einen Suizid für sich in Betracht ziehen. Wir sehen darin keinerlei Anzeichen für eine Hinwendung zum Selbstmord als Strategie älterer Menschen, in größerer Zahl ihrem Leben ein freigewähltes Ende zu setzen – jedenfalls keines, das über das bisherige Maß hinausgehen würde.

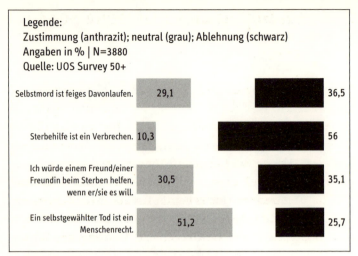

Tabelle 51: Einstellung zu Sterbehilfe und Freitod

FASSEN WIR ZUSAMMEN:

- **Der Gesundheitszustand der Generation 50+ ist durchweg gut; Beschwerden gibt es, aber sie stellen keine ernsthaften Einschränkungen der Lebensqualität dar; sie liegt klar unter dem Durchschnitt früherer Altersgruppen.**
- **Die zu erwartende durchschnittliche beschwerdefreie Lebenszeit, ohnehin nicht festgelegt, sondern durch Lebensstil beeinflussbar, bewegt sich auch ohne Durchbrüche der Longevity-Forschung ständig nach oben; derzeit liegt sie erwartungsgemäß bei 80 bis 85 Jahren; im Einzelfall kann sie auch darüberliegen.**
- **Dennoch spielt der Tod eine Rolle, auch wenn die meisten ihn verdrängen; die Generation hat eine positive Einstellung zum Wert der Selbstbestimmung über den Todeszeitpunkt und würde ihn akzeptieren; aber Hinweise darauf, dass der Suizid im Trend liege, auch nur annäherungsweise, gibt es nicht.**

12. Gibt es einen Lifestyle 50+?

Diese Frage kann man gleichermaßen mit «Ja» und mit «Nein» beantworten. Was das «Ja» betrifft, so muss man sagen: Tatsächlich gibt es, wie wir bisher gesehen haben, eine beachtliche Reihe von Dingen, die diese Altersgruppe als Generation von anderen, älteren wie jüngeren, fundamental unterscheidet. Schließlich handelt es sich um die Wertewandel-Generation des 20. Jahrhunderts. Und es betrifft fast alle in der Generation: Eine große Zahl dieser Verhaltensweisen und Einstellungen tritt unabhängig von Geschlecht und Einkommen, Bildung und Sozialschicht auf. Solche Merkmale nennt man «säkular». Das Vorkommen säkularer Einstellungen und Normen in unserer Zielgruppe bedeutet nun, dass die Annahme, es gebe eine durchaus lebensschicksalhaft geprägte Altersgruppe, also die «68er» beziehungsweise – auf heute bezogen – die Generation «50+», so ganz falsch nicht sein kann. Es ist auch naheliegend, denn die Ursache für das säkulare Verhalten einer Generation ist die gemeinsame Kulturgeschichte des Alltags, also das gemeinsame Erlebnis verschiedener fundamentaler Zäsuren der Geschichte – oder vielleicht auch nur jener Ereignisse, die im Nachhinein als historisch bezeichnet und im kollektiven Gedächtnis der Generation so abgelegt wurden. Für die Kriegsgeneration mag es der 2. Weltkrieg gewesen sein, für die jetzige 50+ Generation ist es die politisch normativ-kulturelle Alltagsrevolution der 60er und 70er Jahre.

Aber eben nur «nicht so ganz». Denn was das «Nein» betrifft, muss festgestellt werden, dass diese Erfahrungen natürlich nicht überall gleich verarbeitet worden sind. Auch die letzten 50 Jahre sind auf dem Hintergrund unterschiedlicher sozialer Schichten und kultureller Wertvorstellungen erlebt, verstanden und interpretiert worden. Dieser Wandel und seine Verarbeitung haben sogar durch die Zunahmen an Individualisierung zu einer erheblichen Ausdifferenzierung der sozialen Wirklichkeit geführt, zu einer Zunahme, zur vielzitierten «Pluralisierung» der alltäglichen Lebensstile. Zahlreiche soziologische Studien haben das seit den 80er Jahren beschrieben und belegt.[120] Aufgrund dieser gewachsenen sozialen Vielfalt sprechen die meisten Soziologen auch nicht mehr so gern von sozialen Schichten, die ihnen zu stark suggerieren, es gebe (noch) einen alles andere übertünchenden kausalen Zusammenhang zwischen wirtschaftlicher Lage und Alltagsverhalten; sie sprechen heute überwiegend lieber von «sozialen Milieus», worunter sie in der Regel die gemeinsamen Verhaltens- und Erlebensweisen («äußeres Milieu») sowie die kulturellen Strukturprinzipien des Erlebens («inneres Milieu») relativ kleiner und in sich homogener Gruppierungen verstehen.[121] Die gesellschaftliche Solidarität, so sagen führende Lebensweltforscher, komme heute weniger über ökonomische Chancen oder religiöse Bekenntnisse zustande als vielmehr über gemeinsame Wertvorstellungen, Vorliebe für Produkte und politische Einstellungen. Solidarität konstituiert sich in der modernen Gesellschaft des 21. Jahrhunderts immer mehr über gemeinsame Lebenswelten, sagen sie, und das zunehmend über Grenzen hinweg, seien sie nun Alter, Geschlecht oder Nation.[122]

Die «säkularen Veränderungen»

Die großen säkularen Veränderungen, die unsere 50+ Generation zu einer altersspezifischen Einheit zusammenschweißen könnten, lassen sich grob in zwei Gruppen teilen, die materiellen und politischen Veränderungen auf der einen und der Wandel der Normen und Werte auf der anderen Seite. Zu den wichtigsten der materiellen Veränderungen zählt zweifelsfrei:
1. **Hohe Bildung:** Nie zuvor dürften ältere Menschen so gebildet gewesen sein wie die 50- bis 70-Jährigen heute; am Anfang ihrer biographischen Karriere stand Bildung als Bürgerrecht und Bildungsreform; Hauptprofiteure dieser Reform,

das weiß man heute, sind nicht, wie intendiert, Arbeiterkinder gewesen, sondern Frauen.

2. **Frauenemanzipation:** Nie zuvor waren daher ältere Frauen so gut gebildet und infolgedessen auch berufstätig, selbständig und in einem sehr pragmatischen Sinne emanzipiert; auch wenn sie bis heute benachteiligt werden, so setzt selbst diese Benachteiligung noch ihre Emanzipation voraus.

3. **Tertiäre Berufswelt:** Ursache und Folge dieser beiden Prozesse ist die Veränderung der Berufswelt, die sich mit dieser Generation vollzieht; Deutschland wird, mehr noch als andere westliche Länder auch, von einem Land der Industriemoderne zu einem Land der «Wissens- und Dienstleistungsgesellschaft»; unsere Zielgruppe ist die erste Berufsgeneration der Geschichte, die mit diesen Erfahrungen in den Ruhestand tritt.

4. **Relativ hohe Einkommen:** Verbunden mit den aufkommenden tertiären und akademischen Berufen ist der Umstand relativ hoher Einkommen, die sich im Alter als hohe Renten entpuppen; zum ersten Mal verzeichnen wir auch eine sehr hohe Zahl von Doppelverdienern, die nun Vorteile davon auch als Doppelbezieher von Renten hat.

5. **Freizeit:** Nie zuvor haben Menschen so über freie Zeit verfügt wie die Generation 50+ in ihrem gesamten Berufsleben, und wohl noch nie stand einer Generation so viel beschwerdefreie Lebenszeit ohne Zwang zur Arbeit nach dem Eintritt in das Rentenalter zur Verfügung.

6. **Gesundheit:** Noch nie waren auch infolge der vorgenannten Veränderungen Menschen im Alter von 50 bis 70 so fit und gesund wie heute, weshalb sie etwas dafür tun, so lange beschwerdefrei zu sein wie möglich. Und was vielleicht noch wichtiger scheint, nie hatten sie die Chance für eine so lange beschwerdefreie Lebenserwartung.

Zu den wichtigsten säkularen politisch-normativen Veränderungen kann man ebenso unwidersprochen zählen:

Freiheit und Individualisierung: Die große Mehrzahl der Befragten ist dezidiert liberal und individualistisch, das heißt, sie verstehen sich nicht geprägt von religiösen, sozialen oder politischen Kollektiven, sondern von der eigenen Entscheidung. Um im Superlativ weiterzumachen, müsste man wohl sagen, nie war eine ganze Generation über 50 in Deutschland so liberal, so individualistisch und freiheitsorientiert wie diese.[123] Dahinter steht das gemeinsame Großwerden dieser Generation mit dem Kampf um weltweite Menschen- und Bürgerrechte, insbesondere in der Dritten Welt; aber auch ebenso für Minderheiten im eigenen Land, zum Beispiel was die Emanzipation ehedem verfolgter sexueller Minderheiten wie Schwule und Lesben betrifft.

Sexualität und Partnerschaft: Generell dürfte die Neubewertung der Sexualität eine große Klammer dieser Generation sein. Es muss nicht gleich mit dem großen Wort sexuelle Befreiung belegt werden, aber Sexualität hat, wie wir gesehen haben, eine zentrale Rolle im Alltagsleben aller Befragten. Sie ist bedeutsam, selbstverständlich und entmythologisiert zugleich geworden. Und das gilt für alle ebenso wie das überaus hohe Maß an Partnerschaftlichkeit, das wir bereits beschrieben haben. Wir sehen das daran, dass das sogenannte P&B-Syndrom (S. 121 f.) typisch für den Lebensstil von 50+ geworden ist – und zwar nahezu uneingeschränkt.

Unterhaltung: Rock und Pop spielen mit Sicherheit eine starke, alle Differenzen übergreifende Rolle bei der kulturellen Vereinheitlichung; zwar sind die Unterschiede in der Rock- und Popmusik immens, aber diese Binnendifferenzierung der Geschmäcker ist nichts im Vergleich zu der epochalen Veränderung, die das Kulturleben dieser und der nachfolgenden Generation(en) mit dem Siegeszug der Rock- und Popmusik vollzogen hat. Man kann sich tatsächlich keinen größeren kulturellen Graben vorstellen als jenen, den Rock und Pop zu den vorangegangenen Generationen ziehen bzw. gezogen haben.

Ökologische Verantwortung: Ein weiteres wichtiges Band der Generation 50+ ist die sich ändernde Wahrnehmung der

Umwelt. Die ganze uns umgebende Natur hat sich im Verlauf ihres Lebens von einem ausbeutbaren Reservoir in einen bedrohten Planeten verwandelt, auf dem nichts mehr sicher ist. Es gab sicher noch keine ältere Generation, die sich dermaßen intensiv dem Schutz der Umwelt zugewendet und Verantwortung für diese Umwelt entwickelt hat.

Nachberufliches Engagement: Dies ist schließlich ein besonders säkularer, für die Generation 50+ typischer Faktor. Keiner der Befragten, aber auch niemand in anderen, vergleichbaren Studien hätte sich jemals zu alt gefühlt, um noch einer Beschäftigung nachzugehen, sei sie nun beruflicher Natur oder eine Art von Beschäftigung, bei der man nicht mehr dem Stress und der Entfremdung des Berufslebens unterworfen ist.

Pluralisierte Lebensstile zwischen 50 und 70

Es spricht also vieles dafür, dass die Altersgruppe zwischen 50 und 70 *in loser Form einen kulturell-historischen Lebensstil darstellt.* Aber das ändert nichts an der Tatsache, dass sich die Merkmale, die dafür verantwortlich sind, für den Einzelnen je nach sozialer Lage, Wertvorstellungen, Bildung und Einkommen doch sehr unterschiedlich darstellen. Vor allem sind sie mit höchst unterschiedlichen Chancen verbunden. Das sind nicht nur ökonomische und kulturelle Chancen, sondern auch Lebenschancen, also Chancen im Hinblick darauf, besonders lange etwas vom Alter zu haben oder beschwerdefrei alt zu werden. Dies ist das eindeutige Ergebnis der Lifestyle-Milieuforschung durch das Heidelberger Forschungsunternehmen Sinus Sociovision, das – wie eingangs beschrieben – seit mehr als 25 Jahren die sozialen Milieus erforscht und in der Fachwelt unter anderem für seine kreative Namensgebung der Milieus bekannt ist. Sinus hat für die Osnabrücker Studie eine gesonderte Auswertung der Daten für die Altersgruppe 50 bis 70 durchgeführt, die ebenfalls eine Reihe sehr aufschlussreicher Ergebnisse für die soziale Differenzierung der Generation 50+ erbracht hat, die wir hier zusammenfassen wollen[124]:

Konservative Rentner(Innen) und Senioren

Trotz aller Veränderungen gibt es sie natürlich noch – vor allem unter den 65- bis 70-Jährigen –, jene konservativen älteren Mitbürger, die etwa 15 % der untersuchten Altersgruppe ausmachen und sich als Rentner und Senioren verstehen. Aber auch wenn sie als häuslich eingestuft werden, heißt das nicht, dass sie abgetaucht sind. Sie sind durchaus politisch, unter anderem sind sie für Wahlergebnisse verantwortlich, wo sie nach den Ergebnissen der Wahlforscher das Zünglein an der Waage für die CDU ausmachen.

Die Milieuforscher teilen sie in zwei Gruppen:
– traditionell häusliche Rentner mit rund 17 %
– und konservative Senioren mit 7 %

Bei den **häuslichen Rentnern** handelt es sich etwas mehr um Frauen als Männer (65 % : 35 %); sie haben relativ niedrige Nettohaushaltseinkommen (unter 1500 €), sind ehemals Arbeiter, Angestellte, einfache Beamte oder Landwirte und verfügen lediglich über eine einfache Schulausbildung (Hauptschule / Volksschule), oft auch keine Berufsausbildung. Ihre Wertorientierung beschreiben die Sinus-Milieuforscher als Streben nach Sicherheit, Ordnung und Selbstbescheidung. Sie sind verwurzelt in kleinbürgerlichen Welten oder auch traditioneller Arbeiterkultur und sehen sich im Alter zuallererst als Rentner. Ihre Devise könnte nach Sinus Sociovision lauten: Endlich ausruhen und den Lebensabend genießen. Vermutlich deshalb machen sie sich – selbst ohne Beschwerden – gerne Gedanken und Sorgen um ihre eigene Gesundheit. Ihre Freizeit verbringen die alten Frauen meist in Haus und Garten (78 %) oder beim Spazierengehen (76 %). Ihre Männer sehen stattdessen lieber fern (98 %), hauptsächlich Fußball und Krimis, gehen gerne mit ihrer Partnerin spazieren (78 %), verbringen aber auch viel Zeit in Haus und Garten (50 %), aber noch viel lieber als das bleiben

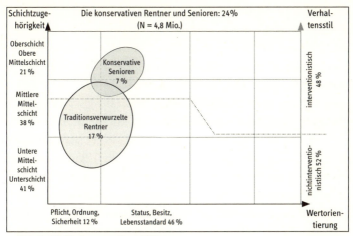

Tabelle 52: Die konservativen Milieus

sie zu Hause und entspannen sich (89,6 %) – vor der Glotze, versteht sich.

Die **konservativen Senioren**, je zur Hälfte Frauen und Männer, sind sozusagen die Oberschicht dazu. Ihr Nettohaushaltseinkommen ist deutlich höher (liegt zwischen 2000 € und 3500 €), denn wir haben es mit ehemaligen Beamten oder qualifizierten Angestellten zu tun, die mehrheitlich auch eine gute Ausbildung besitzen (Abitur, Studium; kleiner Teil auch Hauptschule, Volksschule). Sie sehen sich im Alter als gepflegte Senioren mit konservativen Ansichten, humanistisch geprägter Pflichtauffassung und gepflegten Umgangsformen. Viele verfolgen weiter berufliche Interessen oder engagieren sich in ausgewählten Aktivitätsfelder mit Rücksicht auf die eigenen Kräfte. Die Damen bevorzugen ihren Garten (78 %) und dekorieren ihre Wohnung gern. In diesem Ambiente bewirten sie gerne Gäste (64 %), sie treiben gelegentlich Seniorensport (26 %) und gehen auch gerne mal in Theater oder Oper (29 %). Ihre Gatten sind im Garten stets dabei (70 %), helfen auch in Haus und Garten (50 %), aber am liebsten machen sie Ausflüge mit dem Auto (89,6 %) – siehe den Abschnitt über «Joy-Riding» (S. 113 f.). Spiegel, Stern, Focus sind die bevorzugte Lektüre.

Benachteiligte und Verlierer

Die Daten der wirtschaftlichen Lage (s. Seite 86 ff.) haben gezeigt, dass es bei insgesamt guter wirtschaftlicher Lage der Befragten doch eine deutliche Zweiteilung zwischen der Mehrzahl der Gutgestellten und einem kleineren Teil von Benachteiligten und Verlierern des Modernisierungsprozesses gibt. Die Daten der Milieuforschung zeigen, dass wir es insgesamt mit 18 % bis 20 % der Betroffenen zu tun haben. Es handelt sich hier nicht um eine klassische Unterschicht im engeren Sinne, und der finanzielle Aspekt spielt in der Benachteiligung nur eine Rolle neben anderen; ebenso wichtig ist ganz offensichtlich auch oder gerade die mentale und kulturelle Desintegration bzw. die massive Entfremdung bestimmter älterer Bevölkerungskreise von den gegenwärtigen gesellschaftlichen Verhältnissen. Die Milieuforscher gehen nämlich davon aus, dass es im Wesentlichen um zwei Gruppen geht:

– Resignierte, der früheren DDR nachtrauernde ostdeutsche Befragte zwischen 50 und 70 («DDR-Nostalgiker» genannt), die zwar nur 7 % der Betroffenen insgesamt, aber satte 24 % auf dem Gebiet der ehemaligen DDR ausmachen;

– eine etwa 11 % große, in wirtschaftlich prekären Umständen lebende Unterschicht mit Einstellungen, die von aufdringlichem Statusdenken geprägt sind («prekäre Konsummaterialisten» genannt).

Der Altersschwerpunkt der DDR-Nostalgiker liegt etwa bei 50 bis 65 Jahren. Es sind meist etwas mehr Frauen als Männer (55 W : 45 M) mit einem Nettohaushaltseinkommen von unter 2000 €, nicht selten auch unter 750 €. Sie haben in der Regel eine gute Ausbildung, waren in der DDR auf der Polytechnischen Oberschule. Sie sehen sich in erster Linie als Wende-Verlierer, die in der Restzeit ihres Lebens daran auch nichts mehr ändern können und deshalb verbittert sind. Sie halten, wie die Sinus-Milieuforscher sagen, schon aus Prinzip kulturell an der politisch untergegangenen DDR und deren Kombination von preußischen Tugenden und sozialistischen Gerechtigkeits- und Solidaritätsvorstellungen fest. Hier ist die Angst vor Altersarmut und Einsamkeit groß (sicher auch berechtigt) und wird mit Rückzug in Enklaven beantwortet. Kochen (94%), Freunde bewirten (64%) und Rätsel lösen (70%) sind wichtiger Zeitvertreib für Frauen; auch Haustiere spielen eine gewisse Rolle (41%). Merkmale bei Männern sind Arbeiten im Garten (70%), Ausflüge mit dem Auto (89%), weshalb ADAC-Motorwelt und Super Illu bevorzugte Lektüre sind.

Prekäre Konsummaterialisten sind ebenfalls noch relativ jung (Altersschwerpunkt: 50–64, Männer-Frauen-Verhältnis etwa 50:50). Die meisten liegen einkommensmäßig unter 2500 €, auch unter 1000 € netto, haben dementsprechend eine schlechte Schulausbildung (Hauptschule, Volksschule, viele ohne Schulabschluss!) und relativ schlecht bezahlte Jobs gehabt (Arbeiter).

Der Grund, warum dieses Milieu von den Forschern insgesamt als «stark materialistisch geprägte Unterschicht» bezeichnet wird, liegt an der überaus starken Wertschätzung von bloßen Konsumstandards der breiten Mitte und wird als «Kompensationsversuch sozialer Benachteiligungen» (Sinus) verstanden. Prekär könnte die Lage dieser Unterschicht insbesondere im höheren Alter werden, wenn sich die Versorgungsmängel aus ihrer Biographie bemerkbar machen. Permanente Sorge um die materielle Existenz gepaart mit einer «massiven Reduktion der Aktivitätsfelder» und der «Gefahr von Lethargie und Verwahrlosung» (Sinus) bestimmen daher nicht von ungefähr das tägliche Altwerden.

Frauen stehen typischerweise am Kochherd (90%), lösen Rätsel (70%) und lieben Shopping (64%). Es wird viel und ausgiebig ferngesehen: Soaps, Talkshows am Mittag, Gameshows. Männer arbeiten gern in Haus und Garten (50%), gehen in die Kneipe (35%) und schauen oft DVDs (23%). Wenn sie fernsehen, dann gibt es Fußball, Autorennen, Western und Actionfilme zum Bier, sagen die Milieuforscher.

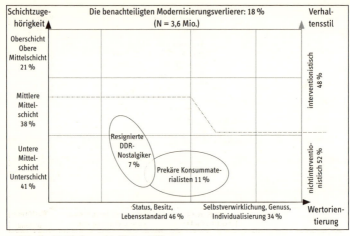

Tabelle 53: Die benachteiligten Milieus

Die bürgerliche Mitte 50+

Wenn die Parteien in Deutschland «die Mitte» als Leitmilieu verstehen, dann liegen sie damit auch bei den Menschen 50+ nicht ganz falsch. In der Tat bildet die Gruppierung, die in der nachfolgenden Tabelle 54 zu sehen ist, das statistische Zentrum, aber soziologisch ist es doch zu inhomogen, als dass es wirklich die gesellschaftliche Mitte sein könnte.

Unverkennbar geht ein Wertegraben durch «die Mitte». Ein Teil ist traditionell status- und besitzorientiert, strebt nach hohem Lebensstandard der harten, materiellen Form, was immer das auch sei, und tendiert daher eher zu konservativen Strickmustern. Der andere, etwas kleinere Teil ist demgegenüber stärker an weichen Wohlstandswerten orientiert wie Selbstverwirklichung, Genuss und Individualisierung. Dieser Lifestyle verhält sich nach der Begrifflichkeit des amerikanischen Soziologen Inglehard «postmaterialistisch».[125] Das bedeutet, es stehen nicht mehr materielle Werte im Vordergrund, sondern kulturelle. Der Wertewandel beruht aber nicht, wie in der Vergangenheit meist, auf Askese, sondern auf dem Vorhandensein materieller Werte, weil die angeschafft sind und man es sich danach («post») leisten kann, andere Werte auszuprobieren.

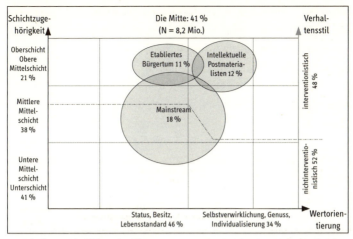

Tabelle 54: Die Milieus der Mitte

Streng genommen besteht die Mitte also nur aus zwei Milieus: dem modernen Mainstream mit 18% und dem etablierten Bürgertum mit 11%. Es wiederholt sich hier, was bereits im konservativen Bereich zu beobachten war: Das etablierte Bürgertum ist quasi die Oberschicht zum Mainstream. Letzterer ist von mittleren Berufen, mittleren Bildungsabschlüssen (Hauptschule, Volksschule, Realschule) und mittleren Einkommen geprägt; das etablierte Bürgertum hingegen von höheren Abschlüssen und größeren Einkommen (oberhalb bis weit oberhalb von 3500 €) und natürlich von Selbständigen, Freiberuflern, leitenden Angestellten und Entscheidungsträgern. Bei den Grundeinstellungen gibt es natürlich eine gewisse kulturelle, leicht konservativ eingefärbte Übereinstimmung zwischen beiden Lagern: Der Mainstream sucht sein Leben im Alter in «Zufriedenheit und wohlverdientem Ruhestand im gepflegten Heim und auf Reisen genießen zu können» (Sinus), mit ausgeprägter Fürsorge für Kinder und Enkel. Das von Erfolgsethik geprägte, selbstbewusste Establishment sieht sich, so sagen die Milieuforscher, im Alter beruflich zwar entpflichtet, wird sich aber weiter engagieren und «projektweise» (Sinus) einbringen, z.B. als «Business Angel». Auf jeden Fall wird ihr jetziges Lebensalter als «Nicht-Alter» (UOS), als neuer aktiver Lebensabschnitt empfunden, in dem sie die Freiräume nach dem Stress des früheren Berufslebens mit Reise- und Entdeckerlust genießen möchte.

Beide Milieus fallen jedoch bei den Alltagsaktivitäten wieder mehr auseinander: Während die Milieuforscher im Mainstream das Kochen, Backen (90 %), Gästebewirten (70 %), Ausflug mit dem Auto (60 %), in Haus und Garten (60 %) als Hauptfreizeitbetätigungen ausgemacht haben, ist in der oberen Etage doch mehr das gehobene Programm angesagt: Die Damen bevorzugen laut Sinus Edel-Shopping (68 %), Essengehen (64 %), Sport (19 %), Theater, Oper, Kino (40 %) und Gymnastik (30 %); ihre Männer nutzen gerne den PC (50 %), probieren Online-Angebote aus (36 %), fotografieren (50 %) und joggen (20 %). Frauen lesen hier das Frauenmagazin «Brigitte» (15 %), die Männer schmökern in den deutschen Magazinen «Spiegel», «Focus» und «Capital».

Das progressive Deutschland ist 50+

Wir gehen davon aus, dass diejenigen, die sich nicht an alten Werten wie Tradition, Ordnung, Sicherheit orientieren und sich auch nicht von den plutokratischen Werten Besitz, Status und Lebensstandard bestimmen lassen, an Veränderung und Fortschritt interessiert sind. Sie stellen nach unserer Meinung das «progressive» 50+ der Bevölkerung dar. Wie man aus der Tabelle 55 erkennen kann, besteht es aus drei Leitmilieus: den intellektuellen Postmaterialisten (12 %), den modernen Leistungsträgern (4 %) und den altgewordenen, spaßorientierten Kids (13 %).

Hinzu kommen gewisse Anteile an den anderen Milieus, die eindeutig in die postmaterielle Ecke tendieren. Zusammen kommt ein progressiver Block unter den 50+ Menschen heraus, der mit gut 40 % den gesellschaftlichen Wandel in Deutschland wie niemand anders beleuchtet.

Bei den **«Intellektuellen Postmaterialisten»** handelt es sich,

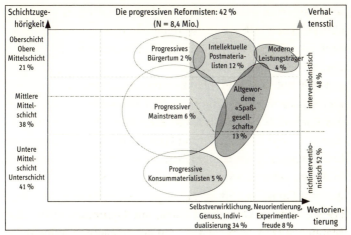

Tabelle 55: Die progressiven Milieus

so meinen die Milieuforscher, um das leicht von Frauen dominierte, aufgeklärte (Nach-)68er-Milieu mit liberaler Grundhaltung, postmateriellen Werten und intellektuellen Interessen. Sie haben «von allen Milieus das meiste Geld» (Sinus), denn sie setzen sich aus Selbständigen, Freiberuflern, höheren Beamten, leitenden Angestellten zusammen und weisen den höchsten Anteil von Entscheidungsträgern mit der höchsten Bildungsstufe von allen auf. Leben im Alter verstehen sie laut Sinus als selbstkritisches Bilanzieren der eigenen Biographie und Verwirklichung bisher unerfüllter Lebenspläne/-träume; sie sind die Avantgarde bei innovativen Wohnformen im Alter und betreiben, so Sinus, lebenslanges Arbeiten (auch an sich selbst). In der Freizeit lesen zumindest die Frauen intensiv (80%), beide, Männer wie Frauen, gehen ins Kino (30%), ins Theater oder die Oper (50%), bewirten gerne Gäste (73%); erst dann kommen Shopping (60%) und Sport (20%). Zeitschriften: Spiegel, Focus, GEO, Zeit.

Die **«Avantgardistischen modernen Leistungsträger»**, Altersschwerpunkt 50 bis 60 Jahre, Geschlechterquote 50:50, sind das jüngste und kleinste Milieu, das die Milieuforscher entdeckt haben (4%). Es stellt eine finanziell nicht übermäßig ausgestattete, aber unkonventionelle Leistungselite aus früheren Freiberuflern, Selbständigen (höchster Anteil) mit hoher Ausbildung (Abi mit und ohne Studium) und einem durchschnittlichen Nettohaushaltseinkommen ab 2000 € dar, deren Grundorientierung es ist, «Pioniere» eines neuen Zeitgeistes zu sein und ein intensives, sportliches Leben mit großer Flexibilität in Beruf und Privatleben zu führen. Ihr Altersverständnis bezeichnen die Forscher als Experimentieren mit neuen Lebensstilen im Alter. In der Freizeit lesen insbesondere weibliche «Modern Performer», wie sie in der Werbewirtschaft auch genannt werden, 80% gehen gerne ins Kino und Theater und sind «shopping-affin» (60%). Die männlichen Pendants beschäftigen sich lieber mit dem PC (55%), treiben Sport (50%) und gehen aber ebenso gerne ins Kino und Theater (40%).

Die **«Altgewordene Spaßgesellschaft»** schließlich, Altersschwerpunkt 50 bis 64 Jahre, muss man sich als das in die Jahre gekommene spaßorientierte Segment der modernen Mittelschichten vorstellen (von den Milieuforschern auch «Hedonisten» genannt), das sich bisher zumindest den meisten Konventionen und Verhaltenserwartungen der Leistungsgesellschaft erfolgreich verweigert hat. Typisch ist das einfache Bildungsniveau (Hauptschule, Volksschule, wenig Berufsausbildung) und in Relation dazu ihre Berufswelt (Arbeiter, kleine Angestellte). Das durchschnittliche Haushaltseinkommen liegt bei 1500 € bis 3000 €. Im Alter ist ihr Ziel die lustbetonte Verwirklichung von Jugendträumen, sagen die Milieuforscher. Zwar lassen ihre provokativen Stilisierungen im Alltag allmählich nach, aber dennoch muss es weiterhin Spaß machen. Konsum, Reisen, Mode und Musik sind nun ihre Hauptaktionsfelder. Ihr Hedonismus hat also durchaus noch Veränderungspotenzial. In der Freizeit dominieren – wie in der traditionellen Unterschicht – Kochen, Backen und Gästebewirten (Frauen), aber auch der Besuch von Systemgastronomie (Männer und Frauen zugleich), Kino (10%) und Sport (20%); die Männer gehen gerne in die Kneipe (34%) und sehen DVDs oder spielen als «GreyGamers», wie man in den USA sagt, auch regelmäßig Videospiele (37%). Gelesen wird relativ wenig, und wenn überhaupt, dann die Bild-Zeitung.

Der interventionistische Lebensstil

In einer gesonderten Auswertung der verschiedenen Daten des UOS Survey 50+ und der Sinus «Lebenswelten 50+ in Deutschland» haben die Wissenschaftler der UOS versucht, noch einen weiteren Aspekt des Lebensstils von 50+ in Deutschland zu erfassen und aus den Daten abzuschätzen. Das MPI in Rostock hat diesen von Frauen mehr als von Männern bevorzugten Lebensstil «interventionistisch» genannt, weil seine Protagonisten zugunsten der Lebensqualität in ihren eigenen Alltag intervenieren und auf Fitness wie Gesundheit achten, indem sie weder rauchen noch (viel) Alkohol konsumieren, sich gesund ernähren, versuchen, normalgewichtig zu bleiben, und einem Berufsleben nachgehen, das nicht übermäßig von Stress geprägt wird. Zu diesem Lebensstil gehört auch, all das zu vermeiden, was zu große Risiken darstellt, etwa riskantes Autofahren, Extremsportarten oder die Nutzung von Verkehrsmitteln mit hohem Gefahrenpotenzial, wie z. B. Motorräder.

Kurz gesagt, die interventionistische Lebensweise befindet sich auf dem Vormarsch:

- 64,4% der Befragten gaben an, Nichtraucher zu sein; nur 24,3% offenbarten sich als harte Raucher; der Rest raucht gelegentlich.
- Nur 12% gaben an, keinerlei Vorsorgeuntersuchung zu machen;
- 61,8% aber gehen einmal im Jahr zum Gesundheitscheck, 57,4% machen sogar regelmäßig eine Krebsvorsorgeuntersuchung mit;
- etwa die Hälfte kontrolliert regelmäßig ihren Blutdruck;
- allerdings haben bisher nur die wenigsten, nämlich 25,8%, eine Darmspiegelung bei sich machen lassen.

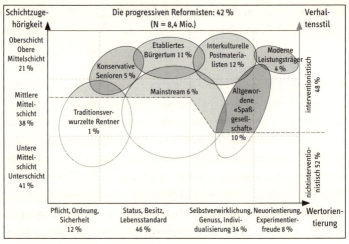

Tabelle 56: Die interventionistischen Milieus

Auch das bewusste Essverhalten ist bei den 50+ Menschen im Fokus ihrer Aufmerksamkeit:

- nur 37,7 % nehmen regelmäßig alkoholische Getränke zu sich – wobei diese Formulierung in sich schon sehr weich ist und auch das tägliche Bier mit einschließt. 62,3 % geben an, auch das nur selten zu tun;
- 66,2 % essen regelmäßig Fleisch, aber bemerkenswerte 33,8 % tun das so gut wie nie;
- die Frage nach Schokolade und Süßigkeiten spaltet die Befragten: 47,8 % schlecken Süßes selten, aber 52,2 % naschen täglich;
- bemerkenswert die Zunahmen von Grünzeug und Obst: 92,6 % essen täglich Gemüse und Salat, und 86,2 % essen täglich mindestens einen Apfel, der den Doktor fernhält («an apple a day keeps the doctor away», sagt man in England);
- und in der Tat, es können nur wenige Hedonisten sein, die zu Fastfood & Co. gehen (etwa 4 %), der Rest mag es offenbar nicht: 96,8 % gehen dort selten bis nie hin.

Wir nehmen mithin an, dass 48 % der 50+ Menschen ein eher interventionistisch gefärbtes Leben führen dürften, das von leicht bis schwer interventionistisch reicht. Dass der Rest nun gleich «nihilistisch» lebe (so nennen die Rostocker Forscher den gegenteiligen Verhaltensentwurf zum Interventionismus), heißt das allerdings auch wieder nicht!

Zwar ist es tatsächlich selbst bei der 50+ Generation so, dass die Frauen signifikant besser essen und vorsichtiger leben, auf eine interventionistische Frau kommen 0,64 gleichgesinnte Männer. Aber aus den Zahlen lässt sich auch aufgrund der hochinteressanten Werte bei Männern bei der Krebsvorsorge (hier liegen Männer sogar leicht vor Frauen) auch ein gewisser Trend zugunsten interventionistischen Verhaltens bei Männern ableiten. Der Abstand wird bei den jüngeren Jahrgängen deutlich kleiner. Aber noch bemerkenswerter scheint zu sein, dass die Lebensumstände der Lifestyles womöglich noch entscheidender dafür sind als die Geschlechterfrage. Die in Tabelle 56 obenliegenden Lebensstile, jene mit höheren Einkommen, besserer Bildung und postmaterialistischen Wertvorstellungen, zeigen auch deutlich mehr Hinweise auf interventionistische Lebensauffassungen – gerade bei Männern. Das bedeutet, dass soziale Benachteiligungen, wie wir sie bei den Verlierermilieus kennengelernt haben, ein erhebliches nihilistisches Risikopotenzial aufweisen. Risiken zu kennen setzt Wissen voraus, sagte Ulrich Beck schon 1985 in seinem Buch über die «Risikogesellschaft». Nihilistische Unwissenheit verkürzt das Leben.

Oder anders gesagt, die sich abzeichnende und erfreuliche Erhöhung der Lebenserwartung um schöne Jahre ohne Beschwerden hat eine nicht unerhebliche soziale Schieflage. Gut die Hälfte der 50+ Generation hat die Chance, signifikant besser davon zu profitieren als die anderen. Und dass, obwohl ein interventionistischer Lebensstil keine Geldfrage ist, sondern den Geldbeutel schonen dürfte. Dennoch ist die Chancenverteilung eine Schichtfrage, *die nicht auf mangelndem Geld beruht, sondern auf zu wenig kulturellem Zugang*. Soziale Milieus bedingen Alltagskultur, aber Alltagskultur definiert auch soziale Milieus. Man muss sich dieses zirkulären Zusammenhangs bei sozialen Systemen immer bewusst bleiben.

FASSEN WIR ZUSAMMEN:
Kann man nun, wenn schon nicht von einem altersgemäßen Lebensstil, so doch von einem Lebensstil 50+ reden oder nicht? Richtig ist zunächst: Es gibt keine altersbedingten Faktoren, die so etwas wie eine Homogenisierung der Lebensbedingungen vollbringen könnten, heute nicht und in Zukunft noch weniger. Wenn etwas das kann, dann ist es das beschriebene gemeinsame kulturelle Erbe der letzten 40 Jahre. Es schafft eine gewisse Rahmung in der Gemeinsamkeit der Erinnerungen und Bezugspunkte, aber diese gemeinsame Erinnerung, wenn sie denn überhaupt gemeinsam sein kann und nicht schon im Erinnern selbst differiert, wäre nicht handlungsrelevant für alle und jeden. Wir haben es stattdessen genau genommen nicht mit einer 50+ Generation zu tun, sondern mit deren drei:

- **Es gibt die klassischen, konservativ denkenden und wählenden alten Leute, die nicht als «junge Alte» apostrophiert sein wollen. Sie verstehen sich als «ältere Leute», als Rentner, wenn sie aus dem traditionellen Milieu kleiner Leute stammen, oder als Senioren, wenn sie aus dem gehobenen konservativen Milieu stammen. Das heißt nicht, dass sie nicht auch möglichst lange von den Segnungen der Lebensverlängerung profitieren wollen; aber sie denken konservativ, christlich und traditionell. Warum sollten sie in irgendeiner Weise etwas an der Rollenstruktur des Alters ändern wollen? Ihr Prinzip ist Bescheidung, nicht Auswandern, und sie mischen sich auch politisch ein – als traditionell ältere Menschen. Aber die klassischen älteren Leute werden allmählich immer weniger. Jetzt sind es noch 24 % der 50+ Gruppe. Aber mit dem Älterwerden der Nachkriegsgeneration wird es sie bald nicht mehr oder nur noch in sehr kleiner Menge geben. Sie haben ihren Schwerpunkt oberhalb von 70 und sterben wohl eines Tages aus.**
- **Es gibt ferner jene in die Jahre gekommenen Hedonisten der 80er Jahre und einen großen Teil der Mitte, des Mainstream, die einfach ein schönes, lustiges Leben inklusive Sex führen**

und die Spaßgesellschaft am liebsten bis an den Rand des Grabes auskosten wollen. 16 bis 17 % der Bevölkerung, die so lange weitermachen wollen, wie es geht (das ist ihre Parole). Das Projekt der Änderung der Altersrolle oder die Idee von der Revolutionierung des Alters ist ihnen fremd. Gleichwohl, das Konzept, den bisherigen Lebensstil unverändert weiter fortzuführen, bis die Kräfte es nicht mehr zulassen, hat eine gewisse Sprengkraft, denn es verändert eben genau dadurch die Wirklichkeit des bisherigen Altseins. Zwar dienen diese Veränderungen keinem anderen Zweck, aber sie setzen ein anderes Bild der Menschen zwischen 50 und 70 in die Welt. Dabei lässt die Aussage aufhorchen, dass sie im Alter wenigstens nicht mehr so dick auftragen wollen oder können. Altgewordene Hedonisten verschwinden nicht, sie werden nur leiser und etwas farbloser. Die permanente Verweigerung der Realität, die ihr Spaßkonzept ja ausmacht, führt jedoch relativ früh zu Ausfällen, seien sie finanzieller, körperlicher oder gesundheitlicher Natur.

- Und es gibt schließlich die 20 %, auf die das öffentlich diskutierte Bild der jungen Alten am ehesten zutrifft. Wir reden hier von der Milieuoberschicht der bürgerlichen Etablierten, den postmodernen Intellektuellen und den experimentierfreudigen Leistungsträgern. Sie haben den Wunsch nach weiter existierender Vitalität, sie wollen vermehrt weiter arbeiten, sie wollen sich eventuell in neuen Projekten noch einmal an Politik und Sozialreform ausprobieren. Sie machen zwar nicht die Mehrheit aus, aber sie sind eine große Minderheit und haben als gesellschaftliche Deuter und Interpreten eine enorme Meinungsmacht, sodass sie die anderen Schichten und Milieus problemlos mitreißen. Zusammen mit dem Mainstream wird daraus eine gewaltige politisch bestimmende Kommunikation.

TEIL IV

GESELLSCHAFTLICHE KONSEQUENZEN

1. Verschiebung des «Alters-Limes»

Wenn wir das Ergebnis der verschiedenen empirischen Erhebungen (UOS 50+ Panel, Sinus 50+, Altensurvey) auf einen Nenner bringen, dann haben die Forscher bei der Zielgruppe 50+ **keine Altersrevolution** entdeckt, aber dafür ein **ungeheures Potenzial für gesellschaftliche Veränderung**. Es hat sich in Deutschland längst ein großer Wandel in der physischen Zusammensetzung der Bevölkerung vollzogen, so muss man das am besten wohl nennen. Die Bevölkerung hat eine Altersstruktur, dem unser theoretisches Koordinatensystem in Bezug auf den Faktor Alter nicht mehr gerecht wird, ja man könnte sogar vermuten, dass es damit fast nichts mehr zu tun hat. Die sozialen Systeme jedoch haben sich den demographischen Veränderungen, so scheint es, längst angepasst. Es gibt eine Reihe guter Beispiele dafür, die im Folgenden rekapituliert werden sollen.

Nur ein System tut sich mit den Veränderungen schwer, die Politik. Da sie aber die öffentliche Debatte durch ihr besonderes Verhältnis zu den Medien dominiert, scheint es so, als sei der demographische Wandel in erster Linie ein Problem der Gesellschaft. Aber es sind die politisch geschaffenen Strukturen, die Probleme machen, so zum Beispiel das Rentensystem und das damit geschaffene Phänomen der Altersgrenzen. Diese Strukturen stammen aus den 50er Jahren, reflektieren damals vielleicht gültige Prinzipien, haben sich aber seitdem aus Gründen, die wir hier nur andeuten können, den Veränderungen äußerst schwerfällig bis gar nicht angepasst. Politik kann sich halt nur durch Gesetze und bürokratische Verfahren anpassen, und die benötigen politische Mehrheiten und Zeit. Politik arbeitet deshalb immer etwas langsam und «ruckartig» mit den für uns alle darin liegenden Störungen und Widrigkeiten.

Altersgrenzen

Unser begrifflich-normatives Koordinatensystem von «Alter» ist in Bezug auf Bevölkerung und Altersstruktur nicht mehr in Ordnung und muss dringend neu kalibriert werden. Das traditionelle Verständnis von Alter kombiniert bestimmte Rollenmuster, die Rentner- oder Seniorenrolle, mit bestimmten körperlichen und psychischen Zuständen, das Rentner- oder Seniorengebrechen, die gewissermaßen zirkulär angeordnet sind. Man ist alt, wenn und weil man bestimmte Dinge nicht mehr tun kann, und man schränkt sich ein, weil die Rolle des Alters das so vorsieht. In der klassischen Rollenvorstellung des alten Mannes und der alten Frau gibt es einen biographischen Zeitpunkt, den wir hier «Alters-Limes» nennen wollen, an dem gesellschaftlich akzeptiert und biologisch begründet der Übergang vom nicht alten Erwachsenen zum alten Menschen beginnt. Der Alters-Limes ist ein Grenzwert, der soziologisch traditionellerweise mit 50 anfängt. Es gibt in verschiedenen Regionen Europas eine Reihe von Riten, zum Beispiel, die den 50. Geburtstag als einen solchen Limes feiern. Im alten Benediktiner-Städtchen (Essen-)Werden begeht man aus diesem Anlass das sogenannte Abrahamsfest.

Ab 50 gilt man seit alters her als einigermaßen alt. In der traditionellen Überlieferung fallen die kulturellen und biologischen Attribute stets idealtypisch zusammen und bilden eine lebensweltliche Einheit, von der man allerdings annehmen kann, dass sie auch in der Vergangenheit nicht immer voll deckungsgleich waren. Sicher hat es auch in früheren Epochen viele Alte gegeben, die sich nicht oder nur schwer in das Rollengefüge einpassen konnten oder wollten, ganz einfach weil sie sich nicht so alt gefühlt haben, wie sie sich hätten fühlen sollen. Aber sie waren wenige, und ihre Adaptionsprobleme hatten keine Lobby.

Jetzt, wo es Menschen über 50 in großer Zahl gibt, die nicht alt sind, fällt auf, was die empirischen Daten klar unter Beweis stellen: Die Zahl derer, die weder in das Schema passen noch das Rollenmuster übernehmen wollen, wächst so sehr, dass die Zunahme zwangsläufig zu einer Qualitätsveränderung führt. Wir haben gesehen, dass die beschwerdefreie Lebenserwartung ständig wächst; Frauen erreichen beschwerdefrei gut 85 Lebensjahre, Männer landen bei Ende 70. Obendrein sind diese Zahlen ständig im Fluss, und es ist eindeutig, dass sie weiter nach oben gehen. Hinzu kommt, dass immer mehr ältere Menschen interventionistisch leben. Das bedeutet, die beschwerdefreien Jahre sind solche, die in allen drei Typen von Fitness und Leistungsfähigkeit verbracht werden, sodass es völlig unmöglich scheint, eine scharfe Altersgrenze zu ziehen, so wie es das politische System vor etwas mehr als hundert Jahren, als noch völlig andere Bedingungen herrschten, mit der Einführung der Pensionierungsgrenze bei 65 Jahren getan hat. Dieses Datum ist heute als Definitionsgrenze für Alter nicht mehr zu gebrauchen. Das 6. Lebensjahrzehnt überhaupt noch mit dem Begriff «Alter» in Verbindung zu bringen, wirkt heute fast schon absurd.

Ich glaube, unsere Daten zeigen durch die methodische Fokussierung auf eine bestimmte Altersgruppe Folgendes: Das Verwirrspiel um «Junge Alte», «Neue Alte» oder «50+ Alte» hängt mit der simplen Tatsache zusammen, dass Männer und Frauen heute zwischen 50 und 70 Jahren schlicht und ergreifend nicht alt sind, aber erwartungsgemäß alt sein sollten. Nur die rhetorische Fixierung auf dies ohnehin künstliche Altersmuster in Konfrontation mit dem am Klischee gemessenen, nicht altengerechten Aussehen und Verhalten der beobachteten Personen macht die Pointe aus. Es wäre genau so, als würden wir uns über die Tatsache echauffieren, dass die Schimmel der Kavallerie neuerdings mehrheitlich nicht weiß sind, weil sie braun sind, und Begriffe einführen wie «Braune Schimmel» oder «Neue Schimmel», um diesen Umstand zu beschreiben. So wie es im Beispiel der Kavallerie nur noch wenige Schimmel gibt, die obendrein bald aussortiert sind, gibt es zwischen 50 und 70 Jahren nur noch wenige Alte – Tendenz sinkend. Der Rest hat das Alter aber deswegen nicht «abgeschafft» oder «revolutioniert», er ist schlicht nicht alt. Alter als Merkmal hat sich strukturell nach oben verschoben. Natürlich kommt das Alter auch für die jetzt nicht alten 50- bis 70-Jährigen, nur eben später und steht auch bei denjenigen unausweichlich vor der Tür, die es für sich mit 60 durch welche Methode auch immer «abgeschafft» zu haben glauben. Daraus eine öffentliche Debatte zu machen ist Pflege eines Scheinproblems. Vielleicht eignet es sich deshalb so außerordentlich telegen für Medien-Hypes aller Art.

Es wäre angesichts dessen eigentlich sinnvoll, die Argumentationsrichtung umzukehren. Wer unter 70 ist, sollte nicht beweisen müssen, dass er nicht alt ist. Er sollte auch nicht den Zwang spüren, seine Jugendlichkeit unter Beweis stellen zu müssen. Heute werden die Menschen 70, ohne alt zu sein. Just während ich diese Zeilen schreibe, erreicht mich eine Mail aus unserem Panel, die das schön illustriert:

«wenn man in Rente (69 mein Alter) ist, meint das noch lange nicht, dass man mit Flugzeug, Bus, Auto oder Zug unterwegs ist. Meine Reisen mache ich fast durchwegs mit Motorrad! (...) Rentner sind doch nicht so verknöchert, dass sie sich nicht mehr auf ein Motorrad schwingen können. Ich werde mit meinem Partner (36) auf eine Korsikareise aufbrechen, wohlverstanden mit zwei Motorrädern, drei Wochen wieder diese Insel besuchen, und dies im Mai, wenn man die Insel riechen kann, wie schon Napoleon sagte ‹ich würde meine Insel mit verbunden Augen erkennen!›»[126]

Theoretisch würde ich das so ausdrücken: Die Moderne hat den Altersmedian vor unseren Augen allmählich von 50 auf 70 Jahre angehoben. Das soll heißen, die Mehrzahl der Menschen um 70 in unserem Land sollte man betrachten wie Menschen um 50. Kommt noch hinzu, dass dieses Limit einer dynamischen Grenzziehung gleichkommt, die sich flexibel langsam nach oben bewegt. In den letzten zwei Dekaden hat sich mit jeweils steigender Tendenz nicht nur die Lebenserwartung nach oben bewegt, nicht nur die Jahre eines beschwerdefreien Lebens, sondern auch die Periode zwischen erwachsen und alt werden, also jenen Abschnitt im Leben, für den es merkwürdigerweise keinen Namen gibt, auch nicht «Erwachsenenalter», denn erwachsen sind «echt» alte Menschen schließlich auch.

Abschied von falschen Debatten

Nahezu die gesamte «50+ Trend-Literatur» aus den Medien und Trendforschungsbüros der Werbeindustrie beruht leider auf dem Ansatz, dass eine «Neue Generation von Alten», «Generation Silver Sex» usw. «das Alter revolutioniert» habe. Diese Differenz ist ein ganz handfestes Problem gesellschaftlichen Missverständnisses – zum Beispiel in der Werbepraxis. Sinus Sociovision, selbst sozusagen Premiumpartner der Werbewirtschaft, schildert die Probleme so: Die Flut von Bezeichnungen, die Marketingstrategen für neue attraktive Zielgruppen erfänden, seien kontraproduktiv. Qualitative Explorationen in den Generationen 50+ zeigten, dass die meisten Begriffe wie «Senioren», «Silver Generation», «Grey Gamer», «Future Seniors», «Golden Oldies», «junge Alte» von den Betroffenen nicht akzeptiert würden, weil sie ihrem Lebensgefühl nicht entsprechen. Dazu komme, dass die meisten dieser Labels implizit negative Konnotationen transportieren, welche die Betroffenen als Stigmata wahrnähmen.[127]

Mit der Verwechselung von Prozess und Begriff sind solche Studien und die damit geführten Debatten von vornherein schief angesetzt und gehen allesamt daneben. Die Frage, ob es so etwas wie eine revolutionäre Veränderung des Alters gibt, weil die Protestgeneration der 60er Jahre nun in das Pensionsalter kommt, ist infolgedessen falsch gestellt. Es ist von daher auch nicht überraschend, dass einige der aus dieser Debatte abgeleiteten Forschungshypothesen sich in der Empirie überhaupt nicht verwenden ließen, während andere – sozusagen gegen den Strich gebürstet – durchaus interessante Ergebnisse gebracht haben:

1. Zur Frage nach der Sexualität: Zwar hat sich als richtig herausgestellt, dass Sexualität bei der Generation 50+ eine hohe Rolle spielt. Die überwiegende Mehrheit hat intensiv, lustvoll und variantenreich Sex. Nur eine Minderheit der Befragten betätigt sich sexuell nicht. Aber das Sexualverhalten der Befragten ist keine Verhaltensrevolution, und die künstlich erscheinende Beachtung, die das Phänomen der Sexualität jenseits von 50 hervorruft, hängt allein mit dem Vorurteil zusammen, die Befragten seien alt und deshalb sei eine aktive Sexualität «in dem Alter» eine Besonderheit. Wenn die Befragten aber nicht alt sind, ist auch ihre Sexualität nichts Besonderes. Die oft kolportierten Trendvorstellungen, Mittel wie Viagra spielten eine herausragende oder auch nur eine gewisse Rolle, bestätigten sich ebenfalls nicht. Opas mit blauen Helfern hierzulande im Dauereinsatz in Rentnerschlafzimmern sind ein in jeder Hinsicht ausgedachtes Szenario.

2. Zur Frage nach den Beziehungskisten: Die These, wonach die «Altersrevoluzzer» ihr Leben im Rentenalter durch neue Ehen, Partnerschaften oder Beziehungskisten revolutionieren, muss aus dem gleichen Grund als falsch verworfen werden. Über 75 % sind verheiratet und führen eine dauerhafte und offenbar auch gute Beziehung. Nichts deutet auf einen Boom bei Scheidungen oder Trennung hin. Damit sind auch die Nebenthesen von Scheidungsboom und Wahlverwandtschaften nicht wirklich bestätigt. Allenfalls 68er-Postmaterialisten, also ganze 11 % der Befragten, könnten Anhaltspunkte für die These liefern, weil sie etwas mehr als andere Exbeziehungen in ihren Familienalltag einbauen. Der Rest zumindest scheint nicht interessiert, traditionelle Familienbeziehungen durch Wahlverwandtschaften zu ergänzen. Auch wenn sich der Gedanke von den zu Tanten und Onkeln mutierten Exbeziehungen bei Hondrich in «Weniger sind wir mehr» (2007) gut liest[128], so gibt es doch leider empirisch so gut wie keine Hinweise darauf.

Das womöglich wirklich Erstaunliche könnte man bei solchen Thesen allzu leicht übersehen: Nicht die neugeschlossene

Altersehe ist im Trend, sondern die Fortführung der *Ehe im Alter*. Fast schon ein wenig spießig.

3. Die Entdeckung des P&B-Syndroms: Wenn man schon etwas Revolutionäres sucht, dann würde ich stattdessen die hohe *Partneraffinität* auswählen, von den Forschern *P&B-Syndrom* genannt. Da inzwischen auch die Lebenserwartung der Männer aufgrund steigender interventionistischer Muster selbst in ihrer Lebensführung deutlich nach oben geht, stellen diese PBS-Paare keine Randerscheinung dar, sondern sind das dominierende Beziehungsmuster. Man wird bei der weiteren Panel-Forschung wahrscheinlich sogar feststellen können, dass es das dominierende Lebensmuster jenseits von 50 Jahren überhaupt ist.

Ein weiters Faktum halte ich für hörenswert: Es hat sich bestätigt, dass die Sexualität älterer Menschen mit höheren Lebensjahren unverkennbar zurückgeht. Wir hatten urspünglich vermutet, dass das zu neuen Paarkonflikten führen könnte, weil Männer in allen Studien einen deutlichen Aktivitätsüberhang zeigen. Aber das scheint bei der untersuchten Gruppe keine sonderlichen Probleme zu machen. Die Betroffenen scheinen sich offenbar mit der libidinösen Veränderung selbst mitzuwandeln. Die Liebe wird, so haben wir bereits gesagt, am Ende – ganz wie im Philemon-und-Baukis-Mythos – vegetarisch. Und es wird Aufgabe der Panel-Forschung bleiben, diesen Prozess weiterzuverfolgen.

4. Zur Frage nach der Esoterik als Religionsersatz: Der Trend weg von der althergebrachten, von konfessionellen Organisationen dominierten Religion bzw. weg von Religion insgesamt hat sich in allen verwendeten Studien tatsächlich bestätigt. Gleichwohl wird es nicht dazu führen, dass nicht mehr vermehrt ältere Menschen die Kirchen besuchen. Wer das unterstellt, übersieht jene bewusst konservativen Älteren aus den bereits benannten Milieus, die diesen Stil als Lebensform gewählt haben und die nach wie vor eine hohe kirchliche Bindung aufweisen. Auch wird es nicht dazu führen, dass sich die anderen zur Esoterik hinwenden. Bei der großen Gruppe der Konfessionslosen hat sich nämlich gezeigt, dass hier ein mehrheitlicher Kern von Agnostikern und/oder Atheisten existiert. Es gibt infolgedessen keine Anhaltspunkte dafür, dass esoterische Strömungen zum Mainstream werden könnten. Solche Auffassungen sind tatsächlich nur für eine relativ große Minderheit von Relevanz, strahlen aber nicht in die Breite. Eher sieht es so aus, als wäre das Thema Esoterik in der Altersgruppe von 50 bis 70 Jahren an Wachstumsgrenzen gestoßen.

5. Zur Frage nach dem Alters-Suizid: Die These, es sei anzunehmen, dass der Alters-Suizid vermehrt in Erwägung gezogen wird, entbehrt völlig der empirischen Bestätigung. Es gibt zwar einen deutlichen Wertewandel im Hinblick auf die Enttabuisierung der Selbsttötung, aber keinerlei Hinweis darauf, dass deshalb die Bereitschaft der 50- bis 70-Jährigen, sich zum gegebenen Zeitpunkt selbst zu töten, signifikant gestiegen wäre. Es bleibt ein gewaltiger Unterschied, ob man die Selbsttötung als Recht auf Selbstbestimmung in die Freiheits- und Bürgerrechtsdebatte mit aufnimmt, oder ob man sich tötet. Etwas ganz anderes scheint die Frage nach der Sterbehilfe zu sein. Hier sehen wir deutliche Anhaltspunkte, dass der Wertewandel auch zu grundsätzlich anderen Handlungseinstellungen führen könnte. Das Problem wird von den 50- bis 70-Jährigen sicher immer mehr in den Mittelpunkt einer Debatte um das humane Sterben gestellt werden.

Konzentration auf die Potenziale

Wenn es auch keinen wissenschaftlich begründbaren Sinn macht, von der «Altersrevolution» zu reden, bleibt gleichwohl die zentrale Frage, ob die jetzigen Akteure zwischen 50 und 70 Jahren ein besonderes politisches Veränderungspotenzial darstellen, weil sie durch die Gunst der Demographie in eine biologische Mehrheitsposition geschoben werden, alles verändern *zu können*. Damit meine ich, dass die Generation der

50- bis 70-Jährigen oder besser noch der 45- bis 70-Jährigen in einer historisch wohl einmaligen Situation ist, für die sie in gewisser Weise selbst gesorgt hat: Der Geburtenrückgang nach 1964 und die Erhöhung der aktiven Lebensspanne versetzt sie in die Lage, die statistische Mehrheit in diesem Lande zu bilden – sozusagen von selbst. Angesichts dessen erhält die Forschungshypothese, wonach die Altersgruppe 1938/1963 eine gemeinsame politisch-kulturelle Biographie der Rebellion aufweist, doch noch besondere Brisanz. Man muss sich das nur anhand der Wahlstatistik verdeutlichen: Bei den kommenden Bundestagswahlen von 2009 bis 2017 wird die Gruppe nach den Ergebnissen der 11. Koordinierten Bevölkerungsprojektion des Statistischen Bundesamtes zwischen 46 % und 44 % der Wähler stellen. Selbst 2029 werden es noch – wenn sich nichts dramatisch verändert – knapp unter 40 % der Wähler sein.[129]

Wenn wir uns unter diesem Gesichtspunkt die Forschungsergebnisse anschauen, dann zeigen sie in der Tat ein enormes Veränderungspotenzial. Zum Beispiel bei der Frage nach den «alten» 68ern: Gibt es sie denn überhaupt noch, und können oder wollen sie noch einen Veränderungsdruck auf die Gesellschaft ausüben? Oder sind aus den «Kritikern der Elche» am Ende doch «selber welche» geworden? Die Forschungsdaten zeigen eindeutig, dass sich der Kern der Studentenbewegung mit gewissen politisch-ideologischen Veränderungen durchaus erhalten hat, allerdings nur, wenn wir den Begriff der 68er weit gefasst nehmen. *Es gibt sie also noch*, auch wenn heute keiner mehr von denen mit den politischen Parolen von damals herumläuft. Die politischen, ethischen und sozialen Wertgrundhaltungen jedoch haben sich in einem nicht unerheblichen Milieu-Einfluss in einer Größenordnung von 11 % der 50+ Bevölkerung erhalten («intellektuelle Postmaterialisten»). Und die anderen «progressiven» Milieus werden von ihnen stark beeinflusst, wie wir gesehen haben!

Was die Frage nach dem Veränderungsdruck angeht, so muss man sagen, dass diese Gruppen alle Hebel dafür in der Hand hätten, ausgerüstet mit den reichhaltigsten wirtschaftlichen und kulturellen Ressourcen. Sie sind die Deuter und Denker in Deutschland geworden und haben wichtigen Einfluss auf die Führung des Landes in Wissenschaft, Politik, Wirtschaft und Medien. Sie könnten zum Beispiel mit ihrer Affinität zu neuen Wohnexperimenten zu einer starken Veränderung gesellschaftlicher Verhältnisse auf diesem Sektor beitragen. Aber ob sie es tun, kann man schwer beurteilen, denn wenn man einmal ein gewisses Niveau an Wohlstand erreicht hat, gibt man das nicht so leicht zugunsten gesellschaftlicher Experimente auf. Wenn nicht in Gestalt der Pflegeproblematik ein starkes Motiv hinzukommt, wird vieles vielleicht nur Theorie bleiben.

Man kann das aber aufgrund der Daten auch ganz anders sehen: Die These vom großen kulturellen und «sozialen Protestkapital» in der 50+ Generation scheint durchaus richtig zu sein, wenn man darunter das Potenzial versteht, auf Demonstrationserfahrung und Protestpraxis zurückzugreifen und diese Erfahrung auch wieder abzurufen. Falsch wäre es anzunehmen, dass die 50- bis 70-Jährigen eine gestählte Protestgeneration seien. Das sind sie nicht. Aber über die Hälfte der Befragten hat Erfahrungen auf und mit einer Demonstration gesammelt. Mehr ein Drittel war in einer Bürgerinitiative tätig oder bei einer ökologischen Protestaktion engagiert. Viele geben sogar an, in der Studentenbewegung aktiv, also echte 68er gewesen zu sein. Das bestätigt die These, dass man diese Generation politisch nicht unterschätzen darf. Hinweise auf immer noch funktionierende Netzwerke, mit denen man schnell eine Demo organisieren könnte, haben die Forscher nicht zu bieten. Aber sich schnell mobilisieren zu lassen müsste bei einer großen Zahl unserer Zielgruppe drin sein. Wie stark sie in der Vergangenheit auch immer aktiv waren – tatsächlich waren das in der Studenten- oder der AKW-Bewegung nur wenige –, in ihrer jetzigen Verfassung bezeichnet man die Generation 50+ wohl am besten als atmosphärisches Protestpotenzial. Erfahrene Kampagnenmacher unter den Lesern wissen, auch das kann ein Pfund sein, wenn sonst alles stimmt ...

2. Politische Gewichtsverlagerung

Roman Herzog, der ehemalige Verfassungsrichter und Altbundespräsident, mit 74 selbst Pensionär, hat im Frühjahr 2008 versucht, den Begriff **«Rentnerdemokratie»** zu prägen, weil die deutschen Parteien seines Erachtens womöglich überproportional viel Rücksicht auf Rentner nehmen würden.[130] Der Begriff ist interessant gewählt. Herzog bezeichnet nämlich nicht die demographische Veränderung der Wählerschaft als Rentnerdemokratie, wie viele verstanden haben. Das hätte er vielleicht tun können, denn etwa 30 % der Wähler werden bei der Bundestagswahl 2009 Rentner sein; andererseits auch wiederum nicht, denn erstens wäre der Begriff Demokratie falsch bezogen (er hätte dann «Renterrepublik» sagen müssen), und zweitens reichen die Zahlen dafür nicht aus, wie wir noch sehen werden. Er bezeichnet aber eine «überproportionale Wahrnehmung der Rentnerinteressen» als Rentnerdemokratie und redet nicht von Demographie, sondern von politischem Missbrauch in der Demokratie. Er geht nicht deskriptiv vor, sondern wertend, wie ein Jurist, der er ist. Leider rührt daher auch die irritierende Wirkung seiner Einlassung, denn für einen renommierten Juristen seines Formats überrascht bei der guten Disposition nur, wie mager die Beweislage für sein Urteil ist. Es stört auch die plötzliche Betonung des Problems, denn Rentnerinteressen waren in der Geschichte der Bundesrepublik immer schon Staatsräson. Wo ist da der Missbrauch?

Die Republik der Älteren

Aber auch wenn von dieser Begriffsprägung nur Rauch bleiben wird, zeigen die Befragungsdaten, dass wir durchaus einen deskriptiven Begriff für das benötigen, was sich durch die

Demographie in der politischen Wirklichkeit dieses Landes schnell und irreversibel verändert. Wenn wir noch einmal auf die Wählerstruktur nach Bevölkerungsprojektion blicken, wird oberhalb von 50 Jahren ein anderes Bild deutlich, als es ein Begriff wie «Renterrepublik» nahelegen würde[131]:

- Die Rentner machen 2009 etwa 30 % aus, doch ihr Anteil wird sich nur unwesentlich auf rund 31 % (2013) und ca. 33 % (2017) steigern und war in der Vergangenheit auch meist so hoch (1972: ca. 29 %!);
- die Wähler über 50 aber stellen 2009 schon 53 % und werden auf ca. 57 % (2013) bzw. rund 60 % (2017) anwachsen;
- besonders spannend verhält es sich mit unserer Zielgruppe 50+: Sie stellt 2009 etwa 45 % der Wähler, 2013 rund 46 % und 2017 immer noch ca. 43 % und könnte damit die größte kohärente Interessengruppe der Zukunft sein.

Das heißt: Es geht primär gar nicht um Rentner. Es geht darum, dass die Wählerschaft eine strukturelle Verschiebung in das obere Alterssegment durchläuft. Wenn aber, wie wir gesehen haben, die Befragungsdaten zeigen, dass dieses obere Segment nicht alt im Sinne von «Opa und Oma auf Rente» ist, sondern nur das sich langsam nach oben verschiebende erwachsene, nicht alte Wählerniveau, dann ähneln die Verhältnisse eher denen unter verschieden alten Geschwistern. Die älteren sind die «Großen», die «Kleinen» sind die jüngeren. Im Lateinischen gibt es für dieses Problem zwei sehr schöne Begriffe: Die Älteren nennt man «*maiores*», die Alten «*senex*», wovon unser Wort *Senioren* stammt und die alten Leute meint (während sie in romanischen Sprachen zu «Seniores», zu Herren, mutiert sind).

Demzufolge würde man die Mehrheit der Wähler im Lateinischen, wenn sie über 50 läge, präzise als Maiores bezeichnen können. Unsere Republik wäre nach diesem Sprachgebrauch bereits heute eine RES PUBLICA MAIORUM – eine Republik der Älteren.

Und wenn stimmt, was die Befragungsforschung über die 50+ ermittelt hat, dann könnte diese Republik der Älteren von der Jahrgangsgruppe 1938/1958 dominiert sein wie nie zuvor eine von einer spezifischen Generation. Wie der Exkurs gezeigt hat, gibt es meist einen fließenden Übergang zwischen den Älteren und den Herrschenden, und ein Blick auf die Daten der Milieuforschung zeigt, dass das Segment, das wir das progressive Deutschland genannt haben, auch durchaus in der Lage wäre, eine solche Rolle zu spielen.

Eine neue bürgerliche Mittelschicht?

Die Befragungsergebnisse und die demographische Veränderung legen den Schluss einfach nahe, dass die älteren Milieus unseres Landes die tragende Mittelschicht der Republik geworden sind. Wenn sich diese Veränderung in der weiteren Erforschung unserer Alterskohorte bestätigt, könnte die Veränderung einschneidender kaum sein.

Dafür gibt es zunächst eine harte ökonomische Argumentation: Die These von der wirtschaftlichen Besserstellung der 50+ Generation durch eine Vielzahl von Daten ist eindeutig belegt und unbestritten. Ältere Menschen *insgesamt* haben tatsächlich einen beachtlichen finanziellen Spielraum, der auch noch beim Eintritt in das Rentenalter gegeben ist. Und der ist größer als bei den echten Senioren und auch als bei allen jüngeren Altersgruppen. Doch hält sich der Vorteil für die meisten Betroffenen in sparsamen Grenzen. Deshalb kann man sicher davon ausgehen, dass die jetzt älteren Menschen (maiores) – anders als in der Vergangenheit – nicht mehr schicksalhaft von Armut betroffen sein dürften, wenn sie Rentner werden oder alt sind. Man muss auf der Basis der vorliegenden Daten jenen Wirtschaftswissenschaftlern also zustimmen, die feststellen, dass **Altersarmut** «eines der meistüberschätzten Phänomene der Gegenwart» sei und «die heutigen Rentner (...) im Durchschnitt die reichsten Rentner (seien), die dieses Land jemals gesehen habe».[132] Wie wir aber an entsprechenden Milieus sehen konnten, belegen diese Zahlen auch, dass es jetzt und in Zukunft gleichwohl ältere Menschen in prekären Verhältnissen oder Armut geben wird. Andererseits muss man sehen, dass etwa die Hälfte der Generation auch (ein meist bescheidenes) Vermögen besitzt und im Renten- oder Pensionierungsfall nicht allein nur auf Transferleistungen angewiesen sein wird.

Damit kommen wir zur soziologischen Argumentation: Die eigentlichen Gewinner sind jene Milieus, die wir das progressive Deutschland genannt haben. Sie sind 50+ und die neue Mittel- und Oberschicht. Sie setzen sich zusammen aus den «Intellektuellen Postmaterialisten», dem «Etablierten Bürgertum», den «Modernen Leistungsträgern», dem finanziell besser gestellten Teil der altgewordenen Spaßgesellschaft («Hedonisten»). Sie stellen die Macher, Entwickler und Deuter dieser Gesellschaft, sie beherrschen die Medien und die Politik, und sie werden das auch weiter tun. Die Entberuflichungsgrenze ist für sie, wie wir im anschließenden Kapitel noch sehen werden, nur ein Papiertiger. Sie haben im Übrigen weitgehend unbemerkt einen Konsumstil wiederbelebt, der traditionell vom konservativen deutschen Bürgertum alter Schule gepflegt wurde, den man früher gediegen nannte und der heute mit «Es gibt sie noch, die guten Dinge» umschrieben wird. Das Bürgertum hat sich in Deutschland, wenn nicht alles täuscht, am Ende des 20. Jahrhunderts neu erfunden. Es ist wertkonservativ und bildungsorientiert geblieben, aber postmodern geworden, älter, es ist absolut nicht national, nicht mal patriotisch, ist im postmodernen Sinne liberal, es denkt global und ist kosmopolitisch, sozialpolitisch progressiv, atheistisch, pazifistisch, gewaltig grün und kommt politisch gesehen von links. Dieses Bürgertum erfindet sich sozusagen nach dem Bild, das der große Philosoph der Aufklärung Jean-Jacques Rousseau[133] vom demokratischen Bürger (citoyen) hatte und dem er den konservativen Besitzbürger und Machthaber alten Stils (bourgeois) gegenüberstellte.

Das bringt uns zur politischen Argumentation: Wie wir gesehen haben, steht diese «ältere bürgerliche Mittelschicht» für eine ganz andere Politik, als es bürgerliche Mittelschichten in

Deutschland zuvor getan haben. Sie ist nicht konservativ, sondern steht mehrheitlich politisch links im Sinne unseres Parteienspektrums. Anhaltspunkte aus den Daten, die für links- oder rechtsradikale Positionen sprächen, gibt es so gut wie nicht. Was tatsächlich alle 50+ Befragte verbindet, könnte man als eine Art Treue zum Grundgesetz und seinen Werten bezeichnen, der dem weitgehend nahekommt, was der Soziologe Jürgen Habermas als «Verfassungspatriotismus», das heißt als Identifikation mit der politischen Kultur eines demokratischen Rechtsstaats, bezeichnet hat[134].

Diese Feststellung wiederum führt zu einer interessanten Schlussfolgerung. Die bisherige Debatte um die «Jungen Alten» ging stets davon aus, dass sich mit der vermeintlichen Revolutionierung des Alters zwangsläufig auch die Gesellschaft verändern würde. Wenn das aber ein klassisches Scheinproblem ist, was wird dann aus dem revolutionären Impetus 68er? Die Antwort darauf dürfte auch hier relativ einfach sein. Die meisten der Befragten empfinden eine hohe Übereinstimmung mit dem Gemeinwesen, in dem sie leben. Sie verstehen es als ihr Land. Die Probleme, die sie sehen und die sich ihnen stellen, liegen woanders als im Kampf für ihre eigene Sache als Alte. Speziell die Menschen in den Leitmilieus bei den Etablierten und den Postmaterialisten verstehen sich als Verantwortungsethiker. Sie wollen und werden ihre Energien, wie wir noch sehen werden, auch weiterhin für Politikfelder einsetzen, die von globaler Bedeutung sind, also für die Ökologie, die Energiepolitik, die Dritte Welt und für die friedliche Integration der Kulturen einer globalen Weltgesellschaft. Ihre innenpolitischen Fixpunkte gelten solchen Themen, die das weitere Funktionieren der Verfassung und die Vitalität der Verfassungsidee garantieren, also in erster Linie der bürgerlichen Freiheit, der kulturellen Integration von Migranten, aber, wie wir gesehen haben, derzeit auch den Fragen der Gesundheits- und der Sozialpolitik. Das politische System in Deutschland wird sich auf ein hohes Maß an zivilgesellschaftlichem Engagement seitens der 50+ Generation einstellen müssen, sprich mehr Bürgerbeteiligung, komplexere Formen der Beteiligung und dergleichen mehr.

Ganz besonders spannend scheint mir die latente Dimension der politischen Energie von 50+ zu sein. Der hohe Verfassungspatriotismus und die relative Zufriedenheit mit dem politischen System führt ganz offenbar zu einer defensiven Grundhaltung gegenüber dem Status quo. Man gewinnt in der Empirie den Eindruck, dass diese ältere bürgerliche Mittelschicht noch für lange Zeit eine Art Wächteramt für die Demokratie in Deutschland einnehmen könnte, denn noch in 20 Jahren wird unsere Zielgruppe, dann zwischen 65 und 90 Jahre alt, voraussichtlich etwa 20 Millionen «Wächter» ausmachen oder 30% der Wähler![135]

Erfahrene Fußballstrategen unter den Lesern wissen: Bei erfahrenen Spielern lässt sich alles, was sie in ihrer Sturm-und-Drang-Phase gelernt und gesammelt haben, alle Netzwerke und Strukturen, all das angehäufte «soziale» und «politische Kapital», um noch einmal auf die Begrifflichkeit des französischen Soziologen Bourdieu einzugehen[136], viel besser in der Defensive zum Einsatz bringen als im Angriff.

Der Demokratie und der Freiheit ist in der Bundesrepublik Deutschland eine mächtige Schicht von Verteidigern und Wächtern erwachsen. Es stiftet Hoffnung zu wissen, dass nicht allein die «Majores» in den Verfassungsgerichten sie schützen, sondern eine ganze Schicht von «Majores», auf die sich die Demokratie verlassen kann. Das ist zwar keine Altersrevolution, aber als historische Veränderung in Deutschland verdammt spektakulär.

Generationengerechtigkeit

Die Generationengerechtigkeit aber, die manche schon für das zentrale politische Thema gehalten haben, spielt keine bedeutende Rolle dabei. Es ist nicht so, dass das Thema irrelevant wäre. Aber zum Konfliktfall würde es erst, wenn die politische Klasse eine solche Konstellation herbeiredete (Stichwort «Rentnerdemokratie») oder Fakten schüfe über eine massiv rentnerfeindliche Sozialpolitik. Auch in einem solchen Fall wäre die 50+ Generation übrigens defensiv am erfolgreichsten. Das ist sozusagen die Kehrseite der Herzog'schen Gedankenspiele, sie liefern die Verteidigungsstrategie gleich mit.

Aber auf Dauer verlangt der Verfassungspatriotismus eine Lösung des Rentenproblems. Es ist nicht auszuschließen, dass der Hamburger Soziologe Horst Opaschowski recht hat, wenn er sagt: «Es droht eine massive finanzielle Umverteilung zu Lasten der jungen Generation. Schon heute ist klar: Mit tagespolitischen Entscheidungen allein lassen sich die Folgen sinkenden Lebensstandards und schrumpfender Arbeitnehmerschaft, höherer Lebenserwartung und wachsender Pflegebedürftigkeit nicht länger finanzieren. Statt in jeder Legislaturperiode die ungelösten sozialpolitischen Probleme immer nur als Wiedervorlage oder Nachjustierung zu behandeln und die Gelder zwischen den Sozialkassen hin- und herzuschieben, ist in Deutschland eine Jahrhundertreform erforderlich, die den Namen auch verdient.»[137]

Es scheint so, dass die Rentenversicherung von einem System, das nach der Philosophie eines Generationenvertrags auf Umlage beruht, auf ein anderes Modell umgestellt wird, weil das von der CDU in den 50er Jahren durchgesetzte Rentensystem auch nach umfangreichen Korrekturarbeiten durch die demographische Entwicklung in offenbar unlösbare Probleme gestürzt wird. Die von Opaschowski geleitete BAT-Stiftung für Zukunftsfragen hat in dieser Frage mit einer Studie schon mal vorgefühlt, was die Deutschen dazu denken, und starkes Indiz dafür gefunden, dass die Deutschen – und unsere Zielgruppe im Besonderen – auf Dauer wohl eine radikale Lösung bevorzugen.

Die radikale Lösung scheint das Prinzip des Bürgergelds, Bürgereinkommens oder des Bürgerkapitals zu sein, das von verschiedensten Seiten propagiert oder angedacht wird. Die

Pointe bei diesen Modellen ist im Grunde immer der Ersatz des Generationenmodells für sozialversicherungspflichtige Erwerbspersonen durch irgendeine Form der staatlichen Umverteilung, die jeweils hochumstritten ist. Dabei wird stets gedacht, alle Leistungen aus dem Bereich Arbeitslosengeld, Rente und Sozialhilfe durch eine monatlich an jeden Bürger zu zahlende Leistung zu ersetzen und durch neue Formen der Besteuerung zu finanzieren. Bei der Böll-Stiftung der Grünen, die sich seit langem mit dem Thema beschäftigt, heißt es dazu: Gemeinsam sei allen Einschätzungen, dass eine garantierte Grundsicherung prekäre Lebenslagen abfedern solle: Eine Grundsicherung solle zuverlässig Armut vermeiden, vor allem bei Kindern, und Lücken im bestehenden System der sozialen Sicherung schließen. Das Leben solle unbürokratischer, transparenter und gerechter sein als das bisherige, es solle Teilhabechancen eröffnen und vor allem die Schwächsten stützen. Daneben seien noch zahlreiche Fragen hinsichtlich der Grundausrichtung wie auch der Konkretisierung künftiger Sozialstaatsreformen in der Diskussion. So habe die Debatte wieder neuen Schwung durch die Idee eines allgemeinen Grundeinkommens erhalten, dessen Befürworter mit dem sich kontinuierlich verschlechternden Zustand des Wohlfahrtsstaates und dringend zu schließenden Gerechtigkeitslücken argumentieren. Demgegenüber würden andere auf die Bedeutung öffentlicher Institutionen für die Ermöglichung von realer Teilhabe sowie auf problematische Wirkungsweisen für Arbeitsmarkt und Wertschöpfung verweisen.[138]

Wir können und wollen an dieser Stelle das Thema Grundsicherung nicht diskutieren, auch kein anderes Modell, das die Rentenversicherung reformieren oder ersetzen soll. Dazu fehlen hier die Voraussetzungen. Wir können nur zweierlei feststellen:

- Radikale Lösungen dieser Art spielen im Bewusstsein der Betroffenen allein schon deshalb eine Rolle, weil Politik und Versicherungswirtschaft schon seit Jahren Verunsicherung verbreiten, aber keine überzeugenden Lösungen offerieren können;

- es scheint sehr unwahrscheinlich, dass Lösungen gefunden werden, die nicht von den politischen Mehrheitsverhältnissen der 50+ Generation getragen werden, denn diese ist in Zukunft recht eindeutig das politisch strukturierende Potenzial.

Das heißt, wenn wir auf der Basis der Bevölkerungsprognose die demographischen Veränderungen in der Wählerlandschaft der Zukunft analysieren, ergeben sich bei aller Vorsicht politische Verhältnisse, die zu überraschenden, nachfolgend beschriebenen neuen politischen Bündnissen führen dürften.

Neue politische Strukturen

Die politische Mehrheit der 60- bis 70-Jährigen, so hatten wir bereits gesehen, führt hauptsächlich zu einem deutlichen Absacken der Unterstützung für die CDU. Wenn wir die aktuellen Daten des «ARD Deutschlandtrends» hinzunehmen[139], setzt sich der von uns bei den 50- bis 70-Jährigen festgestellte Trend weg von der CDU bis zum Jahrgang 1963 fort (die CDU liegt hier bei 26 %). Wir betrachten also für die Analyse der politischen Entwicklung bis 2017 die gesamte 68er-Generation bis zum Pillenknick (1963). Wir reden für 2009 dann von fast 27 Mio. Wählern oder 43 %, 2017 reden wir von 26 Mio. Wählern und von 45 % der Wählerschaft. Gleichzeitig müssen wir davon ausgehen, dass die ganz alten Alten, jetzt die CDU-Premiumklientel, bei den Wahlen 2013 und 2017 nicht dramatisch, aber allmählich wegfallen. Ferner haben die Forscher bei der im Folgenden angestellten Projektion unterstellt, dass sich die Grundorientierungen der Wähler nicht ändern, um das Modell nicht zu komplizieren, aber auch weil die politischen Milieus als hochstabil eingeschätzt werden.

Unter diesen Voraussetzungen kann man sagen, dass die CDU bei der Bundestagswahl im Jahr 2009 womöglich zum letzten Mal deutlich über 30 % kommen kann. In den kom-

Tabelle 57: Mögliche Parteiproportionen bei der Bundestagswahl 2017

menden Jahren wird angesichts der schlechten FDP-Werte eine schwarz-gelbe Regierung immer unwahrscheinlicher. Das kommende Kräfteverhältnis im Parteiensystem der Bundesrepublik könnte nach Meinung der Forscher wie in Tabelle 57 aussehen.

Aber Achtung, diese Aussagen sind kein Orakel, sondern nur eine Projektionsabschätzung aufgrund bestehender Programmatik und Wählerbindung. Niemand kann, scherzhaft gesprochen, eine Garantie übernehmen, dass diese Zahlen als Wahlergebnis 2017 eintreten werden. Sollte sich irgendetwas ändern, die Parteien andere Wählerbindungen entwickeln, neue Programme oder Profile aufbauen, wird alles ganz anders kommen. Hier wird nur demonstriert, welchen Einfluss der demographische Faktor auf die Wählerstruktur und die Stimmabgabe hätte, wenn ansonsten nichts anderes geschehen würde.

Dann wäre eine rot-rot-grüne Regierung im Jahre 2017 unausweichlich. Auch eine Jamaika-Koalition hätte dann keine Mehrheit in Deutschland. Spätestens bis 2017 muss auch eine Lösung für die Reform der Sozialversicherung gefunden werden, denn 2024 wird der letzte Babyboom-Jahrgang in Rente gehen, wenn die Zahlen so bleiben wie 2008. Wenn der dann nicht das Licht im deutschen Sozialstaat ausknipsen soll, muss in der Legislaturperiode 2017 bis 2021 eine Lösung für das Rentenproblem gefunden werden – auch das sollten wir im Hinterkopf behalten. Es gibt also in Gestalt der neuen Mittelklasse eine soziologisch solide Chance für ein rot-rot-grünes Projekt. Die Lösung der Rentenfrage, und sei es in Gestalt des bedingungslosen Bürgergeldes, wenn es sich begründen lässt, könnte der Eckpunkt des Projektes sein. Auch dafür wäre die soziale Basis vorhanden.

Bleibt die Preisfrage, ob das jetzt von den Befragten favorisierte Parteienspektrum in der Lage ist, ein solches rot-rot-grünes Projekt zu formulieren und politisch zu stemmen. Theoretisch dürfte das eigentlich kein Problem sein, zumal die flankierenden Themen und Schwerpunkte in der Ökologie oder in der Migrationsfrage, um nur zwei zu nennen, große Schnittmengen zwischen den Gruppierungen bestehen. Aber das muss alles keine Garantie für politische Vernunft sein, denn eine Lösung der Rentenfrage ist eine Jahrhundertaufgabe, an der politische Laiendarsteller sich leicht verheben könnten. Mit einer stimmigen Konzeption, den richtigen Personen und der passenden Kampagne könnte es einen Durchmarsch geben. Passiert das aber alles nicht, würde die CDU zum Beispiel eine glaubhafte Lösung finden und auch noch authentisch rüberbringen, wer wollte dann noch irgendeine Prognose wagen …

3. Lebenslang arbeiten?

Der Dokumentarfilmer Bertram Verhaag hat 2007 für den WDR mit «RentnerGmbH» einen bemerkenswerten Film produziert[140]. Er berichtet darin von einem Unternehmen im US-Bundesstaat Massachusetts, der Nadel- und Röhrenfabrik «Vita Needle» in der Nähe von Boston, in dem die Mitarbeiter im Durchschnitt 74 Jahre alt sind. «In den aufgezeichneten Interviews», so Verhaag, «offenbaren die betagten Arbeiter der Nadelfabrik auf berührende und liebenswerte Art und Weise ihr neues Selbstwertgefühl. Mit sprühender Lebensfreude erzählen sie von ihrem neuen Glück in der Gemeinschaft. Und vom Wunschtraum aller Beschäftigten: Möglichst lange die Treppe in den Produktionsraum emporsteigen zu können!», denn das entscheidet darüber, ob man weiter arbeiten kann oder nicht. «Alt und ausgebrannt», heißt es im Beimaterial, «fühlen sich die ehemaligen Ingenieure, Krankenschwestern, Bäcker oder Serviererinnen noch lange nicht. Sie haben sich gegen einen Lebensabend in Langeweile entschieden. Aufstehen, anziehen, zur Arbeit gehen und Kollegen treffen macht ihren Alltag sinnvoll und sie selbst zu wertvollen Arbeitskräften. Eine bessere Therapie gegen schnelles Altern und einsame, leere Tage kann es kaum geben». Firmenchef Frederik Hartmann schwört auf seine 35 arbeitenden Rentner. Sie bescherten ihm in nur fünf Jahren ein Umsatzplus von 100 Prozent. Mary, Marion, Paul, Tom, Ann und Rosa, Angestellte auf Lebenszeit, sind alle zwischen 75 und 95 Jahre alt. Sie haben in der Firma ein neues Zuhause gefunden und fühlen sich in der Gemeinschaft wohl. Sie kommen gern und sind hoch motiviert, weil sie gebraucht werden. Konkurrenzgehabe und Machtkämpfe gibt es nicht. Die freie Wahl der Arbeitszeiten und Arbeitsstunden lässt ihnen Zeit für Enkelkinder, Arztbesuche oder Gymnastik. Und so profitieren alle voneinander. «Frederik Hartmanns innovativer Ansatz in seiner Firma ‹Vita Needle› stellt das Rollenverständnis in einer Gesellschaft in Frage, in der 50-Jährige manchmal bereits zum ‹alten Eisen› gehören», sagt Bertram Verhaag.

Weiter arbeiten

Dieser Film ist deshalb so bemerkenswert, weil er eine Lösung für etwas dokumentiert, was die Befragten der 50+ Studie mehrheitlich als eines der zentralen Probleme definiert haben. Es ist die Nutzung der durch die Verrentung und Pensionierung gewonnenen Zeit.

Zur Erinnerung: Bei der Frage nach der Investition der gewonnenen Zeit sagte etwa ein Drittel, weiter arbeiten zu wollen. Die anderen meinten

- zu rd. 60 %: in einem neuen Betätigungsfeld arbeiten zu wollen,
- zu rd. 60 %: auch schon feste Pläne zu haben
- und zu rd. 40 %: nicht in einem Beruf arbeiten, sondern etwas anderes machen zu wollen.

Rechnet man das zusammen, dann wollen etwa 70 % unseres Samples im Grunde so lange arbeiten wie die Mitarbeiter von «Vita Needle», das übrigens Nadeln für medizinische Spritzen herstellt und deshalb diesen Namen trägt. Diese arbeiten heute buchstäblich so lange, wie sie ihren «Alters-Limes» noch nicht überschritten haben. Im Film von Verhaag ist die besagte Treppe eine phantastische Metapher dafür: Solange die Kraft noch für die Treppe reicht, ist man nicht alt. Ganz egal, ob man Arthritis oder andere Beschwerden hat oder nicht. Arbeit, so zeigt sich daran, kann tatsächlich jenes Mehr als ein ökonomisches Zwangskorsett sein, das in der Lage ist, Leben, Gesundheit und Sinn im Alltag zu garantieren – vorausgesetzt, sie verliert jenes zerstörerische Maß an Entfremdung, das die Arbeitswelt der modernen Ökonomie so oft beherrscht! Es reicht, wie der Film demonstriert, manchmal schon eine freie Wahl der Arbeitszeiten und Arbeitsrhythmen, eine selbstbestimmte Zeit für Enkelkinder, Arztbesuche oder Gymnastik zu haben, um der Entfremdung entgegenzuwirken: Arbeit kann eine Therapie gegen schnelles Altern und einsame, leere Tage sein, wie es sie besser kaum geben könnte. Und das Gegenteil kann sie auch sein. Wie gut, dass wir den Marx'schen Begriff der Entfremdung dafür haben![141]

Die Botschaft ist klar: Etwa 30 % der Befragten möchten in ihrem Beruf weiter arbeiten, und 30 % wollen in anderer Form weiterhin etwas Vergleichbares tun, weil der beschriebene Zusammenhang zwischen Arbeit und Lebenssinn jedem klardenkenden Menschen schon immer bekannt war. Aber es darf auf keinen Fall dem Charakter entfremdeter Arbeit entsprechen, sagen sie. Die hohe Zahl der Berufstätigkeitswünsche überrascht schon, denn warum soll man sich freiwillig weiterhin in ein Arbeitsverhältnis begeben, wenn man dem gerade entronnen ist und noch so viel nachzuholen hat oder zu haben glaubt. Aber die Berufserfahrungen sind nicht so negativ, wie man erwarten dürfte, denn 70 % sind mit ihrer Arbeit gut zufrieden. Nur mehr Raum sollte da sein für den Partner, die Familie, für Reisen und Erholung, Gymnastik und all das andere, was man sich so wünscht – also genau das, was Vita Needle erfolgreich demonstriert.

So entsteht aus zwei Erfahrungsprinzipien der Wunsch nach einer Arbeit ohne das stressende Maß an Fremdbestimmung und die Freiheit, sie zu nehmen oder es zu lassen, wenn man ein finanzielles Auskommen auch ohne Arbeit hat. Leider ist diese Art von Arbeitswelt just, wo sie gerade besonders gebraucht würde, so selten geworden.[142] Doch das ist nur ein Durchgangszustand. Die Bedingungen ändern sich schnell und schaffen fortwährend neue Anpassungsmöglichkeiten für soziale Systeme. Man muss nur die Zahlen hochrechnen, um zu verstehen, welcher Veränderungsdruck hier erkennbar wird: 2020, wenn alle jetzt Befragten nach derzeitigen Maßstäben in Rente sein dürften, ist unsere Gruppe von dann 62- bis 83-Jährigen laut Bevölkerungsprojektion voraussichtlich 18,3 Mio. Männer und

Frauen stark. Wenn dann davon – mit Schwund gerechnet – wirklich noch gut die Hälfte tätig sein wollen, dann werden das ca. 10 Mio. Menschen sein.

Es ist durchaus denkbar, dass sich in Zukunft viele Vita Needle entwickeln werden, denn dieses Unternehmen ist keine «Sozialstation», sondern ein profitables Unternehmen – nicht trotz, sondern wegen seiner Strategie. Es ist nicht auszuschließen, dass uns hier ein Megatrend der nächsten zwei Dekaden begegnet. Auch in Deutschland liest und hört man ständig von mittelständischen Unternehmen, die den Sprung leichter und besser als andere schaffen, die Potenziale älterer Mitarbeiter zu erkennen und einzusetzen.[143] Die Strategie macht im Ganzen auch Sinn. Die Erfahrungen älterer Mitarbeiter sind wertvoll, ihre Einstellung zur Arbeit abgeklärt, ihre Rolle für das Unternehmen meist positiv – das wissen wir alle längst. Die Defizite, die sie womöglich haben, sind kompensierbar, wie zahllose Arbeitsstudien schon vor Jahren gezeigt haben.[144] Erforderlich ist natürlich ein Zeitbudget-Management, das die hohe, selbstbestimmte Flexibilität für den Einzelnen garantiert, die erforderlich ist, um die notwendigen Freiräume für die Mitarbeiter zu schaffen, was übrigens nicht nur für ältere, sondern für alle Mitarbeiter segensreich sein könnte – unter einer Voraussetzung allerdings, die es noch zu betrachten gilt.

Was Verhaag in seinem Film nicht berichtet, ist die ökonomische Seite des Erfolgs. Aber auch das ist sozusagen naheliegend: Arbeitnehmer mit einer eigenen Rente in der Tasche entwickeln eine andere ökonomische Rationalität. Man kann sich sehr wohl vorstellen, dass sie zum Bespiel für wenig Geld arbeiten. So oder ähnlich muss es auch bei Vita Needle sein, denn sonst könnte das Unternehmen nicht den wesentlich erhöhten Personalaufwand betreiben, den es aus sozialreformerischen Gründen auf sich nimmt. Das hat natürlich auch Kehrseiten, deren unbeabsichtigte Nebenfolgen man bedenken muss: So könnte ein entstehender «Rentnerarbeitsmarkt» unter Umständen zu einem Billiglohnsektor führen, gegen den andere Arbeitnehmer auf Dauer chancenlos wären. Eine Möglichkeit, sich davor zu schützen, könnte darin bestehen, Voraussetzungen zu schaffen, die gleichsam alle zu Rentnern machen. Dies Prinzip müsste auch innerhalb von Unternehmen funktionieren, nur so könnte es das eben schon angedeutete proportional abgestimmte Personalmanagement zwischen älteren und jüngeren Mitarbeitern überhaupt gewährleisten. Es scheint also durchaus zwingend, dass man solche sozialreformerischen Projekte nicht ohne eine Lösung anderer Reformbaustellen angehen kann. Eine Verknüpfung des Themas «Arbeit im Rentenalter» und «Bürgergeld» wäre ein wichtiger Beitrag für die Reformdebatte.

Man kann natürlich dagegen einwenden, dass das einfache Thema, ältere Menschen angemessen in Arbeit zu bringen, damit reformpolitisch überfrachtet wird. Die Bürgergelddebatte führe hier nicht zum Ziel. Mag sein. Aber die Dinge so zu lassen, wie sie derzeit sind, schafft noch mehr Probleme. Die gesellschaftlichen Zugzwänge, die dadurch entstehen, dass Menschen, die arbeiten wollen und können, am Arbeiten gehindert werden, sind offensichtlich und werden untragbar, wenn die Strukturen sich nicht ändern. Das ist alles längst mehrfach durchgekaut worden. In einer Bevölkerung mit nach oben wandernden «Alters-Limites» und einer Arbeitswelt automatisierter und technisierter Abläufe bei gleichzeitigem Wachstum von Dienstleistungsberufen wird es unausweichlich, sich die Frage nach neuen zumutbaren Altersgrenzen für die Arbeit zu stellen. Und es ist auch unabweisbar, dass neue Lösungen kommen werden, weil zum ökonomischen nun ein demographisches Argument hinzukommt. Denn es ist ja auch irgendwie paradox, sich vorzustellen, Arbeit und Einkommen könne man bei Massen von arbeitsfähigen und arbeitswilligen älteren Menschen auf Dauer folgenlos entkoppeln.

Freiwillige «Ehrenarbeit»

Wie steht es mit ehrenamtlichen Tätigkeiten, was ist mit Projekten, in denen man sich ehrenamtlich betätigen oder arbeiten will oder kann? Wir wollen diese Tätigkeit zunächst mal etwas schärfer fassen und sie dann «Ehrenarbeit» nennen, wenn sie den Charakter einer vollwertigen Arbeit hat, so wie sie von einer Erwerbsperson auch verrichtet würde und sich nicht in gelegentlicher Aushilfe erschöpft. Wir haben gesehen, dass die Befragten sehr genaue Vorstellungen davon haben. Eine größere Zahl von ihnen ist auch ehrenamtlich tätig. Aber es sind bei der Befragung doch deutliche Unterschiede zwischen Wunsch und Wirklichkeit aufgetreten. Das dürfte zwei Gründe haben:

– zum einen, weil der ehrenamtliche Sektor aus finanziellen Gründen nicht unbegrenzt ist und wohl auch nicht so ohne Weiteres wachsen kann;
– zum anderen, weil es ein Mobilisierungsdefizit gibt: Die vielen, die gerne aktiv würden, und die vielen, die Aktive benötigen, kommen nicht zusammen.

Es fehlt bei den jetzigen Strukturen auf Dauer an guten Projekten mit überzeugender Transparenz, um dem zu erwartenden Nachfrageansturm der nahen Zukunft zu entsprechen.

Ehrenamtlichkeit ist in Deutschland fast ein Monopol bestimmter religiöser und karitativer oder sozialverbandlicher Träger. Das bremst erfahrungsgemäß manche Aktivität. Begrenzend wirkt oft auch die weltanschauliche Bindung vieler Projekte. Demobilisierend wirkt gelegentlich auch, dass viele Projekte aus diesen Gründen nur klassisch karitativ und sozialpolitisch ausgerichtet sind. Wenn man die Wahl hat zwischen Kirchen oder Rotem Kreuz, dann entscheiden sich viele für gar nichts, weil die Grundorientierung sie nicht anspricht. Dabei gibt es viele nichtkaritative Themen, die von neuen Trägern und mit neuen Ideen angegangen werden könnten. Aber sie fallen nicht vom Himmel. Zunächst müssten sich die traditionellen Organisationen der Ehrenamtlichkeit der neuen Klientel öffnen – was nicht immer leicht ist – und von den Betroffenen akzeptiert werden – was ein langer Weg sein kann. Deshalb ist nicht auszuschließen, dass in der Zukunft viele ehrenamtlich Interessierte die Organisationen, in denen sie ehrenamtlich tätig sein wollen, selbst erst neu gründen müssen, mit all den Problemen, unter denen neugegründete Organisationen zu leiden haben.

Viele, die das Bürgergeld befürworten, betonen seine segensreiche Wirkung für ehrenamtliche Projekte. Man kann sich sehr wohl vorstellen, dass viele hilfreiche, wünschenswerte oder auch notwendige Projekte überhaupt nur entstehen und dass sich insbesondere ältere Menschen einsetzen werden, wenn sie ihre Ziele professionell verfolgen könnten, ohne die Betätigung finanzieren zu müssen, also von den Ehrenamtlichen erwartet wird, nicht nur auf Bezahlung zu verzichten, sondern vielleicht sogar noch Geld mitzubringen. Ehrenamtliche, die finanziell abgesichert sind, wären da genau das Richtige.

Eigenarbeit

Natürlich darf man annehmen oder hoffen, dass Unternehmen wie Vita Needle in Zukunft auch außerhalb von Massachusetts erfolgreich entstehen und sich ansiedeln. Aber so attraktiv das Beispiel auch ist, ein nüchterner Blick auf die Realitäten legt den Schluss nahe, dass solche Unternehmen nicht unbedingt wie Pilze aus dem Boden schießen werden. Werden sie spektakuläre Leuchttürme bleiben? Man sollte jedenfalls nicht darauf wetten, dass sie so viel Arbeit für ältere Menschen schaffen, um alle zu bedienen, die so etwas in Zukunft – zu den dort beschriebenen Bedingungen, versteht sich – machen wollen. Ehrenamtliche Arbeit, so haben wir gesehen, ist auch ein attraktives Modell mit knappen Möglichkeiten, jedenfalls nicht groß genug, um alle Nachfrage zu bedienen.

Da bleiben eine Menge Leute übrig, die gerne etwas tun würden und es doch nicht können. Wie kann man denen helfen? Es gibt neben Erwerbsarbeit und Ehrenamt noch einen dritten Sektor, der hier helfen könnte, aber in der Debatte gerne übersehen wird: **die Eigenarbeit**. Der Begriff hat eine lange Geschichte, die heute Gott sein Dank niemanden mehr interessiert.[145] Für unser Thema lässt sich der Begriff oder das dahinterstehende Konzept ganz pragmatisch nutzen, wenn man darunter schlicht und hintersinnig zugleich «Selber machen statt kaufen» versteht.

Statt darauf zu warten, dass eine Firma wie «Vita Needle» Arbeit anbietet oder eine philanthropische Initiative ein Ehrenamt vorhält, bietet zum Beispiel die Idee der Alten-WG und des Mehrgenerationenverbundes ganz unkompliziert die Chance, durch unentgeltliche Angebote von Leistungen Bedarfslücken im Zusammenleben zu decken, die sonst nur mit unerfreulichem Aufwand gedeckt werden könnten:

Warum sollten alleinstehende ältere Menschen aus Bohnenstangenfamilien nicht in ein Haus, in eine Wohnung, in eine Siedlung zusammenziehen mit der gegenseitigen Absicht, die häusliche Pflege in Eigenarbeit zu übernehmen und sich zunächst gegenseitig dabei zu unterstützen – und wenn sie Kapazitäten frei haben, ihre Leistung auch auf andere auszudehnen?

Warum sollten ältere und jüngere Menschen nicht mit der Absicht zusammenwohnen, sich in Eigenarbeit gegenseitig im Haushalt, bei der Kindererziehung und der Hauswartung zu unterstützen und die damit verbundene Arbeit als Eigenarbeit zu verrichten?

Warum sollte es nicht möglich sein, in Eigenarbeit Kindertagesstätten, Hausarbeitsgruppen, Spielkreise, Musikgruppen, Werkstätten und anderes zu betreiben, damit junge Mütter und Väter sich stressfreier der beruflichen Karriere widmen können und Kinder nicht zum Risiko beruflicher Chancen werden?

Warum sollten ältere Menschen, die Ausbildung und Berufsleben hinter sich haben, nicht jüngeren Wohnung und Studium finanzieren, damit diese in Eigenarbeit zum Beispiel solche Menschen betreuen, die sich allein nicht mehr helfen können?

Auch andere Leistungen aus Eigenarbeit könnten da in Frage kommen, die das ganze Spektrum abdecken.

Warum sollte es unmöglich sein, dass sie alle zusammen etwas in Eigenarbeit betreiben, was man «Binnengastronomie» nennen könnte, damit diejenigen, die arbeiten, einen beruflichen Alltag und eine gute Versorgung genießen können? Warum sollten ältere gebildete Leute im Internetzeitalter nicht in der Lage sein, Bibliotheken und Colleges in Eigenarbeit zu errichten und zu unterhalten?

Warum nicht Hartz-IV-Empfänger mit Eigenarbeit integrieren, anstatt sie zur Tafel gehen zu lassen? Warum nicht für andere Arbeit in Eigenarbeit schaffen, wenn sie sonst nicht zu schaffen ist?

Warum sollte es nicht sogar möglich sein, betriebliche Gemeinschaften als Projekte auf Eigenarbeitsbasis zu betreiben, also so etwas wie «Eigenarbeitsunternehmen»?

Diese Liste kann jeder nach Bedarf selbst fortschreiben. Das Grundprinzip heißt dabei immer ganz schlicht: Menschen schließen sich dauerhaft und verlässlich zusammen, um in Eigenarbeit Probleme zu lösen, die sonst nicht oder nicht so (gut) gelöst werden. Die Erfahrung mit solchen Projekten in der Vergangenheit zeigt, dass so etwas am besten gelingt, wenn man zusammenwohnt oder siedelt. Alte Genossenschaftssiedlungen mögen da als Beispiel dienen, aber auch Alternativprojekte aus den 80er Jahren; aber sie alle sind nicht so beeindruckend wie das vieldiskutierte Beispiel der «Kibbuzim» (Gemeinschaftsdörfer) aus Israel. Wenn man, was sicher nicht so leicht ist, die sozialutopischen Aspekte des Kibbuz mal beiseitelässt, zeigen diese Siedlungen nämlich, wie eine Gemeinschaftsform, die auf dem Prinzip der Eigenarbeit beruht, über ein Jahrhundert erfolgreich existieren konnte und weiter kann. Und bei allen Diskussionen um den Kibbuz kommt in der Literatur gerade der Aspekt der Eigenarbeit immer ein wenig zu kurz. Doch gerade der ist es, der das innere Funktionieren bei gleichzeitiger sozialer Absicherung ausmacht. Im Übrigen haben sich die Kibbuzim – jedes auf seine Art und allen sozialpolitischen Herausforderungen zum Trotz – gerade als Mehrgenerationenverbünde und als lebenswerte Orte für älter werdende Menschen herausgestellt. Sie sind ein bemerkenswertes Beispiel für Solidarität auf der Basis gemeinsamer Wertvorstellungen jenseits aller Verwandtschaft. Viele von uns, die mal als Volunteers im Kibbuz gearbeitet haben, halten gerade das meist in guter Erinnerung.

Zumutbarkeit und Grenzen

Die Quintessenz dieser drei Überlegungen (Weiterarbeit, Ehrenarbeit, Eigenarbeit) ist, dass wir lernen müssen, mit vielfältigen Paradoxien umzugehen. Es sei paradox, sich vorzustellen, sagte ich oben, Arbeit und Einkommen könne man bei Massen von arbeitsfähigen und arbeitswilligen älteren Menschen auf Dauer folgenlos entkoppeln; es ist aber auch paradox, dass immer mehr Menschen bis zum Lebensende beruflich tätig sein möchten und können, wir sie aber mit 62, auf der Höhe des Lebens, entberuflichen; und es wäre schließlich aber auch paradox, wenn die Menschen ein erfülltes Erwerbsleben hinter sich hätten, dann aber bis an ihr Lebensende von einem Hungerlohn leben müssten.

Der gesamte vorstehende Abschnitt handelt im Grunde von einem expliziten sozialpolitischen Tabubruch. Wir reden hier ohne Netz und sozialpolitischen Boden von **lebenslangem Arbeiten** bis zum Schluss, bis man die Treppe nicht mehr schafft. Aus dem Tabubruch kann aber schnell ein Dammbruch werden: Statt freiwilliger Arbeit, die mehr Therapie als Ausbeutung ist, kann gewaltiges Lohndumping werden, das alles noch viel schlimmer macht, als es ist. Oder ein Rentendumping. Oder beides. Die Bedingung für Erfolg und positiven Effekt von «Vital Needle» ist die absolute Freiwilligkeit und Selbstbestimmung der Arbeiter. Diese wiederum sind wesentlich von ihrer finanziellen Unabhängigkeit als Pensionäre abhängig. Ohne ihre Renten würden und könnten die Arbeiter von Vital Needle nicht so unbekümmert auftreten. Das heißt im Klartext: Man kann den sozialpolitischen Tabubruch, der notwendig ist, nicht ohne eine solide sozialpolitische Einbettung des Konzepts vom lebenslangen Arbeiten für alle in einen komplexen Sozialvertrag begehen, der sowohl die Seite der Arbeit als auch die Seite der sozialen Absicherung berücksichtigt. Man kann sich, anders augedrückt, die Einführung lebenslanger Arbeitsmöglichkeiten in Europas Sozialstaaten zu Recht nicht vorstellen ohne ein sozialpolitisches Gesamtkonzept.

Dieses Konzept kann niemand aus dem Hut zaubern, aber man kann über seine Grundprinzipien nachdenken:

- Arbeit, Erwerbsarbeit und soziale Absicherung müssen neu bewertet werden; Arbeit darf und kann in diesen Fällen nicht mit reiner Erwerbsarbeit gleichgesetzt werden.
- Die soziale Sicherung darf in diesem Fall nicht allein mehr nur über die Erwerbsarbeit oder gar sozialversicherungspflichtige Erwerbsarbeit geregelt werden.
- Arbeit kann interessanter, weiterführend und attraktiver werden für Unternehmen und ältere Arbeitnehmer zugleich, wenn sie nicht mehr allein dem Erwerb, sondern auch der Entfaltung des einzelnen Menschen dient.
- Die Selbstbestimmung von Menschen im Arbeitsleben, die in den Beispielen von ihrer finanziellen Unabhängigkeit herrührt, kann nicht nur auf solche Personen beschränkt bleiben; das macht die Sprengkraft des Ansatzes aus; die Entfremdung der Arbeit muss insgesamt zurückweichen.
- Die Treppe als Metapher für die finale Begrenzung der Leistungsfähigkeit markiert die Grenze der Zumutbarkeit; sie ist definitionsgemäß individuell.
- Die Grenzen der Machbarkeit bestehen in der Einbindung von «lebenslangem Arbeiten» in ein sozialpolitisches Gesamtkonzept; die letzten 30 Jahre Diskussion über die vielen Rentenreformen haben gezeigt, dass sich das politische System extrem schwertut, sich den gesellschaftlichen Veränderungen anzupassen, da es auf den Erhalt des Status

quo programmiert ist; mag sein, dass die sich anbahnenden politischen Strukturveränderungen, insbesondere die dramatische Entwicklung bei Wahlen, dazu führen, den Anpassungsprozess zu beschleunigen.
- Lebenslanges Arbeiten in freier und selbstbestimmter Art kann zur Verwirklichung eines Menschheitstraums führen. Die Bedingungen sind günstig, die Voraussetzungen müssen geschaffen werden.

Es wird die Aufgabe sein, diesen Wandel in den kommenden Studien weiter zu beobachten und zu dokumentieren.

Neuere Tendenzen im Städtebau

Richtige Brisanz erhält das Thema aber erst, wenn man sich klarmacht, dass bei dieser Größenordnung jede Verwirklichung eines solchen Trends städtebauliche Konsequenzen von großem Ausmaß nach sich ziehen würde: Wollten ernsthaft 8 Millionen ältere Menschen – wie auch immer im Einzelnen – in neuen Wohnformen leben, ginge das nicht durch Umbau der bestehenden Eigenheime, wo auch immer sie liegen mögen. Architekten und Städtebautheoretiker verweisen in dem Zusammenhang auf ganz neue städtebauliche Dimensionen und reden schon von einer Rückeroberung der Stadt.[146] Gerade die andiskutierten neuen Lebensformen, so sagen sie, machten die (Innen-)Städte wieder interessant. Dieser schon seit zwei Jahrzehnten anhaltende Trend erlaube es, in den kommenden Jahren oder Dekaden die mit dem «Strukturwandel» der Industriemoderne verbundene Entstehung großer Konversionsflächen aus alten und Industriebrachen, leer stehenden Fabrik- und Bürohäusern oder überflüssigen Kommerzflächen, von Bahn- und Hafenanlagen in großen Städten im größeren Stil neu und kreativ zu nutzen. Und zwar nicht für noch mehr Bürogebäude, wie in den letzten 20 Jahren, sondern für neue Konzepte von **Wohnen, Leben und Arbeiten** und einer daraus resultierenden hochurbanen Funktionsmischung.

Es gibt in einigen Städten Europas bereits interessante Beispiele dafür; in jüngster Zeit paaren sich diese Zielsetzungen allerdings noch mit einem zweiten Motiv: dem Klimaschutz oder besser gesagt eine klimafreundliche Bauweise des Energieeinsparens inklusive kleinteiliger, dezentraler alternativer Energieerzeugung durch aktive und passive Solarenergie. Die Städtebauer wissen schon lange, dass die ehrgeizigen Ziele in der Energiepolitik nur mit Energiesparen zu erreichen sind und dass, wie der amerikanische Energiekritiker Amory Lovins schon seit 30 Jahren zeigt[147], der Städtebau eine Schlüsselrolle dabei spielen wird. Das heißt im Klartext: Wir werden die Klimaschutz- und Energieziele nicht allein mit CO_2-freundlichen Energiealternativen erreichen, sondern nur, wenn auch die Stadtplaner die Struktur der städtischen Bebauung umfassend renovieren oder sogar rekonstruieren. Wir brauchen quasi neue Städte, wenn wir den Klimaschutz- und Umweltzielen gerecht werden wollen. Schon die Internationale Bauausstellung Emscher Park von 1989 bis 1999 hat im Ruhrgebiet erste, wenn auch noch recht zaghafte Modelle dafür erprobt.[148] Ein besonders gutes Beispiel jedoch ist das zurzeit vieldiskutierte Modell von Sjöstad, einem Neubaugebiet mitten in Stockholm, wo neue Nutzungskonzepte mit ökologischen Neubauplänen konsequent mit neuen technischen Lösungen der Klima- und Energieproblematik kombiniert werden. Aber die urbanistischen Nutzungskonzepte dieser Modelle hinken immer noch weit hinter den soziologischen Notwendigkeiten her; immer noch orientieren sich die Planer am reichen Schickimicki-Loftbewohner, dem Lieblingswunschkind der Makler; die tatsächlichen Bedarfslagen von heute erfassen sie nicht und schon gar nicht die Debatte um neue Wohnformen für ältere Menschen.

Neue Trends im Wohnbedarf?

Wir hätten also für diesen neuen Trend im Wohnbedarf der Zukunft drei wichtige Faktoren zu verzeichnen:
- den Wunsch vieler Menschen über 50 nach neuen und städtischen Lebensformen und
- die ökologische Notwendigkeit für Neukonstruktion der Städte.
- Am dritten Faktor, dem Kapital für den Umbau, mangelt es mit Sicherheit nicht.

Man fragt sich allerdings, was unsere Zielgruppe dazu bringt, an neuen alternativen Wohn- und Lebensformen dermaßen interessiert zu sein, insbesondere am Mehrgenerationenkonzept

und anderen experimentellen Formen des Zusammenlebens. Die Antwort haben wir schon angedeutet. Sie hängt mit der Akzeptanz bzw. der nicht mehr vorhandenen Akzeptanz der bisherigen Lösung für den letzten Lebensabschnitt zusammen, den unsere Gesellschaft traditionell zu bieten hat:
- Die Mehrzahl der Befragten lehnt jede Form von Heimunterbringung als Lebensform ab;
- würde aber im äußersten Notfall, dem Pflegefall, mit Grausen in ein Heim gehen, wenn, weil oder solange es keine andere, bessere Lösung gibt.

Die Mehrzahl der Befragten markiert damit ein Thema von besonderer sozialpolitischer Brisanz. Wie brisant es ist, zeigt auch hier eine aktuelle Hochrechnung: Selbst wenn wir das Pflegerisiko in 20 Jahren wegen des eintretenden Fortschritts für unsere Befragten in der Hochrechnung halbieren und davon ausgehen, dass 30 % der 50+ Menschen zu Pflegefällen werden, dann hätten wir es 2028 mit etwa 5 Millionen Pflegefällen zu tun. Derzeit befinden sich etwa 700 000 Fälle in 8500 Einrichtungen, also im Durchschnitt 82 Pflegefälle in einem Heim. Bleiben wir bei dem herrschenden Belegungsfaktor, müssten zigtausende Heime gebaut werden. Man sieht also, dass man das Pflegeproblem nicht mit Heimlösungen wird lösen können, von der humanitären Katastrophe, die das darstellen würde, ganz zu schweigen.

Derzeit findet eine solche Katastrophe ja auch nicht statt. Grund: 80 % der Pflegefälle, insbesondere die leichteren, werden jetzt zu Hause betreut. Und genau das wird auch in Zukunft im Wesentlichen so bleiben müssen. Sonst siehe oben. Nur führen die veränderten Lebensumstände schrumpfender Familien dazu, dass wir uns nicht blauäugig auf die Familienpflege verlassen können. Singlehaushalte, die bei den Befragten jetzt insgesamt 25 % ausmachen, werden deutlich zunehmen; bei den über 70-Jährigen sind es schon 56 % und bei den über 80-Jährigen 72 %. Die Befragten mögen eine bessere Prognose haben, aber es bleibt ihnen am Ende dennoch nichts erspart. Aber nicht nur das Singleleben, auch der paarzentrierte Lebensstil wird seinen Preis fordern. Wenn der Partner verstirbt, ist kaum noch jemand mehr da, der helfen könnte. Die von Hondrich so getaufte «Bohnenstangenfamilie»[149] der wenigen, aber intensiven Verwandtschaftsbeziehungen führt vielleicht zu herzlichen Besuchsbegegnungen, aber sie kann das Problem weder lösen noch abfedern.

Dann bliebe tatsächlich nur der Horror, das Heim. Die Befragten wissen das – oder ahnen es zumindest. Und man tritt keinem zu nahe, wenn man annimmt, dass das nicht nur Experimentierfreude, sondern auch ein knallharter Realismus in Sachen Wohnen ist.

Ergo:
- Unsere Städte müssen angesichts der drohenden Klima- und Umweltkatastrophe ohnehin ökologisch und städtebaulich mit attraktiven Konzepten rekonstruiert werden;
- die Ressourcen und die Interessen dafür sind vorhanden;
- der soziale Wandel in der Familie zwingt insbesondere die Jahrgänge ab 1938 zu privaten Lösungen für das Zusammenleben im Falle der Zuspitzung ihrer Lebensbedingungen;
- wenn es keine Heimlösungen sein sollen, dann liegen sie in der Form des nicht verwandtschaftlichen Gemeinschaftslebens in kollektiv geführten Haushalten, sogenannten WGs;
- WG-Haushalte in generationenübergreifenden Lebensweisen bieten zudem den bereits geschilderten Vorteil erhöhten sozialen Fitnesstrainings.

Wenn diese Handlungsstränge in der Realität auch zusammenfinden, dann kann man sich sehr attraktive städtebauliche und ökologische Lösungen vorstellen. Die soziologische, technisch-architektonische und finanzielle Ausgangsbasis dafür könnte gar nicht besser sein:
- Unter den Befragten ist fast die Hälfte bereit, diesen Weg zu wagen; sie haben auch die notwendige politische und sozialreformerische Einstellung dazu;
- die meisten Betroffenen haben noch etwa 20 Jahre Zeit, sich auf solche Situationen einzustellen, können also rechtzeitig

um- oder hinsteuern und die Voraussetzungen dafür schaffen;
- die Betroffenen bevorzugen die Stadt, aber nicht die Megametropolen, sondern mittelgroße und kleinere Großstädte, die oft die besten Bedingungen dafür haben; sie können auch meist schnellere und unbürokratischere Planungsoptionen schaffen;
- die städtebaulichen Lösungen müssen ohnehin für ein urbanes Umdenken und Umbauen geschaffen werden; attraktive Lösungen sind zu erwarten, die schiere Größe des Projektes schafft enorme Lösungskapazitäten und attraktive, urbane Lebensbedingungen;
- finanzielle Ressourcen wären durch die Kombination von ökologischen mit sozialpolitischen Zielen reichlich vorhanden; private Investoren suchen gute Projekte, und interessante staatliche Förderung wird für beide Zwecke angeboten. Es käme darauf an, sie zu bündeln.

Alternative Wohnformen und Eigenarbeit

Nun ist es sicher nicht die Aufgabe eines Forschungsberichtes, Reformvorschläge zu machen oder gar durchzuplanen. Das muss woanders geschehen. Aber an dieser Stelle, wo sich der Kreis mit dem Thema Eigenarbeit schließt, liegt es irgendwie nahe, zumindest abschließend unter dem Banner «Wohnen und Eigenarbeit» einen Blick über den Rand des Themas zu wagen:

Neue Wohnformen bieten nämlich, richtig geplant und konzeptioniert, ideale Voraussetzungen, Leben und Arbeiten auch in einem noch ganz anderen Sinn zu integrieren. Das Stichwort dazu liefert keine Geringere als die deutsche «Seniorenministerin» Ursula von der Leyen. Am Beispiel alleinerziehender Mütter hat das zuständige Bundesministerium im April 2008 verlautbaren lassen, Mehrgenerationenhäuser seien ein wichtiger

Baustein, um sozial schwächere Personenkreise zu unterstützen. Die Häuser hätten zum Beispiel für Alleinerziehende den unschlagbaren Vorteil, dass sie dort alles an einem Ort finden würden: «soziale Kontakte etwa in einem offenen Tagestreff, qualifizierte Kinderbetreuung und dazu eine breite Palette an Dienstleistungen, die die Frauen auch selbst anbieten können, wie zum Beispiel einen Wäscheservice. So treffen in Mehrgenerationenhäusern das Prinzip des sich gegenseitigen Helfens und Angebot und Nachfrage von Dienstleistungen zusammen. In Zeiten, in denen Familie sich so stark verändert, ist das für mich gelebtes Miteinander von Menschen, auch wenn sie nicht miteinander verwandt sind», sagte die Ministerin.[150]

Nur: Mit ein paar Mehrgenerationenhäusern wird es nicht getan sein. Wenn wir die Hochrechnungszahlen mit den Millionen Interessenten ernst nehmen, dann geht es um sehr viel mehr. Es geht zumindest um ein neues Kapitel in der Wohnungsbaupolitik, wenn nicht gar um ein völliges Umdenken. Das Nachkriegsparadigma von Eigenheim und Stadtzersiedelung hat längst ausgedient; nicht, dass seine Verdienste um die soziale Absicherung und die Vermögensschaffung nicht zählen würden, ganz im Gegenteil. Aber das Modell von vielen kleinen Eigenheimen im Grünen, mit möglichst zwei Autos für Mama und Papa, mit Pendler-Pauschale, Energieverschwendung und CO_2-Rekorden, kann die Aufgaben, um die es hier geht, wahrlich nicht meistern – von den anderen Problemen, die es kreiert, ganz zu schweigen. Neue Konzepte für Lebens- und Siedlungsformen gibt es (in der Politik zumindest) nicht. Die Ministerin hat mit der Idee des Mehrgenerationenhauses allerdings eine Verknüpfung von Familien- und Seniorenpolitik mit Wohnungspolitik vorgenommen, die der Weiterentwicklung um urbanistische Konzepte und akzeptable Sozialformen bedarf, wenn es nicht bei ein paar Häuschen bleiben soll. Besonders aufschlussreich an dem von-der-Leyen-Zitat ist das zunächst ganz nebenläufige Argument, Mehrgenerationenverbünde würden für bestimmte Personengruppen durch «gegenseitiges Helfen und Angebot und Nachfrage von Dienstleistungen» besonders attraktiv. In der Tat, Frau von der Leyen propagiert die Integration von Eigenarbeit in umfassende Konzepte alternativen Wohnens; und sie entdeckt die familiensubstituierende Solidarität eines «gelebten Miteinanders von Menschen, auch wenn sie nicht miteinander verwandt sind».

Man kann ihr da nur beipflichten. Man möchte die Politik an dieser Stelle um Butter zu den Fischen bitten. Was uns helfen könnte, wäre eine solidarische, urbane, ökologische und kreative Wohnungs- und Siedlungspolitik zur Rückeroberung der Städte durch die Bürger. Dazu sind vielleicht nicht einmal die neuen Förderprogramme nötig, sondern eher die gezielte Umsteuerung bestehender. Helfen könnte uns auch eine kreative Übertragung der Erfahrungen verschiedener Modelle aus der ganzen Welt, denn es ist ein kosmopolitisches Anliegen. Wenn Frau von der Leyen schon so ähnlich formuliert, als wäre sie einst Volunteer in einem israelischen Kibbuz gewesen, dann sollten darunter auch die Erfahrungen aus der israelischen Kibbuzbewegung ausgewertet werden, die in diesem Zusammenhang vielleicht am wertvollsten sind. Nicht nur weil sie die besten Belege für die Integration von Wohnen, Selbstbestimmung und Eigenarbeit sind, nicht nur weil Kibbuzim die am längsten währenden und dauerhaftesten Modelle sind, die 100 Jahre der unterschiedlichsten Anpassungsprozesse gut überstanden haben, sondern weil der Kibbuz auch eine gemeinschaftsökonomische Rahmenfindung für gemeinsames Wohnen und Arbeiten entwickelt hat, die zu untersuchen und zu adaptieren sich lohnt.

Was heißt das? Den Konzepten zu neuen Wohnformen und Eigenarbeit fehlt meist die erkennbare ökonomische Basis und Form. Was ist eine WG, ein Mehrgenerationenhaus im ökonomischen Sinn? Unklar. Wie werden die Kosten aufgebracht, wie wird die Eigenarbeit organisiert und verrechnet? Wie ist man an solchen Projekten beteiligt? Kann man sich überhaupt beteiligen? Ist man wirtschaftlich verantwortliches Subjekt oder nur Mieter? Ungeklärt. Wäre es nicht sinnvoll, solche Projekte auch als «Investitionsmodelle» zu durchdenken und den

Interessenten beim ersten Schritt für den kommenden Lebensabschnitt auch eine ökonomische Perspektive zu bieten und sie so finanziell mit einzubinden? Zum neuen Wohnen und zur Eigenarbeit könnte so Eigentum treten, hier individuelles Wohneigentum, und dem ganzen Ensemble eine stabile Basis geben, die über das philanthropische Motiv hinaus mit einem Gemeinschaftsvertrag auf Dauer setzt. Natürlich braucht der eine verlässliche Rechtsform, in der jeder gleichberechtigter Partner ist, andererseits aber auch seine wirtschaftliche Beteiligungen berücksichtigt werden können. Die EU hat erst 2006 ein neues europäisches Genossenschaftsrecht verabschiedet, das wie geschaffen dafür ist.[151]

Klingt vielleicht etwas utopisch, aber es ist durchaus nicht abwegig, davon auszugehen, dass sich etliche von den Millionen Interessenten für neue Lebensformen im Alter auch (oder gerade) nach dem 50. Lebensjahr noch einmal aufraffen, etwas Neues anzufangen. In einem solchen Fall würden sie wenig riskieren, aber viel gewinnen. Zu den Risiken gehört zweifellos, erworbenes Vermögen für den vorläufig letzten Lebensabschnitt noch einmal zu mobilisieren, das Eigenheim zu verkaufen oder noch einmal zu belasten. Zu den Aktivposten aber würde attraktives gemeinsames Wohnen in neuen, ökologisch rekonstruierten Stadtquartieren gehören. Zur Habenseite – Singles aufgepasst – würde auch zählen, all das auf der Basis von Wahlverwandtschaften kompensieren zu können, was die Moderne mit verwandtschaftlichen Modellen auf der Basis sinkender familiärer Versorgungsdichte («Bohnenstangenfamilien») nicht mehr garantieren kann. Individualisierung und Pluralisierung der Lebensformen finden so auf höherer Ebene eine attraktive Synthese in urbanen Wohnformen, Gemeinschaftseinrichtungen und Zukunftsprojekten. Geld, Finanzierungsmodelle und Zuschüsse dafür gibt es genügend. Deshalb gilt ab sofort der Kästner'sche Imperativ: Es gibt nichts Gutes, außer man tut es!

Schlusswort

Bei der empirischen Erforschung der Generation 50+ sind wir wie eine wissenschaftliche Expedition gestartet, die einen neuen Kontinent entdecken wollte, das «revolutionierte Alter», die «Altersrevolution» oder wie auch immer man das Phänomen bezeichnen möchte, hinter dem wir her waren. Zurückgekehrt ist die Expedition am Ende nicht mit der Entdeckung eines neuen Kontinents, sondern mit einer nicht minder aufregenden Entdeckung, nämlich dass das alte Festland neue Gebiete hinzugewonnen hat: Die vermeintlich revolutionären Alten erweisen sich als *nicht alt*.

Der Alters-Limes bewegt sich in der Moderne kontinuierlich nach oben, und infolgedessen weitet sich die Lebenszeit, die wir als «nicht alt» bezeichnen, ebenso unausweichlich aus. Gleichzeitig gehört zur Moderne eine permanente Nivellierung der Altersrollenelemente, die beobachtbaren Unterschiede zwischen Lebensaltersgruppen werden verwischt, und es wird offenbar, dass Lebensalter nur dann eine trennscharfe soziologische Kategorie ist, wenn dies durch institutionelle Rahmensetzungen wie Ruhestandsregeln, Kleiderordnungen und vieles andere mehr erzwungen wird. Unsere Wahrnehmungsmuster und sozialen Normierungen verlieren so ihre Bezugspunkte und müssen sich den veränderten Umweltbedingungen anpassen. Genau das tun sie als soziales System in autopoietischer Manier auch unablässig. Die aufgeregte Debatte, die wir derzeit erleben, ist nichts anderes als der Ausdruck dieses Anpassungsprozesses.

Lediglich das politische System der Moderne, insbesondere das System des Sozialstaats, scheint eine solche Anpassung nicht so fließend hinzubekommen, was mit der besonderen Anpassungstechnik des Politischen in der Demokratie zusammenzuhängen scheint. Aber auch hier vollzieht sich der Wandel unverkennbar, wie wir am Schluss sehen konnten.

Diese Erkenntnis hat Folgen: Eine Überalterung der Gesellschaft gibt es nicht, aber die Prämissen unseres Generationenvertrages zerfallen zusehends. Um das Problem zu lösen, müssen nicht mehr Kinder in die Wiege, als wären sie das Perpetuum mobile; es müssen neue Lösungen des Sozialstaats jenseits der Adenauer'schen Lösungsformel (Sozialversicherungspflicht) gefunden werden. Solange die Politik sich dieses Problems nicht grundsätzlich annimmt, wird die Krise anhalten.

Was den revolutionären Elan betrifft, den es in der Generation 50+ zu untersuchen galt, so ist zu sagen, dass dieser – da er ja nicht bei der Revolutionierung des Alters zu beobachten ist – in anderer Form sehr wohl zu entdecken war: als politische und soziale Veränderungskraft der gesellschaftlichen Wirklichkeit durch eine Generation, die in der Mitte des 20. Jahrhunderts einen der bemerkenswertesten Wertewandelprozesse der Moderne ausgelöst hat, den man mit Luhmann als «Loslösung vom Stumpfsinn der althergebrachten Bindungen» beschreiben kann. Diese Generation ist nun in der Lage, den politischen Wandel als Subjekt der Veränderung zu gestalten. Sie wird von der demographischen Entwicklung dazu in geradezu schicksalhafter Weise gleich zweifach in eine einmalige Position gebracht: Sie ist selbst eine Babyboom-Generation und stellt die Mehrheit; sie trifft gleichzeitig auf den selbstausgelösten Pillenknick, was die Mehrheit noch einmal multipliziert. Kann man da von fraktaler Selbststeuerung reden? Denn es waren die Wertewandler, die den Geburtenrückgang durch «Zeugungsdrosselung» ausgelöst haben.

Die Generation 50+ stellt das Mehrheitsgerüst in der Gesellschaft, sie ist der wirtschaftliche Gewinner und stellt die Denker und Deuter der Republik. Die Moderne bekommt damit ein völlig neues Gesicht. Oberschicht und obere Mittelschicht werden nicht nur älter, sie stehen auch politisch ganz anders als die herrschenden bürgerlichen Schichten der Vergangenheit. Die Bourgeois werden Citoyen, sie verstehen sich kosmopolitisch, ökologisch, friedensorientiert, wenn auch nicht unbedingt pazifistisch, sie sind «verfassungspatriotisch» im Habermas'schen Sinn und stehen links.

Uns droht keine «Rentnerdemokratie», wir stehen vor einer Republica Maiorum, einer gesellschaftlichen Grundsituation und einer politischen Basisveränderung von völlig neuer Qualität. Die Auswirkungen davon sind heute kaum in Umrissen zu erkennen und schon gar nicht abzuschätzen. Wir werden mit dem 50+ Panel den Puls der Generation weiter messen und ihre Wandlungen kontinuierlich beschreiben.

Aber eines kann man mit Sicherheit schon jetzt sagen: Anders als in der zweiten Hälfte des 20. Jahrhunderts kennt diese Republik keine Generationenopposition mehr. Es ist nicht mehr das Lebensalter, das determiniert, sondern die Lebens- und Wertequalität.

... the beat goes on!

Anhang

Anmerkungen

1 Der Text insgesamt lautet: «April 10, 1970, Spring is here and Leeds play Chelsea tomorrow and Ringo and John and George and Paul are alive and well and full of hope. The world is still spinning and so are we and so are you. When the spinning stops – that'll be the time to worry. Not before. Until then, the Beatles are alive and well and the beat goes on, the beat goes on ...»
2 aus: Ankündigung zum Kongress «Zukunftsmarkt 50+» http://www.euroforum.de/ProduktTitel.aspx?pnr=P1102558
3 Zitiert nach http://reifenetzwerk.de/zielgruppenbsp50plus.html
4 «Die Landesinitiative sensibilisiert und ermutigt Wirtschaft, Politik und Verwaltung, ältere Menschen mit ihren unterschiedlichen Anforderungen, Bedürfnissen und Wünschen ernst zu nehmen. Die Unterstützung der Entwicklung innovativer generationengerechter Produkte und Dienstleistungen soll zu einer verbesserten Lebensqualität in Niedersachsen, zu einer langfristigen Beschäftigungssicherung, sowie zum Erhalt von Kaufkraft im eigenen Land beitragen.»
   Zitiert nach http://www.wolfsburg-ag.com/sixcms/detail.php?template=lingaindex&nav1=36406
5 Interview mit der Neuen Osnabrücker Zeitung, 3. Mai 2008, 41. Jg., Nr. 103, S. 4
6 Deutsche Shell Holding (Hrsg.), Jugend 2006 – 15. Shell Jugendstudie; Konzeption & Koordination: Klaus Hurrelmann, Mathias Albert & TNS Infratest Sozialforschung, Frankfurt 2006; im Web unter: http://www.shell.com/home/content/de-de/society_environment/jugendstudie/2006/dir_jugendstudie.html
7 Fünfter Bericht zur Lage der älteren Generation in der Bundesrepublik Deutschland, Potenziale des Alters in Wirtschaft und Gesellschaft. Der Beitrag älterer Menschen zum Zusammenhalt der Generationen. Bericht der Sachverständigenkommission an das Bundesministerium für Familie, Senioren, Frauen und Jugend, Berlin 2005. Zu beziehen ist der Bericht als PDF-Dokument über die Website des Bundesfamilienministeriums, siehe: http://www.bmfsfj.de/bmfsfj/generator/Kategorien/Service/themen-lotse,did=78114.html

8 P. B. Baltes & K. U. Mayer (Eds.), The Berlin Aging Study: Aging from 70 to 100, 1999, Cambridge University Press, New York
9 Tesch-Römer, Clemens et al., Der Alterssurvey – Beobachtung gesellschaftlichen Wandels und individueller Veränderungen; in: Tesch-Römer, C., Engstler, H., Wurm, S. (Hrsg.): Sozialer Wandel und individuelle Entwicklung in der zweiten Lebenshälfte, Wiesbaden 2005
10 Mehr: http://www.maxnetaging.mpg.de/en/generaldescription/overview.htm
11 Helmut Schelsky, Die Skeptische Generation. Eine Soziologie der deutschen Jugend, Düsseldorf 1957, S. 108
12 KarstadtQuelle Versicherungen, «Die freie Generation» 2006. http://www.karstadtquelle-versicherungen.de/presse_service/publikationen/studie/index.html
13 Stefan Bonner, Anne Weiss, Generation Doof: Wie blöd sind wir eigentlich?, Bergisch Gladbach 2008; Matthias Stolz, Generation Praktikum, DIE ZEIT, 31. 03. 2005, Nr. 14 (http://www.zeit.de/2005/14/Titel_2fPraktikant_14)
14 Petra Bruns, Rainer Böhme, Die Altersrevolution. Wie wir in Zukunft alt werden, Berlin 2007
15 Von Frank Schirrmacher, Das Methusalemkomplott, München 2004, bis zur ARD-Reihe «Mehr Zeit zum Leben», http://www.tagesschau.de/inland/mehrzeituleben2.html
16 Corinna Langewiese, Peter Wippermann, Länger leben, länger lieben. Das Lebensgefühl der Generation Silver Sex, München, Zürich 2007
17 Frank Gerbert, Golden Oldies. Generation Happy End. Das Alter gibt es bald nicht mehr und die mittleren Jahre dauern bis 70. Protokoll einer gesellschaftlichen Revolution, Focus Nr. 51 2007, S. 108 ff.
18 entspricht der Verhaltenseinteilung von Sinus Sociovision c. f., Typologie der Wünsche 2008, Burda Community Networks, München 2008
19 Eigentlich heißt der von F. W. Bernstein beanspruchte und von Hans Traxler illustrierte Spruch aus dem Pardon-Universum: «die schärfsten Kritiker der Elche waren früher selber welche!» (http://www.echolog.de/elchkritik/die_kritiker_der_elche.shtml); aber er funktioniert in beide Richtungen: «die größten Kritiker der Elche werden später selber welche!» ist ebenso wahr wie das andere.
20 Petra Bruns, Rainer Böhme, Die Altersrevolution. Wie wir in Zukunft alt werden, Berlin 2007, S. 30
21 Altersrevolution, S. 12

22 Altersrevolution, S. 51 ff.
23 Altersrevolution, S. 151
24 Altersrevolution, S. 171
25 Altersrevolution, S. 173
26 Altersrevolution, S. 217
27 Altersrevolution, S. 218
28 Sinus Sociovision ist ein privates Forschungsunternehmen, das sich selbst als «Spezialist für psychologische und sozialwissenschaftliche Forschung und Beratung» bezeichnet. URL: http://www.sinus-sociovision.de/
29 Wir haben das Panel in erster Linie nach der statistischen Maßgabe der Ausgangsgrößen konstruiert. Darüber hinaus werden speziell Arbeiter für das Panel rekrutiert; ferner haben wir als Kontrollgruppe repräsentative Studien herangezogen; mehr dazu im Forschungsbericht, siehe: www.die50plusstudie.de/Bericht
30 Die Biologen Susanne Gatti und Thomas Brey vom Bremerhavener Alfred-Wegener-Institut für Polar- und Meeresforschung (AWI) berichten dies in: «Bild der Wissenschaft» 11/2007, S. 11
31 Die Biologen Maturana und Varela haben dafür den faszinierenden Begriff der «Autopoiesis» gewählt (griechisch von autos [selbst] und poiein [Erzeugung, Herstellung]). Sie bezeichnen damit das charakteristische Organisationsmerkmal von Lebewesen. Sie sind «rekursiv», d. h., das Zusammenspiel ihrer Bestandteile ist genau das, was ihre Bestandteile hervorbingt. Leben kann man von Nicht-Leben dadurch unterscheiden: Das Produkt der Organisation des Lebens ist es selbst «das heißt, es gibt keine Trennung zwischen Erzeuger und Erzeugnis. Das Sein und das Tun einer autopoietischen Einheit sind untrennbar, und dies bildet ihre spezifische Art von Organisation.» – Siehe: Francisco J. Varela, Humberto R. Maturana, and R. Uribe, Autopoiesis: The organization of living systems, its characterization and a model, Biosystems, Vol. 5 1974, Seite 105; wir kommen auf diesen Begriff in soziologischer Hinsicht zurück.
32 «Bild der Wissenschaft» 11/2007, a. a. O.
33 Spiegel Online, 23. März 2006
34 Quelle: http://www.recordholders.org/en/list/oldest.html
35 auch Periodenlebenserwartung, die Definition des Rostocker Zentrums für demographischen Wandel dazu lautet: «Maß zur Standardisierung der Sterblichkeitsverhältnisse eines oder mehrerer Kalenderjahre (Periode). Es gibt an, wie viele Jahre eine Person in einem bestimmten Alter durchschnittlich noch zu leben vor sich

hätte. Unterstellt wird dabei, dass diese Person in allen Lebensphasen den altersspezifischen Sterberaten der zugrunde liegenden Periode ausgesetzt wäre. Man unterscheidet die Lebenserwartung bei Geburt sowie die fernere Lebenserwartung (Zahl der in einem bestimmten Lebensjahr noch zu erwartenden Lebensjahre).» Zitiert nach «Lebenserwartung» auf der Website des ZDWA im Artikel «Weibliche Vorbilder: Frauen leben gesünder und deshalb länger als Männer», siehe folgende URL: http://www.zdwa.de/zdwa/artikel/20060929_76243892W3 DnavidW2624.php

36 «Unser Leben währet 70 Jahre, und wenn es hoch kommt, so sind es 80 Jahre, und wenn es köstlich gewesen ist, so ist es Mühe und Arbeit gewesen.» Ps. 90, 10, zitiert nach: «Die Bibel nach der Übersetzung Martin Luthers», Deutsche Bibelgesellschaft 1999

37 Schnabel, S., Kistowski, K., Vaupel, J.: Immer neue Rekorde und kein Ende in Sicht, DFAEH 2/2005

38 «Von unsterblichen Mäusen und Menschen»; Sascha Mattke im Gespräch mit Aubrey de Grey; Technology Review vom 15. 04. 2004, (http://www.heise.de/tr/artikel/46531)

39 Hauptsächlich: Philippe Ariès, Geschichte der Kindheit, München 1978, Gloger-Tippelt, Gabriele; Tippelt, Rudolf (Hg.), Kindheit und kindliche Entwicklung als soziale Konstruktionen; in: Bildung und Erziehung, 39. Jg., 1986, S. 149–164; Weber-Kellermann, Ingeborg, Die Kindheit – eine Kulturgeschichte, Frankfurt am Main: Insel 1997

40 Siehe hierzu in der Jugendsoziologie etwa bei Bernhard Schäfers, Albert Scherr: Jugendsoziologie. Einführung in Grundlagen und Theorien. 8. Auflage, Wiesbaden 2005; in der Soziologie des Alterns zum Beispiel findet sich ein Beitrag von Ludwig Amrhein, der sich mit der «gesellschaftlichen Konstruktion der Lebensführung im Alter» beschäftigt: «Alter als Soziales Konstrukt», in: Backes, G., und andere, Lebensformen und Lebensführung im Alter, Köln 2004

41 Sahner, Heinz, Alter als soziale Konstruktion – Alternsprobleme heute: Ursachen und Konsequenzen, Vortrag, gehalten im Rahmen der Ringvorlesung «Die humane Altersgesellschaft: medizinische und soziale Voraussetzung» der Klinik für Herz- und Thoraxchirurgie, Universität Halle-Wittenberg, am Di., den 15. Februar 2005, Der Hallesche Graureiher 2005, S. 14

42 Hans-Werner Prahl, Klaus Schroeter, Soziologie des Alterns – Eine Einführung, Paderborn 1996

43 Am besten wiedergegeben in Niklas Luhmann, Einführung in die Systemtheorie, posthum, Heidelberg 2002

44 Der geneigte Leser weiß wohl, ich paraphrasiere hier Richard Dawkins, The Selfish Gene (30th Anniversary Edition), Oxford 2006; in dem er neben den Genen auch Reproduktoren (so nennt er zunächst die Gene) aus Ideen oder Bewusstseinsinhalte als Replikatoren der Evolution zulässt und sie «Meme» nennt.

45 Luy, M. und P. Di Giulio: Der Einfluss von Verhaltensweisen und Lebensstilen auf die Mortalitätsdifferenzen der Geschlechter. In: Lebensstile, Lebensphasen, Lebensqualität: interdisziplinäre Analysen von Gesundheit und Sterblichkeit aus dem Lebenserwartungssurvey des BiB, K. Gärtner, E. Grünheid und M. Luy (Hrsg.), Wiesbaden 2005, S. 365–392

46 Ich beziehe mich hier auf die folgenden Texte: De Grey, Aubrey D. N. J., Mitochondrial Free Radical Theory of Aging. Molecular Biology Intelligence Unit 9, Landes Bioscience, 2003; De Grey, Aubrey D. N. J., Strategies for Engineered Negligible Senescence – Why Genuine Control of Aging May Be Foreseeable, Annals of the New York Academy of Sciences, 2006

47 William J. Cromie, Wine molecule slows aging process: Scientists drink to that, HARVARD GAZETTE ARCHIVES, Harvard News Office, September 18, 2003

48 «It has become apparent that there is a genetic pathway that may be activated by C(aloric)R(eduction) and protects organisms against the damage that causes aging. If mimicking CR in some way can activate this antiaging pathway, then the result would be an organism (a human, perhaps) that is better equipped to fight and prevent disease. Thus, the ideal outcome would be achieved: not simply longer life, but longer and healthier life. The problem with CR is that it involves semistarvation, and thus is ruled out for nearly everyone. If the effect of CR could be mimicked in humans without their actually having to undergo the rigors of a CR diet, the impact not just on human longevity but human health overall could be significant. In nature, CR occurs during periods of food scarcity, which induces a cellular response that causes an organism to use its energy more efficiently and defend itself from stress and free radical damage.» David A. Sinclair, PhD, Evan W. Kligman, MD, Do antiaging approaches promote longevity?, Patient Care, August 1, 2005, Quelle: http://mediwire.skyscape.com/main/Default.aspx?P=Content&ArticleID=174239

49 Hondrich, Karl Otto, Weniger sind mehr. Warum der Geburtenrückgang ein Glücksfall für unsere Gesellschaft ist, Frankfurt 2007

50 Der Terminus «machistisch» beschreibt m. E. umgangssprachlich

stark bis übertrieben gedeutetes männliches Verhalten, das von Ritualen des Kräftemessens, von exzessiv offensivem Ausleben von Heterosexualität und (oft auch von) Frauenfeindlichkeit gekennzeichnet ist.

51 Karl Otto Hondrich hat diesem Umstand in seinem bereits zitierten Buch prachtvoll erläutert: Es ist die Produktivität, die sich zum Feind der Geburtenrate entwickelt hat. Unternehmen brauchen Frauen, Frauen mit Bildung wollen Berufe und das System kann Kinder in der Form nur begrenzt absorbieren. Produktive Länder sind nicht reproduktiv und umgekehrt, wie einerseits die Entwicklungsländer zeigen und andrerseits die Schwellenländer mit steigender Produktivität und sinkender Reproduktivität. Hondrich, a. a. O., Seite 41 ff.

52 Von Schirrmacher stammt auch: Minimum. Vom Vergehen und Neuentstehen unserer Gemeinschaft, München 2006; Zum Gruseln eignet sich aber auch: Huntington, Samuel P., Kampf der Kulturen. Die Neugestaltung der Weltpolitik im 21. Jahrhundert, München 2002

53 Beck, Ulrich, Risikogesellschaft – Auf dem Weg in eine andere Moderne, Frankfurt 1986
Beck, Ulrich, Weltrisikogesellschaft – Auf der Suche nach der verlorenen Sicherheit, Frankfurt 2007; Giddens, Anthony, Konsequenzen der Moderne, Frankfurt 1996; Giddens, Anthony, Entfesselte Welt. Wie die Globalisierung unser Leben verändert, Frankfurt 2001

54 Gemeint ist hier die theoretische Grundlage des westeuropäischen Sozialstaats, die wesentlich auf den ökonomischen Liberalismus von Walter Eucken zurückgeht und im Staat und seinen lenkenden Eingriffen den Garanten einer liberalen Wirtschaftsordnung sah. Siehe Eucken, Walter, Grundsätze der Wirtschaftspolitik, Tübingen 1952; ebenso: Dürr, E. Wolfram, Wesen und Ziele des Ordo-Liberalismus, Tübingen 1954

55 Erinnert sei hier an die Debatte über das «Ende der Geschichte», ausgelöst durch den amerikanischen Politologen Fukuyama, der 1990 Marktwirtschaft und westliche Demokratie als endgültige Lösung der Weltprobleme ansah; Fukuyama, Francis, Das Ende der Geschichte (engl.: The End of History and the Last Man), New York, Frankfurt 1992

56 Statistisches Bundesamt, Juni 2006. Quelle: www.destatis.de Fachveröffentlichungen Publikationen/Bevoelkerung/Kinderlosigkeit-Akademikerinnen; sowie http://www.presseportal.de/pm/32102/1104949/statistisches_bundesamt

57 In der Aschaffenburger Frauenklinik am Ziegelberg kam Anfang

Dezember 2007 das Kind einer 64-jährigen Mutter zur Welt, die es auf dem Weg einer gespendeten Eizelle empfangen hatte. Quelle: Die Welt Online, 3. 12. 2007

58 Sinus Sociovision, Lebenswelten 50+ in Deutschland, Auswertung für die UOS

59 Karl Mannheim, Das Problem der Generationen, in: Wissenssoziologie, Neuwied 1964, S. 516 ff.

60 Das Bundespresseamt veröffentlichte 2005 eine Studie über ältere Mitbürger unter dem Titel «Alternde Gesellschaft» (polis, Gesellschaft für Politik- und Sozialforschung mbH, Alternde Gesellschaft – Ergebnisse einer Repräsentativerhebung im Auftrag des Presse- und Informationsamtes der Bundesregierung, Berlin 2005; siehe: www.bmfsfj.de/RedaktionBMFSFJ/Pressestelle/pdf-Anlagen/polis-studie,proper ty=pdf.pdf); auch das Rostocker Zentrum für demographischen Wandel und andere wissenschaftliche Institutionen reden unentwegt davon. Die Internet-Suchmaschine «Google» verzeichnet insgesamt 62 400 Eintragungen für Alternde Gesellschaft.

61 siehe: http://www.prb.org/Publications/GraphicsBank/PopulationTrends.aspx

62 siehe unsere Studie, siehe die Studie von KarstadtQuelle Versicherungen und viele andere mehr

63 Oswald Spengler, Der Untergang des Abendlandes, Umrisse einer Morphologie der Weltgeschichte, Band 1: Gestalt und Wirklichkeit, Wien 1918; Band 2: Welthistorische Perspektiven, München 1922

64 Frank Schirrmacher, Das Methusalem-Komplott; Herwig Birg, Die Weltbevölkerung: Dynamik und Gefahren, München 2004; Eva Herman, Das Eva-Prinzip, München 2006

65 Gabor Steingart, Deutschland – Abstieg eines Superstars, München 2005

66 Heye, Uwe-Karsten, Gewonnene Jahre. Oder Die revolutionäre Kraft der alternden Gesellschaft, München 2008

67 Die Internetadresse für diese Seite lautet etwas unübersichtlich http://www.destatis.de/jetspeed/portal/cms/Sites/destatis/Internet/DE/Navigation/Statistiken/Bevoelkerung/Bevoelkerung.psml

68 Zahlen nach dem UN Habitat Urban Indicators Database http://ww2.unhabitat.org/programmes/guo/statistics.asp; weitere Bevölkerungsstatistiken, mehr dazu unter: Mike Davis, Planet der Slums, Berlin 2007

69 Die genauen Angaben zur AWA finden sich unter: http://www.awa-online.de/

70 Genaueres dazu am besten bei Elisabeth Niejahr, Altersarmut – Der wahre Altersunterschied, DIE ZEIT 36/2007, S. 23 [http://www.zeit.de/2007/36/Altersarmut]
71 Den Werbespot findet man hier http://www.vorwerk.com/de/movies/spot2DSL.html
72 Quelle: Verband deutscher Rentenversicherungsträger (Rente) und Stadt Wuppertal (Ruhestand), zitiert nach der Dokumentation der Bundeszentrale für Politische Bildung im Web: www.bpb.de/files/M8IEF3.pdf
73 siehe: Thomas Gensicke, Sibylle Picot, Sabine Geiss: Freiwilliges Engagement in Deutschland 1999–2004. Repräsentative Erhebung im Auftrag des Bundesministeriums für Familie, Senioren, Frauen und Jugend. TNS Infratest Sozialforschung, München 2006
74 Erich Kästner, Doktor Erich Kästners Lyrische Hausapotheke, München 1989
75 Ich verwende die rororo-Ausgabe: Aristoteles: Politik, Reinbek 1994
76 Klaus Bartels, Wie Berenike auf die Vernissage kam: 77 Wortgeschichten, Darmstadt 1996
77 Die Ergebnisse sind in der neuesten Studie des BAT-Instituts zu finden; Web: http://www.bat.de/OneWeb/sites/BAT_677KXQ.nsf/vwPagesWebLive/176B18C3B6992541C125727A003252CF?opendocument&SID=F8B70AA7F31BB02AC129C3376C4ABDDA&DTC=&TMP=1; BAT Freizeitinstitut; DEUTSCHE TOURISMUSANALYSE (TA 2008) über die Reiseziele 2007 und die Reiseabsichten 2008 der Deutschen, Hamburg 2007
78 Bernice L. Neugarten, The Meanings of Age: Selected Papers. Edited by Dail A. Neugarten, Chicago 1996
79 BAT-Studie, ebenda, Abschlussbericht, S. 1
80 Alle Angaben nach der Bevölkerungsfortschreibung des Statistischen Bundesamtes; die Quelle ist jeweils die Auswertung von Gerostat; siehe: http://www.gerostat.de
81 eigene Auswertung nach Basisdaten ebenda
82 eigene Auswertung nach Basisdaten ebenda
83 Gemeint ist der damals als Sexualaufklärer bezeichnete Journalist Oswald Kolle, der auch Drehbuchautor war des Erfolgsfilms «Das Wunder der Liebe – Sexualität in der Ehe», Spielfilm BRD 1968. Seine Besucherzahlen werden mit 6 Mio. angegeben, siehe: http://www.insidekino.com/DJahr/DAlltimeDeutsch50.htm. Der Film liegt damit auf Platz 11 der meistbesuchten deutschen Filme seit 40 Jahren.
84 Die Herkunft dieses Spruchs ist nicht mehr umstritten. Zuletzt

(2003) reklamierte Petra Kohse diesen Spruch für Hellmut Brunn. Sie behauptet das zumindest in: Der Prototyp. Wie Hellmut O. Brunn die Parole zur sexuellen Befreiung fand und als Amerika-Fan die US-Flagge auf Halbmast zog, in: Frankfurter Rundschau v. 16. 05. 2003

85 ebenda (Quelle: http://www.single-generation.de/kohorten/friedrich_christian_delius_amerikahaus.htm)
86 Alfred C. Kinsey, Wardell B. Pomeroy, Clyde E. Martin: Sexual behavior in the human male, Philadelphia 1949
87 Alfred C. Kinsey, M. Baacke: Sexual behavior in the human female, 1966
88 Stacy Tessler Lindau, L. Philip Schumm, Edward O. Laumann, Wendy Levinson, Linda J. Waite, Colm A. O'Muircheartaigh, A Study of Sexuality and Health among Older Adults in the United States, in: The New England Journal of Medicine 2007; 357: 762–74
89 siehe: Dr. med. M. Kirsten-Krüger, Alter–Liebe–Sexualität, Universität Zürich, Psychiatrische Universitätsklinik, Abteilung für Psychiatrische Forschung
90 Wiebke Rögener, Langes Liebesleben. Viele ältere Menschen sind im Bett oftmals aktiver, als es ihre Enkel vielleicht vermuten würden, in: sueddeutsche.de, 17. 12. 07
91 «Auffällig ist hingegen, dass die Zufriedenheit der Älteren (…) am höchsten ist.» Statistisches Bundesamt (Hrsg.) in Zusammenarbeit mit dem Wissenschaftszentrum Berlin für Sozialforschung (WZB) und dem Zentrum für Umfragen, Methoden und Analysen, Mannheim (ZUMA), Datenreport 2006, Zahlen und Fakten über die Bundesrepublik Deutschland, Bundeszentrale für politische Bildung 2007, S. 446, sowie Tabelle: Zufriedenheit in Lebensbereichen nach Bevölkerungsgruppen, 2004, S. 445
http://www.gesis.org/Dauerbeobachtung/Sozialindikatoren/Publikationen/Datenreport/pdf2006/2_02.pdf; ähnlich für die Schweiz: Brigitte Boothe, Bettina Ugolini (Hrsg.), Lebenshorizont Alter, ETH Zürich, Zürich 2003
92 Deutsche Version: Jarred Diamond, Warum macht Sex Spaß? Die Evolution der menschlichen Sexualität, München 2000
93 Marc Freedman, Prime Time: How Baby Boomers Will Revolutionize Retirement and Transform America, Public Affairs, New York 1999.
Theodore Rodzak, Longevity Revolution: As Boomers Become Elders, Berkeley Hills Books, Berkeley, California, 2001.

George E. Vaillant, Aging Well: Surprising Guideposts to a Happier Life from the Landmark Harvard Study of Adult Development, Little, Brown, Boston 2003.

94 Ergebnisse der Allensbacher Markt- und Werbeanalyse (AWA), zitiert nach: Sven Goergens, Generation Happy End, in: Focus. Das moderne Nachrichtenmagazin, Nr. 51, 2007, S. 108 ff.

95 Es handelt sich hier um den Ichstärke-Test des DII, vgl.: Holle Ellrich u. a., Erstwähler 1990: Selbstbewusst, demokratisch, entschieden ökologisch und kein Potential bei Rechtsextremen und Republikanern. Eine wahlsoziologische Studie. Deutsches Institut zur Erforschung der Informationsgesellschaft Osnabrück (Hg.): Forschungsbericht 1, Osnabrück 1990

96 Holle Ellrich u. a., Erstwähler im Prozess der Deutschen Einigung. Entschieden demokratisches Potential in Ost und West – Trendumschwung zugunsten der CDU – erhebliches Rechtspotential im Osten. Eine wahlsoziologische Studie in Gesamtdeutschland. Deutsches Institut zur Erforschung der Informationsgesellschaft Osnabrück (Hg.): Forschungsbericht 2, Osnabrück 1990

97 Karl Otto Hondrich, Weniger sind mehr, a. a. O., S. 99 ff.

98 Max Weber, Gesammelte Aufsätze zur Religionssoziologie, München 1920

99 Joseph Ratzinger/Benedikt XVI., Jesus von Nazareth. Von der Taufe im Jordan bis zur Verklärung, Freiburg 2007

100 Forschungsgruppe Weltanschauung in Deutschland. Trägerschaft Humanistische Arbeitsgemeinschaft (HUMAG), im Web unter: http://fowid.de/home/

101 fowid, Religionszugehörigkeit, Deutschland. Bevölkerung 1950, 1961, 1970, 1987, 1990, 2003, 2004, 2005, in: http://fowid.de/fileadmin/datenarchiv/Religionszugehoerigkeit_Bevoelkerung_1950-2005.pdf, S. 5

102 Christian Geyer, Ratzingers dramatischer Befund, 17. April 2007, in: FAZ.net, Feuilleton, URL: http://www.faz.net/s/Rub117C535CDF414415BB243B181B8B60AE/Doc~E2F0DA3E7670C4449A0291D66C98F7E6C~ATpl~Ecommon~Scontent.html (15. 02. 2008)

103 siehe Ellrich u. a.; a. a. O.

104 zitiert nach: Matthias Krupa, Senioren für Ole, DIE ZEIT 04. 03. 2004, Nr. 11

105 ARD Tagesschau; Quelle: http://www.tagesschau.de/inland/rentendebatte2.html

106 Der Tagesspiegel, Ausgabe vom 26.02.2008, im Web unter: http://

www.tagesspiegel.de/politik/div/Hamburg-Waehler-Buergerschaft-CDU;art771,2483561

107 Eigene Auswertung a. G. der Daten der Bundeszentrale für politische Bildung, Wahlen in Deutschland, Wer wählt was, Umfrageergebnisse zum Wahlverhalten; Quelle: (16. 04. 2008) http://www.bpb.de/wissen/15YBO1,0,Wer_w%E4hlt_was.html

108 Franz Walter, Volksparteien: Wozu noch CDU?, hier zitiert nach: FAZ.NET/Landtagswahlen 2008; Quelle/URL: http://www.faz.net/s/RubEA30294A29CF46D0B1B242376754BC09/Doc~EF1C66E74B5BC4E1DAA20792609C3F321~ATpl~Ecommon~Scontent.html

109 dpa, HENNING SCHERF Leben in Alten-WG. Zitiert nach Hamburger Abendblatt, 17. 04. 2007, URL: http://www.abendblatt.de/daten/2007/03/17/707819.html

110 So Ursula von der Leyen auf der Startseite des Projektes «Mehrgenerationenhaus», URL http://www.mehrgenerationenhaeuser.de/

111 Ursula Kremer-Preiß, Holger Stolarz, Anforderungen an die Gestaltung quartiersbezogener Wohnkonzepte Expertenworkshop am 18. Juni 2003 in Heidelberg, Dokumentation im Rahmen des Projektes «Leben und Wohnen im Alter» der Bertelsmann Stiftung und des Kuratoriums Deutsche Altershilfe, Gütersloh/Köln 2004

112 Ursula von der Leyen auf der Nachrichtenseite des Projektes «Mehrgenerationenhaus», URL http://www.mehrgenerationenhaeuser.de/

113 Berlin hatte November 2006 genau 3 405 259 Einwohner, siehe http://www.in-berlin-brandenburg.com/News/Infos/Bevoelkerung.html

114 Alle Zahlen des Abschnitts zur Pflegebedürftigkeit nach Altersgruppen zusammengestellt nach Daten des Statistischen Bundesamtes durch die Bundeszentrale für politische Bildung, zitiert nach: http://www.bpb.de/wissen/

115 Hochdrucktherapie in Deutschland kurieren, Medical Tribune, 26. Jan. 2007, S. 24

116 siehe Allensbacher Marktforschung AWA

117 Quelle unter http://www.gbe-bund.de/

118 Robert-Koch-Institut, Gesundheit in Deutschland 2006, Kapitel 1.1.3 Lebenserwartung in Gesundheit, Quelle unter http://www.gbe-bund.de/

119 Stefan Georg Troller, Paris geheim, Düsseldorf 2008
120 Einen guten Überblick gibt: Berthold B. Flaig, Thomas Meyer, Jörg Ueltzhöffer, Alltagsästhetik und politische Kultur, Bonn 1993
121 Diese Begrifflichkeit bezieht sich auf die Arbeiten des französischen Soziologen Durkheim in seinen religionssoziologischen Schriften; Émile Durkheim, Die elementaren Formen des religiösen Lebens, Frankfurt/M. 1981
122 Sinus Sociovision, Lebenswelten 50plus in Deutschland, Auswertung für die Universität Osnabrück, Heidelberg 2008, S. 9
123 siehe Ulrich Beck, Die Risikogesellschaft, Frankfurt 1986, und Anthony Giddens, Konsequenzen der Moderne, Frankfurt 1996
124 Alle empirischen Angaben im Folgenden nach Sinus Sociovision, Sonderauswertung für die UOS, abgekürzt SSU, S. 35 f.
125 Ronald Inglehart, The silent Revolution. Changing Values and Political Styles among Western Publics, Princeton, New Jersey (1977); deutsche Ausgabe: Ronald Inglehart, Kultureller Umbruch. Wertwandel in der westlichen Welt, Frankfurt/Main, New York 1989
126 Name und Mailadresse liegen vor.
127 Sinus, S. 15
128 Hondrich (2007), a. a. O., Seite 124 ff.
129 Eigene Auswertung nach dem interaktiven Modul der Destatis-Website. http://www.destatis.de/jetspeed/portal/cms/– hier: Menüpunkt |Bevölkerung|
130 hier zitiert nach der RP Online. Quelle: http://www.rp-online.de/public/druckversion/aktuelles/politik/deutschland/554581/Herzog-fuerchtet-Rentnerdemokratie.html, 25. 04. 2008
131 Quelle: eigene Berechnungen a. G, der Bevölkerungsprojektion auf Destatis, http://www.destatis.de/jetspeed/portal/cms/Sites/destatis/Internet/DE/Content/Statistiken/Bevoelkerung/VorausberechnungBevoelkerung/InteraktiveDarstellung/Content75/Bevoelkerungspyramide1W1,templateId=renderSVG.psml, 26. 04. 2008
132 «Bernd Raffelhüschen von der Universität Freiburg wählt deutliche Worte: Altersarmut sei ‹eines der meistüberschätzten Phänomene der Gegenwart›, erklärt er in der ‹Frankfurter Allgemeinen Zeitung›. Statistisch gesehen sei die ‹Wahrscheinlichkeit, auf ein armes Kind zu stoßen, etwa fünfmal höher als die, auf einen armen Rentner zu stoßen›. Die heutigen Rentner seien im Durchschnitt die reichsten Rentner, die dieses Land jemals gesehen habe.» http://www.spiegel.de/wirtschaft/0,1518,druck-548817,00.html

133 Jean-Jacques Rousseau, Vom Gesellschaftsvertrag oder Grundsätze des Staatsrechts, Stuttgart 1977
134 Jürgen Habermas, Staatsbürgerschaft und nationale Identität. In: ders., Faktizität und Geltung, Frankfurt a. M. 1992
135 Quelle: eigene Berechnungen a. G, der Bevölkerungsprojektion auf Destatis, http://www.destatis.de/jetspeed/portal/cms/Sites/destatis/Internet/DE/Content/Statistiken/Bevoelkerung/VorausberechnungBevoelkerung/InteraktiveDarstellung/Content75/Bevoelkerungspyramide1W1,templateId=renderSVG.psml 26.04.2008
136 Pierre Bourdieu, Die feinen Unterschiede. Kritik der gesellschaftlichen Urteilskraft, Frankfurt a. M. 1982
137 zitiert nach Horst W. Opaschowski, 580 Euro für alle. Existenzgeld statt Zukunftsangst: Was die Bevölkerung von der Politik fordert, in: Forschung aktuell, Ausgabe 199, 28. Jahrg., 27. 08. 2007
138 Ute Brümmer, Vorwort zu: Die Zukunft sozialer Sicherheit, in: Heinrich Böll Stiftung, Schriften zu Wirtschaft und Soziales, Band 2, Die Zukunft sozialer Sicherheit, S. 7
http://www.boell.de/downloads/Reihe_Wirtschaft_Soziales_Band2_Zukunft_sozialer_Sicherheit_2007.pdf
139 Quelle Bundeszentrale für politische Bildung, an angegebener URL, 26. 04. 2008
140 Bertram Verhaag RentnerGmbH (WDR Deutschland, 2007); mehr dazu: http://www.denkmal-film.com/
141 Karl Marx, Ökonomisch-philosophische Manuskripte aus dem Jahre 1844, in: Marx Engels Werke, MEW, herausgegeben vom Institut für Marxismus-Leninismus beim ZK der SED, Ergänzungsband I: 514, Berlin 1966; kleine Textprobe unter: http://www.vulturebookz.de/marx/archive/quellen/Marx~Die_Entfremdung_von_der_Arbeit.html
142 Spiegel Online: Ältere Arbeitnehmer: Merkel sieht Industrie in der Verantwortung, http://www.spiegel.de/wirtschaft/0,1518,548564,00.html, 27. 04. 2008
143 zum Beispiel im Kölner Stadtanzeiger vom 26. 10. 07: Mittelstand braucht ältere Arbeitnehmer
144 siehe zum Beispiel; Ernst Olbrich, Ältere Arbeitnehmer und neue Technologien, in Lehr, U./Späth, L., Altern als Chance und Herausforderung, Band 1: Aktives Altern, Stuttgart, München, Landsberg 1990; Ernst Olbrich, Zur Förderung von Kompetenz im höheren Lebensalter, in: Olbrich, E./Kruse, A./Schmitz-Scherzer,

R., Altern – ein lebenslanger Prozeß der sozialen Interaktion, Darmstadt 1990
145 Wer das nachlesen will, dem sei empfohlen Ivan Illich, Vom Recht auf Gemeinheit, Reinbek 1982; Dieter Otten, Die Welt der Industrie. Entstehung und Entwicklung der modernen Industriegesellschaften, Bd. 2, Krise und Transformation, 4. Buch, Die Industrielle Revolution des 21, Jahrhunderts, Reinbek 1986; Rolf Heinze, Claus Offe (Hg.): Formen der Eigenarbeit, Opladen 1990; Wolfgang Bonß, Zwischen Erwerbsarbeit und Eigenarbeit. Ein Beitrag zur Debatte um die Arbeitsgesellschaft, Zeitschrift Arbeit, Jahrgang 2002, Heft 1, http://www.zeitschriftarbeit.de/; Bernhard Nagel, Die Eigenarbeit der Zisterzienser. Von der religiösen Askese zur wirtschaftlichen Effizienz, Marburg 2006
146 Gianluca Perino, L'uomo si riprende la Cittá, Ulisse XXIX, No. 228/2008, S. 66
147 Amory B. Lovins, E. Kyle Datta, Odd-Even Bustnes, Jonathan G. Koomey, and Nathan J. Glasgow, Winnig the Oil Endgame. Innovation for Profits, Jobs, Published by Rocky Mountain Institute, Snowmass, 2005
148 Karl Ganser, Liebe auf den zweiten Blick. Internationale Bauausstellung Emscher Park, Dortmund 1999
149 Hondrich, Weniger ..., a. a. O., S. 99 ff.
150 Ursula von der Leyen: Mehrgenerationenhäuser sind für Alleinerziehende eine ideale Anlaufstelle. Bundesfamilienministerin gibt Startschuss für Kooperation der Mehrgenerationenhäuser und dem Projekt PALME, Presseerklärung vom 25. April 2008. Zitiert nach http://www.bmfsfj.de/bmfsfj/generator/Kategorien/Presse/pressemitteilungen,did=109770.html
151 Der Text des Gesetzes ist beim Bundesjustizministerium zu bekommen unter: http://www.bmj.de/media/archive/1303.pdf

Verwendete Literatur

Philippe Ariès, Geschichte der Kindheit, München 1978
Aristoteles, Politik, Reinbek 1994
Robert Axelrodt, Die Evolution der Kooperation, München 2000
Klaus Bartels, Wie Berenike auf die Vernissage kam: 77 Wortgeschichten, Darmstadt 1996
Paul B. Baltes & K. U. Mayer (Eds.), The Berlin Aging Study: Aging from 70 to 100, New York 1999
John H. J. Bancroft, Sex and Aging, Editorials n engl j med 357; 8 www.nejm.org august 23, 2007 821
BAT Freizeitinstitut, DEUTSCHE TOURISMUSANALYSE (TA 2008) über die Reiseziele 2007 und die Reiseabsichten 2008 der Deutschen, Hamburg 2007
Ulrich Beck, Risikogesellschaft – Auf dem Weg in eine andere Moderne, Frankfurt 1986
Ulrich Beck, Weltrisikogesellschaft – Auf der Suche nach der verlorenen Sicherheit, Frankfurt 2007
Stefan Bonner, Anne Weiss, Generation Doof: Wie blöd sind wir eigentlich?, Bergisch Gladbach 2008
Brigitte Boothe, Bettina Ugolini (Hrsg.), Lebenshorizont Alter, ETH Zürich, Zürich 2003
Wolfgang Bonß, Zwischen Erwerbsarbeit und Eigenarbeit. Ein Beitrag zur Debatte um die Arbeitsgesellschaft, Zeitschrift Arbeit, Jahrgang 2002, Heft 1, http://www.zeitschriftarbeit.de/
Pierre Bourdieu, Die feinen Unterschiede. Kritik der gesellschaftlichen Urteilskraft, Frankfurt a. M. 1982
Ute Brümmer, Vorwort zu «Die Zukunft sozialer Sicherheit», in: Heinrich Böll Stiftung, Schriften zu Wirtschaft und Soziales, Band 2, Die Zukunft sozialer Sicherheit, S. 7, Quelle im Web: http://www.boell.de/downloads/Reihe_Wirtschaft_Soziales_Band2_Zukunft_sozialer_Sicherheit_2007.pdf

Petra Bruns, Rainer Böhme, Die Altersrevolution. Wie wir in Zukunft alt werden, Berlin 2007

Bundeszentrale für Politische Bildung, Wahlen in Deutschland, Wer wählt was, Umfrageergebnisse zum Wahlverhalten; Quelle: http://www.bpb.de/wissen/15YBO1,0,Wer_waehlt_was.html

Burda Community Networks (Hrsg.), Typologie der Wünsche 2008, München 2008

William J. Cromie, Wine molecule slows aging process: Scientists drink to that, HARVARD GAZETTE ARCHIVES, Harvard News Office, September 18, 2003

Mike Davis, Planet der Slums, Berlin 2007

Richard Dawkins, The Selfish Gene (30th Anniversary Edition), Oxford 2006

Aubrey D. N. J. De Grey, Mitochondrial Free Radical Theory of Aging. Molecular Biology Intelligence Unit 9, Landes Bioscience, 2003

Aubrey D. N. J. De Grey, Strategies for Engineered Negligible Senescence – Why Genuine Control of Aging May Be Foreseeable, New York Academy of Sciences, 2006

Deutsche Shell Holding (Hrsg.), Jugend 2006 – 15. Shell Jugendstudie; Konzeption & Koordination: Klaus Hurrelmann, Mathias Albert & TNS Infratest Sozialforschung, Frankfurt 2006

Jared Diamond, Warum macht Sex Spaß? Die Evolution der menschlichen Sexualität, München 2000

Émile Durkheim, Die elementaren Formen des religiösen Lebens, Frankfurt/M. 1981

E. Wolfram Dürr, Wesen und Ziele des Ordo-Liberalismus, Tübingen 1954

Heribert Engstler und Susanne Wurm, Datengrundlagen und Methodik; in: Tesch-Römer, Engstler, Wurm (Hrsg.): Sozialer Wandel und individuelle Entwicklung in der zweiten Lebenshälfte, Wiesbaden 2005

Walter Eucken, Grundsätze der Wirtschaftspolitik, Tübingen 1952

Berthold B. Flaig, Thomas Meyer, Jörg Ueltzhöffer, Alltagsästhetik und politische Kultur, Bonn 1993

fowid, Religionszugehörigkeit, Deutschland. Bevölkerung 1950, 1961, 1970, 1987, 1990, 2003, 2004, 2005, in: http://fowid.de/fileadmin/datenarchiv/Religionszugehoerigkeit_Bevoelkerung_1950–2005.pdf, 26.11.2006, S. 5

Marc Freedman, Prime Time: How Baby Boomers Will Revolutionize Retirement and Transform America, Public Affairs, New York 1999.

Fünfter Bericht zur Lage der älteren Generation in der Bundesrepublik Deutschland, Potenziale des Alters in Wirtschaft und Gesellschaft. Der Beitrag älterer Menschen zum Zusammenhalt der Generationen. Bericht der Sachverständigenkommission an das Bundesministerium für Familie, Senioren, Frauen und Jugend, Berlin 2005

Karl Ganser, Liebe auf den zweiten Blick. Internationale Bauausstellung Emscher Park, Dortmund 1999

K. Gärtner, E. Grünheid und M. Luy (Hrsg.), Lebensstile, Lebensphasen, Lebensqualität: interdisziplinäre Analysen von Gesundheit und Sterblichkeit aus dem Lebenserwartungssurvey des BiB, Wiesbaden 2007

Thomas Gensicke, Sibylle Picot, Sabine Geiss, Freiwilliges Engagement in Deutschland 1999–2004. Repräsentative Erhebung im Auftrag des Bundesministeriums für Familie, Senioren, Frauen und Jugend. TNS Infratest Sozialforschung, München 2006

Frank Gerbert, Golden Oldies. Generation Happy End. Das Alter gibt es bald nicht mehr und die mittleren Jahre dauern bis 70. Protokoll einer gesellschaftlichen Revolution, Focus Nr. 51 2007, S. 108 ff.

Christian Geyer, Ratzingers dramatischer Befund, 17. April 2007; in: FAZ.net, URL: www.faz.net/s/homepage.html

Anthony Giddens, Konsequenzen der Moderne, Frankfurt 1996

Anthony Giddens, Entfesselte Welt. Wie die Globalisierung unser Leben verändert, Frankfurt 2001

Gabriele Gloger-Tippelt, Rudolf Tippelt (Hg.), Kindheit und kindliche Entwicklung als soziale Konstruktionen; in: Bildung und Erziehung, 39. Jg. 1986

Sven Goergens, Generation Happy End; in: Focus. Das moderne Nachrichtenmagazin, Nr. 51, 2007, S. 108 ff.

Jürgen Habermas, Staatsbürgerschaft und nationale Identität; in: ders., Faktizität und Geltung. Suhrkamp, Frankfurt a. M. 1992

Carl Haub, 2007 World Population Data Sheet, Population Reference Bureau, Washington 2008

Rolf Heinze, Claus Offe (Hg.), Formen der Eigenarbeit Opladen 1990

Karl Otto Hondrich, Weniger sind mehr. Warum der Geburtenrückgang ein Glücksfall für unsere Gesellschaft ist, Frankfurt 2007

Humanistische Arbeitsgemeinschaft (HUMAG), Forschungsgruppe Weltanschauung in Deutschland. http://fowid.de/home/

Samuel P. Huntington, Kampf der Kulturen. Die Neugestaltung der Weltpolitik im 21. Jahrhundert, München 2002

Ivan Illich, Vom Recht auf Gemeinheit, Reinbek 1982

Ronald Inglehart, The silent Revolution. Changing Values and Political Styles among Western Publics, Princeton, New Jersey 1977

Ronald Inglehart, Kultureller Umbruch. Wertwandel in der westlichen Welt. Frankfurt/Main, New York 1989

Erich Kästner, Doktor Erich Kästners Lyrische Hausapotheke, München 1989

KarstadtQuelle Versicherungen (Hrsg.), Die Freie Generation 2006. Das Lebensgefühl der Menschen ab 45, Nürnberg 2006

Alfred C. Kinsey, Wardell B. Pomeroy, Clyde E. Martin: Sexual behavior in the human male, Philadelphia 1949

Alfred C. Kinsey, M. Baacke: «Sexual behavior in the human female», Frankfurt 1966

Robert-Koch-Institut, Gesundheit in Deutschland 2006, unter:

Statistisches Bundesamt Deutschland, http://www.gbe-bund.de/

Petra Kohse, Der Prototyp. Wie Hellmut O. Brunn die Parole zur sexuellen Befreiung fand und als Amerika-Fan die US-Flagge auf Halbmast zog; in: Frankfurter Rundschau v. 16.05.2003

Oswald Kolle (Drehbuch), Das Wunder der Liebe – Sexualität in der Ehe, Spielfilm, BRD 1968

Ursula Kremer-Preiß, Holger Stolarz, Anforderungen an die Gestaltung quartiersbezogener Wohnkonzepte. Expertenworkshop am 18. Juni 2003 in Heidelberg, Dokumentation im Rahmen des Projektes «Leben und Wohnen im Alter» der Bertelsmann Stiftung und des Kuratoriums Deutsche Altershilfe, Gütersloh/Köln 2004

Matthias Krupa, Senioren für Ole, DIE ZEIT 04.03.2004 Nr. 11

Corinna Langewiese, Peter Wippermann, Länger leben, länger lieben. Das Lebensgefühl der Generation Silver Sex, München, Zürich 2007

Stacy Tessler Lindau, L. Philip Schumm, Edward O. Laumann, Wendy Levinson, Linda J. Waite, Colm A. O'Muircheartaigh, A Study of Sexuality and Health among Older Adults in the United States; in: The New England Journal of Medicine; N Engl J Med 2007;357:762–74.

Amory B. Lovins, E. Kyle Datta, Odd-Even Bustnes, Jonathan G. Koomey, and Nathan J. Glasgow, Winnig the Oil Endgame. Innovation for Profits, Jobs, Published by Rocky Mountain Institute, Snowmass 2005

Niklas Luhmann, Die Gesellschaft der Gesellschaft. Erster und zweiter Teilband, Frankfurt 1997

M. Luy und P. Di Giulio: Der Einfluss von Verhaltensweisen und Lebensstilen auf die Mortalitätsdifferenzen der Geschlechter. In: Lebensstile, Lebensphasen, Lebensqualität: interdisziplinäre Analysen von Gesundheit und Sterblichkeit aus dem Lebenserwartungssurvey des BiB, K. Gärtner, E. Grünheid und M. Luy (Hrsg.), Wiesbaden 2005, S. 365–392.

Karl Mannheim, Das Problem der Generation; in: Karl Mannheim, Wissenssoziologie. Auswahl aus dem Werk. Hg. von Kurt H. Wolff, Neuwied 1964

Karl Marx, Ökonomisch-philosophische Manuskripte aus dem Jahre 1844; in: Marx Engels Werke, MEW, Herausgegeben vom Institut für Marxismus-Leninismus beim ZK der SED, Ergänzungsband I:514, Berlin 1966

Sascha Mattke, Von unsterblichen Mäusen und Menschen; im Gespräch mit Aubrey de Grey; Technology Review, 15.04.2004

Humberto Romesin Maturana und F. Varela: Autopoiesis and Cognition: The Realization of the Living, Boston 1980

Bernhard Nagel, Die Eigenarbeit der Zisterzienser. Von der religiösen Askese zur wirtschaftlichen Effizienz, Marburg 2006

Bernice L. Neugarten, The Meanings of Age: Selected Papers. Edited by Dail A. Neugarten, Chicago 1996

Elisabeth Niejahr, Altersarmut – Der wahre Altersunterschied; in: DIE ZEIT 36/2007, S. 23

Ernst Olbrich, Ältere Arbeitnehmer und neue Technologien; in: Lehr, U./Späth, L., Altern als Chance und Herausforderung, Band 1: Aktives Altern, Stuttgart, München, Landsberg 1990

Ernst Olbrich, Zur Förderung von Kompetenz im höheren Lebensalter; in: Olbrich, E./Kruse, A./Schmitz-Scherzer, R., Altern – ein lebenslanger Prozeß der sozialen Interaktion, Darmstadt 1990

Horst W. Opaschowski, 580 Euro für alle. Existenzgeld statt Zukunftsangst: Was die Bevölkerung von der Politik fordert, in: Forschung aktuell, Ausgabe 199, 28. Jahrg., 27.08.2007

Dieter Otten, Die Welt der Industrie. Entstehung und Entwicklung der modernen Industriegesellschaften, Bd. 2, Krise und Transformation, 4. Buch, Die Industrielle Revolution des 21. Jahrhunderts, Reinbek 1986

Gianluca Perino, L'uomo si riprende la Cittá, Ulisse XXIX, No. 228, Febbraio 2008, p. 66

polis, Alternde Gesellschaft – Ergebnisse einer Repräsentativerhebung im Auftrag des Presse- und Informationsamtes der Bundesregierung, Berlin 2005

Hans-Werner Prahl, Klaus Schroeter, Soziologie des Alterns – Eine Einführung, Paderborn 1996

Joseph Ratzinger/Benedikt XVI., Jesus von Nazareth. Von der Taufe im Jordan bis zur Verklärung, Freiburg 2007

Theodore Rodzak, Longevity Revolution: As Boomers Become Elders, Berkeley Hills Books, Berkeley, California 2001

Wiebke Rögener, Langes Liebesleben. Viele ältere Menschen sind im Bett oftmals aktiver, als es ihre Enkel vielleicht vermuten würden ... in: sueddeutsche.de 17.12.07

Jean-Jacques Rousseau, Vom Gesellschaftsvertrag oder Grundsätze des Staatsrechts, Stuttgart 1977

Heinz Sahner, Alter als soziale Konstruktion – Altersprobleme heute: Ursachen und Konsequenzen, Vortrag, gehalten im Rahmen der Ringvorlesung «Die humane Altersgesellschaft: medizinische und soziale Voraussetzung der Klinik für Herz- und Thoraxchirurgie, Universität Halle-Wittenberg, am Di., den 15. Februar 2005, Der Hallesche Graureiher, Halle 2005

Bernhard Schäfers, Albert Scherr: Jugendsoziologie. Einführung in Grundlagen und Theorien. 8. Auflage. Wiesbaden 2005

Helmut Schelsky, Die Skeptische Generation. Eine Soziologie der deutschen Jugend, Düsseldorf 1957

Frank Schirrmacher, Minimum. Vom Vergehen und Neuentstehen unserer Gemeinschaft, München 2006

Schnabel, S., Kistowski, K., Vaupel, J., Immer neue Rekorde und kein Ende in Sicht, DFAEH 2/2005

David A. Sinclair, PhD, Evan W. Kligman, MD, Do antiaging approaches promote longevity?, Patient Care, August 1, 2005

Sinus Sociovision, Lebenswelten 50+ in Deutschland, Auswertung für die Universität Osnabrück, Heidelberg 2008, S. 18

Oswald Spengler, Der Untergang des Abendlandes, Umrisse einer Morphologie der Weltgeschichte, Band 1: Gestalt und

Wirklichkeit, Wien 1918; Band 2: Welthistorische Perspektiven, München 1922

Statistisches Bundesamt, Datenreport 2006 – Zahlen und Fakten über die Bundesrepublik Deutschland, herausgegeben in Zusammenarbeit mit dem Wissenschaftszentrum Berlin für Sozialforschung (WZB) und dem Zentrum für Umfragen, Methoden und Analysen, Mannheim (ZUMA) von der Bundeszentrale für politische Bildung 2007

Gabor Steingart, Deutschland. Der Abstieg eines Superstars, München 2005

Matthias Stolz, Generation Praktikum, DIE ZEIT, 31.03.2005, Nr. 14 (http://www.zeit.de/2005/14/Titel_2fPraktikant_14)

Clemens Tesch-Römer u. a.: Der Alterssurvey – Beobachtung gesellschaftlichen Wandels und individueller Veränderungen; in: Tesch-Römer, Engstler, Wurm, Sozialer Wandel und individuelle Entwicklung in der zweiten Lebenshälfte, Wiesbaden 2005

Clemens Tesch-Römer, Engstler, H., Wurm, S. (Hrsg.), Sozialer Wandel und individuelle Entwicklung in der zweiten Lebenshälfte, Wiesbaden 2005

Stefan Georg Troller, Paris geheim, Düsseldorf 2008

George E. Vaillant, Aging Well: Surprising Guideposts to a Happier Life from the Landmark Harvard Study of Adult Development, Boston 2003

Francisco J. Varela, Humberto R. Maturana, and R. Uribe, Autopoiesis: The organization of living systems, its characterization and a model, Biosystems, Vol. 5, 1974

Bertram Verhaag, RentnerGmbH, Filmdokumentation des WDR, Deutschland 2007

Franz Walter, Volksparteien: Wozu noch CDU? FAZ.NET/Landtagswahlen 2008; http://www.faz.net/

Gregor Weber (Hg.), Kulturgeschichte des Hellenismus. Von Alexander dem Großen bis Kleopatra, Stuttgart 2007

Max Weber, Gesammelte Aufsätze zur Religionssoziologie, München 1920

Ingeborg Weber-Kellermann, Die Kindheit – eine Kulturgeschichte, Frankfurt 1997

Politik, Zeitgeschichte, Gesellschaft

Vorsicht, homo politicus!

Joachim Fest
Begegnungen
Über nahe und ferne Freunde
rororo 62082

Martin/Schumann
Die Globalisierungsfalle
Der Angriff auf Demokratie und Wohlstand. rororo 60450

Martina Rellin
Klar bin ich eine Ost-Frau!
Frauen erzählen aus dem richtigen Leben. rororo 61912

Tom Buhrow/Sabine Stamer
Mein Amerika – Dein Amerika
rororo 62223

Silke Schwartau/Armin Valet
Vorsicht Supermarkt!
Wie wir verführt und betrogen werden
rororo 62315

Jürgen Roth
Ermitteln verboten!
Warum die Polizei den Kampf gegen die Kriminalität aufgegeben hat. rororo 62309

Peter Bofinger
Wir sind besser, als wir glauben
Wohlstand für alle

rororo 62107

Weitere Informationen in der Rowohlt Revue *oder unter* www.rororo.de

Geschichte bei rororo

«Die Menschen machen ihre eigene Geschichte ...»
Karl Marx

C. W. Ceram
Götter, Gräber und Gelehrte
Roman der Archäologie
rororo 61136

Moritz Müller-Wirth/
Urs Willmann
Das zweite Gesicht
*Von Alexander dem Großen
bis Mao Tse-tung*
rororo 62081

John Keegan
Die Kultur des Krieges
rororo 60248
Der Erste Weltkrieg
Eine europäische Tragödie
Große Politik und Schützengraben, Kultur und Barbarei des Krieges: der Erste Weltkrieg und seine Folgen für das 20. Jahrhundert. rororo 61194

Imanuel Geiss
Geschichte im Überblick
Daten, Fakten und Zusammenhänge der Weltgeschichte
rororo 62087

Werner Keller
Und die Bibel hat doch recht
Forscher beweisen die historische Wahrheit. rororo 16614

Christine Beil u. a.
Der Erste Weltkrieg
Begleitbuch zur gleichnamigen fünfteiligen ARD-Serie

rororo 62095

Weitere Informationen in der Rowohlt Revue *oder unter* www.rororo.de

4. Wohnverwandtschaften

Das Thema «Neue Wohnformen im Alter» scheint bei der Zielgruppe 50+ auf den ersten Blick ein bisschen weit hergeholt. Die Wohnsituation und die Wohnversorgung ist bei den Befragten zufriedenstellend bis gut – auch bei unteren Einkommens-Segmenten; die weitaus meisten wohnen in ihren eigenen vier Wänden, die Wohnausstattung ist gut, und die Befragten fühlen sich in ihrer Wohnung wohl. Sie sind gerne zu Hause und verbringen viel Zeit im eigenen Haus und eigenen Garten. Sie wollen ohnehin hauptsächlich mit ihrem Partner zusammen sein, zu Hause oder woanders. Mit ihrem Partner wollen sie außerdem wann immer möglich auf Reisen gehen.

Welche Rolle sollte bei dieser Ausgangslage ein Thema wie «alternative Wohnformen» oder «Neues Wohnen im Alter» einnehmen? Doch die objektive Ausgangslage führt in die Irre. Hennig Scherf könnte, wie erwähnt, durchaus richtigliegen mit seiner These, *neue Wohnformen lägen im Trend*. Tatsächlich nämlich halten, wie wir gesehen haben, mehr als die Hälfte andere Lebensformen für unausweichlich, wenn der besagte «Punkt» gekommen ist.

Zur Erinnerung: gemäß Tabelle 48 hatten

- 60 % der Befragten alternative Wohnlösungen für interessant gehalten;
- 42,9 % ein Mehrgenerationshaus und Wohngemeinschaft als das Richtige für sich empfunden;
- und nur etwa 30 % im Extremfall an ein Altersheim für sich gedacht.

Wenn wir das hochrechnen, bekommt das Thema ebenfalls eine gewaltige gesellschaftspolitische Dimension: In 20 Jahren, wenn die Jüngsten unserer Forschungsstudie 70 sind, reden wir von 15 Mio. Menschen; mehr als die Hälfte davon sind fast 8. Mio! Das sind mehr als zwei Städte von der Größe Berlins!

Friedemann Schulz von Thun

**Schweigen ist Silber,
miteinander reden ist Gold**

**Friedemann Schulz von Thun
Miteinander reden 1**
*Störungen und Klärungen
Allgemeine Psychologie der
Kommunikation.* rororo 17489

Miteinander reden 2
*Stile, Werte und
Persönlichkeitsentwicklung
Differentielle Psychologie der
Kommunikation.* rororo 18496

Miteinander reden 3
Das «Innere Team» und situationsgerechte Kommunikation
rororo 60545

**Klarkommen mit sich selbst
und anderen: Kommunikation
und soziale Kompetenz**
rororo 61924

**mit J. Ruppel / R. Stratmann
Miteinander reden: Kommunikationspsychologie für
Führungskräfte.** rororo 61531

**mit D. Kumbier
Impulse für Beratung und
Therapie.** rororo 62347

**mit W. Stegemann (Hg.)
Das Innere Team in Aktion**
Praktische Arbeit mit dem Modell
rororo 61644

**Miteinander reden: Fragen und
Antworten**
*Zu Kommunikationspsychologie,
Lehr- und Arbeitserfahrungen*

rororo 61963

Weitere Informationen in der Rowohlt Revue *oder unter* www.rororo.de

James Kakalios
Physik der Superhelden
Superman, Spiderman & Co – jeder kennt die Comic-Heroen mit ihren unglaublichen Fähigkeiten, die sämtlichen Naturgesetzen zu spotten scheinen. Aber tun sie das wirklich? Eine umfassende Erklärung des Superhelden-Universums aus wissenschaftlicher Sicht.
rororo 62316

Spannende Lektionen zwischen Fiktion und Wissenschaft

Andreas Eschbach
Das Buch der Zukunft
Wie sieht die Welt in hundert Jahren aus? Bestsellerautor Andreas Eschbach denkt aktuelle Entwicklungen weiter – im Klimawandel und der Bevölkerungsentwicklung ebenso wie in der Nanotechnologie. Seine Nachrichten aus der Zukunft sind ein packender Ausblick auf das, was uns wirklich bevorsteht. rororo 62357

Paul Halpern
Schule ist was für Versager
Was wir von den Simpsons über Physik, Biologie, Roboter und das Leben lernen können
Spülen die Toiletten auf der nördlichen und der südlichen Halbkugel in unterschiedliche Richtungen, wie Lisa behauptet? Oder: Woraus bestehen Kometen, wie der den Bart entdeckt?
rororo 62385

Weitere Informationen in der Rowohlt Revue *oder unter* www.rororo.de

Sechs Richtige

Bestseller für ein glückliches Leben

Stefan Klein
Einfach glücklich
Die Glücksformel für jeden Tag
rororo 61677

Alexander von Schönburg
Der fröhliche Nichtraucher
Wie man sich gut gelaunt das Rauchen abgewöhnt
rororo 61660

Die Kunst des stilvollen Verarmens
Wie man ohne Geld reich wird
rororo 61668

Lexikon der überflüssigen Dinge
Wie man ohne Luxus glücklich wird
rororo 62126

Petra Gerster
Reifeprüfung
Die Frau von 50 Jahren
rororo 62062

Stefan Klein
Die Glücksformel
oder Wie die guten Gefühle entstehen
«Wenn Sie dieses Buch gelesen haben, wird es in Ihrem Kopf anders aussehen als vorher.»
(Der Spiegel)

rororo 61513

Weitere Informationen in der Rowohlt Revue *oder unter* www.rororo.de

KarstadtQuelle Versicherungen

DIE 50+ STUDIE

KarstadtQuelle Versicherungen sind Forschungspartner der Studie 50+. Sie waren im Jahr 2000 der erste Herausgeber einer Studie zum Lebensgefühl der Menschen ab 45. Bis dahin gab es ausschließlich Studien zum Konsumverhalten und den Konsumwünschen dieser Zielgruppe. Mit der Neuauflage im Jahr 2006 «Die freie Generation» lagen zum ersten Mal Zahlen und Erkenntnisse vor, die den Veränderungsprozess der alternden Gesellschaft in Deutschland veranschaulichen und belegen. Die Studie 50+ führt diesen Prozess fort.

Die KarstadtQuelle Versicherungen sind mit 3,5 Millionen Kunden der meistgewählte deutsche Direktversicherer. Sie sind auf Personenversicherungen mit dem Fokus auf Menschen in der zweiten Lebenshälfte sowie auf Anbündelungsversicherungen spezialisiert. Wichtige Produkte dabei sind Zahnzusatzversicherungen, Pflegetagegeldversicherungen und Sterbegeldversicherungen. Informationen dazu gibt es unter *www.kqv.de*.